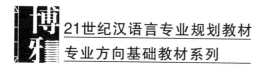

21世纪汉语言专业规划教材
专业方向基础教材系列

语音学教程

(增订版)

林　焘　王理嘉　著
王韫佳　王理嘉　增订

图书在版编目(CIP)数据

语音学教程/林焘,王理嘉著;王韫佳,王理嘉增订.—2版.—北京:北京大学出版社,2013.8

(21世纪汉语言专业规划教材·专业方向基础教材系列)

ISBN 978-7-301-22828-9

Ⅰ.①语… Ⅱ.①林…②王…③王…④王… Ⅲ.①语言学—教材 Ⅳ.①H01

中国版本图书馆 CIP 数据核字(2013)第 153962 号

书　　　名：语音学教程(增订版)
著作责任者：林　焘　王理嘉　著　王韫佳　王理嘉　增订
责 任 编 辑：周　鹂
标 准 书 号：ISBN 978-7-301-22828-9/H·3341
出 版 发 行：北京大学出版社
地　　　址：北京市海淀区成府路 205 号　100871
网　　　址：http://www.pup.cn　新浪官方微博:@北京大学出版社
电 子 信 箱：zpup@pup.cn
电　　　话：邮购部 62752015　发行部 62750672　编辑部 62752028
　　　　　　出版部 62754962
印 刷 者：三河市博文印刷有限公司
经 销 者：新华书店
　　　　　　650 毫米×980 毫米　16 开本　19 印张　293 千字
　　　　　　1992 年 11 月第 1 版
　　　　　　2013 年 8 月第 2 版　2023 年 8 月第 10 次印刷
定　　　价：56.00 元

未经许可,不得以任何方式复制或抄袭本书之部分或全部内容。
版权所有,侵权必究
举报电话：010-62752024　电子信箱：fd@pup.pku.edu.cn

增订版前言

《语音学教程》出版已有二十余年了。当初,林焘先生和我编写这本书,是作为高年级本科生选修语音学专题课的参考书用的。为了加深和拓展现代汉语语音的基础知识,并吸收当时国内外一些现代语音学的研究成果,教材的各章节几乎都是先从传统语音学的角度介绍一些基本概念,然后重点分析汉语普通话的语音系统,最后介绍实验语音学的一些基本常识和研究成果。因此可以说,全书是由传统语音学、普通话语音和实验语音学三方面的知识组成的。作为文科高年级的选修课,书内还提出了一些在现代汉语基础课内不宜论述和加以探讨的问题,供学生进一步思考和研究。

《语音学教程》由北京大学出版社发行之初,印量不大,但之后却连年重印,达十五六次。因为当时高校文科开展的课程和教材建设工作需要有这样一本有关普通话语音的较为浅近通俗的专业参考书,一些理工科出身从事语言声学、言语工程、听力矫治和言语心理研究的研究者以及这些领域的学生也需要这样一本具有文理结合色彩的参考书。这本书后来又相继在台湾和韩国出版发行。有鉴于此,北大出版社汉语编辑室在林焘先生去世几年后,找我和王韫佳同志商量,希望我们对本书加以修订和增补。几经商谈研究,我们接受了出版社的建议。在通读全书的基础上,我们做了分工,王韫佳同志主要承担原书"绪论"和前面各章的修订增补工作,我主要承担最后一章的扩展改写工作。之后,两人再一起审定全稿。

对"绪论"和前面各章的内容以及对全书体例进行的修订增补工作主要有以下几项:

1. 修订或删减了原书中与目前国际语音学界通行说法不一致的地方。例如,原书中辅音的发音方法包括阻碍方式、送气、清浊、附加特征四个方面的内容,现在改为发音方法部分只讲形成阻碍和克服阻碍的方法,送气、清浊和附加特征归入一个独立的小节"辅音的其他特征",其内容包括清浊和送气、几种常见的附加音、非肺部气流音三个部分。又如,原书把腭化、唇化等属于发音部位特征的附加特征与吸气、挤喉等属于气流来源的特征都归入"辅音的附加特征",现在把非肺部气流音作为一个独立的小类讲解,并把原书中当成同一种类型的"先喉塞音"(相当于 voiced implosive,今也称"浊内爆音")和"挤喉音"(即 ejective,今有人译为"喷音")分开讲解,因为这两种辅音的气流来源并不相同。

2. 由于语音声学研究的技术手段今天已经完全软件化,因此删去了原书中基于模拟信号技术进行声学分析的内容,代之以基于数字信号的软件化分析内容。例如,在第五章"声调"中就删去了原版中依据窄带频谱来观察基频的内容,因为现在各种语音分析软件都可以直接得到基频数据并显示基频曲线了。

3. 根据最近 20 余年来国际和国内语音研究的进展,对一部分内容进行了修订。例如,在普通话韵母的分析中吸收了音系学家的看法,按韵尾对韵母进行了分类,并且把鼻韵母 en、in、uen、ün、鼻韵母 eng、ing、ueng 的韵腹都看作中元音 /e/。又如,第五章关于声调感知的内容就吸收了 2000 年以来国内外关于汉语普通话和汉语方言声调感知研究的一些新成果。进入 21 世纪以来,由于汉语语音研究的主流方向是韵律研究,因此修订最多的部分是原书第七章"轻重音和语调"。这一章的题目改为"韵律";增加了句重音和节奏的内容;对词汇层面的轻重音进行了比较大的修改;"语调"这一节完全重写,吸收了自原书出版以来国内汉语语调方面一些公认的研究成果。

4. 国内汉语语音学和汉语方言学界有一些习用已久的学术表达方式,这些表达方式与目前国际语音学界的做法不太一致,例如,关于辅音的发音部位,国内习惯使用舌尖、舌面、舌根等与舌相关的术语来界定,而国际语音学界早已改用上颚的某个部位来界定,如齿龈、硬腭、软腭等。增订版采取折衷做法,把参与形成阻碍的两个部位都列举出来,如原书的"舌尖中"改为"舌尖中－齿龈"。又如，对汉语普通话及方言语音的描写，国内一直使用"国际音标简表"，增订版在保留这个简表的基础上给出了最新版的国际音标全表的汉译版。这样做的目的在于，既方便读者了解国际语音学界的惯例，又能使本书的内容与国内通行的观点有所衔接。

5. 对原书中一些技术和文字层面的欠妥之处或错漏之处进行了修订。

6. 按照现行学术规范，为所有的图增加了图题，对所有表格进行了编号并在正文前列出了图表目录，以方便检索。

7. 过去国内的教材一般都不设参考文献部分，增订版遵从现行的学术规范，给出了全书的主要参考文献。此外，由于本书是一部教材，为遵从国内教材的通行做法，同时也为了行文的通俗和简洁，在正文中尽量不出现参考文献的信息。

此次增订对原书的第八章也做了较大的改动，原有一章的三个组成部分各自独立成章，并予扩展重写。之所以这么做，是由于在各种语音学研讨会的多次会下个人交谈中，不少同志都反映本书关于音位学的那一章写得过于简括，教和学都很费劲。这些意见细想起来跟现今高校和科研单位学术背景的变化是有关联的。一方面，20世纪90年代后作为高校文科低年级必修课的现代汉语教材，语音部分的内容有了很大的变动，几乎都增加了以前不讲授或极少讲授的普通话音位分析，有的甚至一直讲到了音位的区别特征。而音位分析的结果，各教科书又不尽相同，普通话的音位总数相去甚远，五花八门，众说纷纭，实在令人困惑却又不容易找到可以解惑的参考书。另一方面，在普通话语音研究中，有一些理工科出身的人士，一般都是通过汉语拼音来了解普通话语音的。而所谓音素制的拉丁化拼音，字母和语音之间又会涉及音位和音位变体的关系。如果把字母和语音简单地等同起来，那么在了解普通话语音时，有些问题就会纠缠不清，产生认识上的误区。这些误区甚至在高校文科的普通话教学和对外汉语的语音教学中也是存在的。

由于上面所说的这些情况，增订版第八章着重说明了语音学和音系学、"音素"和"音位"这两对概念学术内涵的不同，并介绍了音位归纳取舍的原则（它历来被人称为"将语言变为文字的技术"），以及这些原则内部包含的一些不确定因素。这一章为后两章做了理论上的铺垫。第九章则围绕对普通话音位分析的讨论，用具体的语言事实诠释中国现代语言学之父——赵元任先生的经典论断：音位归纳的多答案性是由音位分析原则的多重性造成的，而不同的音位答案之间，不是简单的是非对错问题，它各自适用于不同的目的和对象。第十章则在前一章的基础上阐明了《汉语拼音方案》和普通话音位、字母和语音，以及拼写形式与实际读音之间的关系，提醒读者要透过字母学语音，并列出注音符号、汉语拼音、音位的宽式标音和严式标音四者之间的对照表，以便应用。细心的读者可以看到，这三章的内容，基本观点和核心内容其实均浓缩在原书的最后一章，增订版不过是予以扩展和增补而已。

  本书的修订和增补，因受每年的教学任务和其他许多必须克期完成的科研项目的影响，前后持续了三年之久，现在虽然终于杀青定稿，但也不能说尽如人意。一方面是限于自己的学养水平，另一方面也确实有一些客观因素。比如说，在国际音标的应用方面，原本打算按国际语音学会公布的最新版本对全书的标音加以改动，但这会涉及原书文字叙述上的修改，工作量太大；甚至于有些纯粹是操作上的问题，例如，按理全书应该统一送气符号的标写方式并使用目前国际通行的符号[ʰ]，但许多用例均引自汉语方言和少数民族语言的专著，我们不宜擅自改动。因此在大部分章节中仍然保留了国内通行的[ʻ]，引自方言和少数民族语言的材料就保留原材料的格式。在全书内容方面，也有其他前后有失照应的地方。例如，关于普通话声母 r 的通音性质的描写，没有做到贯彻始终（第一至七章用了国际音标的卷舌通音符号[ɻ]（[r]），第八至十章用的是国际音标的卷舌浊擦音符号[ʐ]），后三章为了照顾现行大多数著作和教科书的描写传统，便于学生学习阅读，所以保留了原有的说法。在这些与国际惯例不一致的地方或者前后不统一的地方，我们都用脚注加以说明。

  我因年届耄耋，且目疾严重，诸多不便，因此王韫佳同志承担了本书增订的主要工作。她在现代汉语与对外汉语的语音教学和研究方面始终紧密结合语音的实验研究，成果喜人。倘若若干年之后，这本《语音学教程》仍有一定的参考价值而需要再一次修订的话，她一定会改得更好、更出色。

  北京大学出版社杜若明、王飙两位老师促成了本书的增订工作，杜

增订版前言

老师还协助我们进行了前期的修订。责任编辑周鹏女士为本书的编辑加工付出了艰苦的努力,她在专业层面和技术、文字层面都严格把关,帮我们找出了不少疏漏和欠妥之处并提出了有价值的建议。中国科学院声学研究所吕士楠教授对本书"绪论"的修订提出了宝贵的意见,北京大学中文系的博士研究生东孝拓协助补充了部分参考文献的详细信息。在此我们一并表示感谢。

这次修订增补是对关心本书的读者的回报,同时也是对我和王韫佳共同的老师林焘先生的纪念。增订版中的不妥或错误之处由我和王韫佳共同负责,望读者不吝赐教,批评繁正,我们衷心感谢。

王理嘉

2013年端午节于北京大学智学苑

序

酝酿写这样一本《语音学教程》已是将近十年前的事了。当时我正在为北大中文系汉语专业本科生讲授"语音学"课程，由于近二三十年来语音学发展极为迅速，在讲课时深感缺少一部适合汉语专业学生用的、能反映语音学新发展的新教材，当时就曾经动过编写的念头。不久以后，这门课改由王理嘉同志讲授，我们就考虑根据几年来的讲课经验，试着合作编一本这样的教材。我先拟出了一份编写提纲，王理嘉同志根据这个提纲，结合他的讲稿，很快就写出了绪论和前五章的初稿，陆续交给我修改补充。在修改过程中逐渐发现，只作为汉语专业本科生的教材来编写，内容受到相当大的局限。目前语音学的作用已经遍及与人类语言有关的各个学科，这些学科都直接或间接地需要一定的语音学知识，如果把内容写得开阔些，也许能适合各方面读者的需要。在这样的认识基础上，我就对前五章初稿做了较大的修改和补充，有些章节可以说是全部重写。然后，由我写出六、七两章，王理嘉同志写出最后一章"音位和区别特征"。全部完成后由我通读定稿。书中存在的缺点和错误，主要应该由我负责。

1986年春，正在编写得有些眉目时，我突然得了一场几乎送了命的病，动了一次大手术，休养一年多，到1987年秋才逐步恢复工作。由于积压下来许多工作，一时无暇顾及这部教材。直到1989年，才又拿出来断断续续地改，断断续续地写，最近才算完成。

本教材是一部介绍语音学基础知识的书，从传统语音学入手，吸收了近年来国内外一些现代语音学的研究成果。在编写过程中较多考虑一般读者的可接受性，尽量避免使用一些过于专门的新名词概念。各章基本上都可以分为三部分：先从传统语音学角度介绍一些基本概念，然后重点分析普通话语音，最后介绍实验语音学的一些基本常识和研究成果。因此，本书也可以说是由传统语音学、普通话语音和实验语音学三部分组成的，各部分基本上能够自成系统，读者可以通读全书，也可以根据需要着重选读自己有兴趣的部分。最后一章"音位和区别特征"只是简介性质的，这方面的研究，无论是理论还是实践，至今仍处于众说纷纭、莫衷一是的阶段，详细的介绍不是这样一本语音学教材所能够包括的。各章之后都附有一定分量的练习。现代语音学虽然已经大量地使用仪器，但口耳训练仍应是基础，练习中有一些是训练口耳的，最好能在有经验的人的指导下进行，实在不得已，也可以采取互帮互学互相纠正的办法，但效果可能会差一些。

近年来发表了大量有关汉语方言和我国少数民族语言的调查报告，为本书的编写提供了极其有价值的资料，大大地充实了本书的内容。对这些报告的作者，是应该致以诚挚的谢意的。本书引用语音例证首先考虑北京话，北京话里找不到的先从苏州、广州、厦门、福州等大方言点里选，大方言点里找不到的从小方言点里选，汉语里找不到的先从我国少数民族语言和英语里选，只有在非常必要时才选用一些其他语言的例证。绝大多数例证都属于间接引用材料，不可能一一直接核正。第一、二两章中的插图有一些也是引自国内外的语音学著作，但大都根据本书需要做了部分的修改。限于篇幅，对所引用的语言资料和插图不可能一一注明来源。

在编写本书的六七年间，国内外又都陆续发表了不少非常有价值的著作和论文。编完以后再重看一遍全稿，又觉得有许多需要补充修改的地方。如果长期这样修改下去，恐怕永远也不可能和读者见面了。现在就把它作为一个阶段性的总结拿出来请读者批评指正。由于本书是六七年来断断续续编写成的，前后难免有失照应，引用的语言资料也难免有失误的地方，尚祈读者不吝指正。

林 焘

1991年国庆节于北京大学燕南园

目　录

- 绪　论 / 1
- **第一章　语音的形成** / 8
  - 一　声波概述 / 8
    - 1. 声音的传播 / 8
    - 2. 振幅和频率 / 10
    - 3. 复波和频谱 / 12
    - 4. 声音的共振作用 / 15
  - 二　语音的发音机制 / 16
    - 1. 语音的来源 / 16
    - 2. 语音的动力基础 / 18
    - 3. 喉头和声带 / 19
    - 4. 语音的共振腔 / 23
  - 三　语音的感知 / 26
    - 1. 人耳的构造 / 26
    - 2. 听觉和语音识别 / 28
  - 四　语音的切分和分类 / 30
  - 练习 / 32

第二章　元音 / 34

一　元音的性质 / 34

　　1. 元音和辅音 / 34

　　2. 声腔共振和元音音色 / 35

二　元音的分类 / 37

　　1. 元音分类的标准 / 37

　　2. 定位元音和元音舌位图 / 38

　　3. 舌尖元音、卷舌元音和鼻化元音 / 42

　　4. 元音的长短和紧松 / 44

三　普通话的单元音 / 45

四　元音的声学特性 / 48

　　1. 声腔和共振峰 / 48

　　2. 元音的语图显示 / 50

　　3. 元音发音机制和共振峰的关系 / 53

练习 / 55

第三章　辅音 / 58

一　辅音的发音部位 / 58

　　1. 唇音 / 58

　　2. 舌尖音 / 59

　　3. 舌叶音 / 59

　　4. 舌面音 / 60

　　5. 小舌音 / 61

　　6. 喉音 / 61

二　辅音的发音方法 / 62

三　辅音的其他特征 / 66

　　1. 清浊和送气 / 66

　　2. 几种常见的附加音 / 69

　　3. 非肺部气流音 / 71

四　普通话的辅音 / 77

1. 普通话辅音的发音部位 / 77
2. 普通话辅音的发音方法 / 78

五 辅音的声学特性 / 80
1. 发音方法和发音部位的声学表现 / 80
2. 音征和浊音起始时间 / 84

练习 / 89

第四章 音节和音节结构 / 91

一 音节的划分 / 91

二 音节的结构 / 94
1. 音节结构类型和音联 / 94
2. 元音在音节中的结合——复元音 / 97
3. 辅音在音节中的结合——复辅音 / 99

三 汉语的音节结构 / 101
1. 汉语音节结构的特点 / 101
2. 声母、韵母和四呼 / 103

四 普通话音节结构分析 / 105
1. 普通话的声母 / 105
2. 普通话的韵母 / 109
3. 普通话声母和韵母的配合关系 / 118

练习 / 120

第五章 声调 / 122

一 声调的性质 / 122
1. 声调语言和非声调语言 / 122
2. 调值和调类 / 124

二 汉语的声调 / 126
1. 平上去入和阴阳 / 126
2. 普通话的四声 / 128
3. 汉语方言的调类 / 130

  4. 入声问题 / 132
 三　声调的感知与测量 / 137
  1. 声调的感知 / 137
  2. 声调的测量 / 139
  3. 从频率值到五度值的转换 / 140
 练习 / 141

■第六章　语流音变 / 143
 一　语流音变的性质 / 143
  1. 不自由音变和自由音变 / 143
  2. 几种常见的音变现象 / 145
 二　连读变调 / 149
  1. 连读变调的性质 / 149
  2. 连读变调的类型 / 151
  3. 普通话的连读变调 / 153
 三　汉语的儿化音变 / 156
  1. 汉语儿化的特点 / 156
  2. 普通话的儿化韵 / 159
 练习 / 161

■第七章　韵律 / 163
 一　词汇的轻重音 / 163
  1. 词汇重音 / 164
  2. 汉语的轻音和轻声 / 165
 二　句重音 / 169
  1. 句重音的类型和分布 / 169
  2. 句重音的语音特征 / 171
 三　节奏 / 174
  1. 音步 / 174
  2. 停延 / 176

3. 韵律结构与句法结构 / 177
　四　语调 / 179
　　　1. 字调和语调 / 179
　　　2. 语调的结构 / 181
　　　3. 普通话的陈述语调和疑问语调 / 183
　练习 / 186

■第八章　语音学和音系学 / 187
　一　音位和音位分析 / 187
　二　归纳音位的基本原则 / 190
　三　音位和音位变体 / 195
　四　音位的聚合和组合 / 199
　五　音位归纳的多种可能性 / 203
　六　音系学与区别特征理论 / 211
　　　1. 从音位到区别特征 / 211
　　　2. 区别特征理论的核心——二元对立 / 213
　　　3. 区别特征与当代音系学 / 215
　练习 / 219

■第九章　普通话音位系统的分析和讨论 / 220
　一　普通话韵母的严式记音 / 220
　二　普通话的高元音音位 / 222
　　　1. [ɿ][ʅ][i]的音位分合问题 / 222
　　　2. 高元音音位归纳的其他问题 / 225
　三　普通话的中元音音位 / 228
　　　1. [e]、[ɛ]([E])、[ə]、[ʌ]、[ɤ]、[o]的音位归纳讨论 / 228
　　　2. 卷舌元音[ɚ]([ər])的音位分析 / 230
　四　普通话的低元音音位 / 233
　五　普通话的辅音音位和声调音位 / 237
　　　1. 普通话的辅音音位 / 237

  2. 零声母是不是辅音音位 / 240
  3. 辅音音位的主要变体 / 242
  4. 普通话的调位系统 / 247
 六 两种音位体系的不同归纳法 / 251
 练习 / 254

第十章 《汉语拼音方案》与普通话音位的关系 / 256

 一 字母和语音 / 256
 二 汉语拼音字母和普通话音位的对应关系 / 259
 三 声母表中字母与语音的配置关系 / 262
 四 韵母表中元音字母的读音规则 / 265
 五 《汉语拼音方案》与普通话韵母宽式标音和严式标音的对照 / 273
 练习 / 275

主要参考文献 / 276

图表目录

图

图 1-1　水波中质点的振动和波的传播方向/ 9

图 1-2　空气粒子的振动和声波的传播方向/ 9

图 1-3　钟摆振动的"波形"/ 10

图 1-4　一个声波的波形/ 10

图 1-5　两个频率相同、振幅不同的声波的波形/ 11

图 1-6　两个周期不同的声波/ 11

图 1-7　两个纯音和由它们组合的复音的波形/ 13

图 1-8　图 1-7 中复音 C 的二维频谱/ 13

图 1-9　一个钢琴音和一个单簧管音的二维频谱/ 14

图 1-10　发音器官/ 16

图 1-11　普通话单元音 ɑ[a]的嗓音波形片段/ 17

图 1-12　普通话擦音 s[s]的波形片段/ 17

图 1-13　普通话"大地"的波形图/ 18

图 1-14　喉头的构造/ 19

图 1-15　不发声和发声时喉头的状态/ 20

图 1-16　声带开合的纵剖示意图/ 21

图 1-17　声门的四种状态/ 21

图 1-18　声带音的波形/ 22

图 1-19　声腔的纵剖面/ 23

图 1-20　口腔中的发音器官/ 24

图 1-21　口音、鼻音和鼻化元音发音的纵剖面示意图/ 25

图 1-22　人耳的构造 / 26

图 1-23　耳蜗的横剖面和柯替氏器官 / 28

图 2-1　发 ɑ 和 i 时口腔与舌头的状态 / 36

图 2-2　ɑ、i、u 三个元音的舌头活动位置 / 38

图 2-3　舌位活动的极限 / 39

图 2-4　八个标准元音的舌位 / 39

图 2-5　常见元音的舌位 / 40

图 2-6　元音舌位图 / 41

图 2-7　舌尖元音[ɿ]和[ʅ]的舌位 / 42

图 2-8　普通话单元音的舌位 / 48

图 2-9　声腔的共振作用与元音音色的关系 / 49

图 2-10　两个基频不同但音色相同的元音的频谱 / 50

图 2-11　元音[i][e][ɛ][a]的三维语图 / 52

图 2-12　普通话八个单元音的前三个共振峰 / 53

图 2-13　普通话六个舌面元音的声学元音图 / 54

图 3-1　声腔中的十一个发音部位 / 58

图 3-2　塞音、擦音和塞擦音的语图模式 / 81

图 3-3　"大地"和"大事"的语图 / 82

图 3-4　清、浊擦音和清、浊塞音的语图 / 82

图 3-5　不送气和送气塞音的语图 / 83

图 3-6　边音和鼻音的语图 / 84

图 3-7　[t]后接不同元音的音征 / 85

图 3-8　[t]的音轨 / 86

图 3-9　[pa][ta][ka]中音征的不同指向 / 86

图 3-10　[apa][ata][aka]的语图 / 87

图 3-11　五种不同类型辅音的 VOT / 88

图 4-1　"北京大学"的响度曲线 / 92

图 4-2　"大衣"和"吴阿姨"的响度曲线 / 92

图 4-3　[i][a][ia]的语图 / 98

图 4-4　[ai][ia][iau]的语图 / 98

图 4-5　普通话前响复韵母舌位变化示意图 / 110

图表目录

图 5-1　五度制框架下普通话四个声调的音高曲线／125
图 5-2　普通话四个声调的基频曲线／140
图 7-1　四个普通话轻声词的波形和音高曲线／166～167
图 7-2　重音在语句中的不同分布／171～172
图 7-3　语句重音对四个声调的作用／172～174
图 7-4　一个英语陈述句的语调／179
图 7-5　普通话陈述句的音高曲线／180
图 7-6　调头、调核和调尾／182
图 7-7　调核位置对句子调域上限的整体走向的影响／183
图 7-8　普通话陈述语调和疑问语调对比／184
图 7-9　三种疑问句与陈述句语调的对比／185
图 9-1　普通话元音在元音舌位图上的分布／221

表

表 3-1　国际音标简表／73
表 3-2　国际音标全表／74～76
表 3-3　普通话的辅音／80
表 4-1　普通话辅音声母表／106
表 4-2　普通话韵母表／114
表 4-3　普通话声母和韵母配合关系表／118
表 5-1　十六种现代汉语方言的调类与中古汉语声调的对应关系／133～134
表 5-2　汉语方言入声字读音举例／136
表 6-1　北京话儿化韵和本韵的对应关系／160
表 8-1　普通话声韵配合音节表／202 页后
表 8-2　若干元音和辅音的区别性特征矩阵／214
表 8-3　普通话音位的区别性特征／216
表 9-1　单韵母 i 的两种音位归纳法／223
表 9-2　/i/ 的音位变体和出现条件／225
表 9-3　/u/ 的音位变体和出现条件／226
表 9-4　/y/ 的音位变体和出现条件／228

表 9-5　中元音在普通话中的分布／228
表 9-6　/e/音位和/o/音位的音位变体及其出现条件／233
表 9-7　/a/的音位变体和出现条件／237
表 9-8　普通话辅音的多重互补分布／239
表 9-9　[tɕ]和[k]的音位归并／239
表 9-10　[ɕ]和[s]的音位归并／239
表 9-11　普通话的调位和调位变体／249
表 9-12　韵位与国语注音字母韵母表的对比／254
表 10-1　《汉语拼音方案》声母表／262
表 10-2　《汉语拼音方案》韵母表／265～266
表 10-3　汉语拼音字母与普通话韵母宽式和严式标音对照表／274

绪　论

语音学是研究人类说话声音的学科。

我们生活在一个热闹喧腾的世界里，每时每刻都听到各种各样的声音。说起声音，大家都容易想到风声、雨声、脚步声、喇叭声、马达的轰鸣声、动物的吼叫声等等。但是也许恰恰没有想到说话也是一种声音，而且是人类社会中最重要的声音。如果没有这样的有声语言，人类就无法表达各自的思想，无从协调彼此的行动，社会就会陷于混乱甚至崩溃。所以有人说，语言好比是社会的神经系统。

人类说话的声音就是语音。语音是人类发音器官发出来的、具有一定意义、能起社会交际作用的声音。自然界的各种声音自然不能叫语音，因为这些声音并不是人类发音器官发出来的；咳嗽、打哈欠虽然是人类发音器官发出来的，但也不能叫语音，因为这些声音只是人类一种本能的生理反应，并不表示任何思想意义，也不起社会交际作用。

语言的声音和它所代表的意义是互相依存的统一体。一方面，不代表任何意义的声音不能称之为语音；另一方面，意义必须借助于声音才能表达出来。任何声音都是物体颤动时所产生的声波形成的，从本质上看，声音是一种自然物质。所以，语音应该说是语言的物质基础，没有语音，语言就失去了它所依附的客观实体。

如果没有语言，就不会有人类文明。但是，人类如果不能利用发音器官发出语音，就根本不会有语言。发音器官是人体的一部分，随人行止，可以随时使用而不影响其他活动。有些动物也能够利用自己的鸣叫声传递信息，但是所传递的信息极其有限，而且这种能力是与生俱来的。人类的语音则是后天习得的，而且信息量极为丰富。人类的发音器官虽然相同，但不同的语言所习得的内容却并不相同。一种语言所使用的最小语音单位不过几十个，但是却可以组合成种种不同的复杂语音形式，代表无数的词语，使语言获得无比丰富的表现力。如果人类没有这种能力，就不会有高度发展的语言，也不会有高度发展的文明。

言语交际联结着说话人的大脑和听话人的大脑，言语链之间包括一连串心理、生理和物理的转换过程。我们说话是为了给人听。发音器官发出声音来，通过空气中声波的传递，通过听觉神经，传达到听话人的大脑，听话人懂得了我们说的是什么意思，就达到了我们说话的目的，这就是言语交际的全过程。这个过程可以分为"发音→传递→感知"三个阶段。第一阶段，说话人的大脑指挥发音器官发出语音，这是一个从心理现象转换到生理现象的过程；第二阶段，语音以空气为媒介传递到听话人的耳朵里，这是一种物理现象；第三阶段，语音通过听觉器官被听话人的大脑所感知，这是一个从生理现象转换到心理现象的过程。现代语音学也就根据这三个阶段分为三个主要分支：

1. **生理语音学** 研究发音器官在发音阶段的生理特性，有较长的历史，在19世纪中期前后就已经逐渐形成，成为传统语音学的主要内容，目前已是相当成熟的学科。近年来，医疗器械的发明和完善促进了发音生理的实验研究，生理语音学又有了迅速的发展。

2. **声学语音学** 研究口耳之间传递的语音的声学特性，过去主要是声学家研究的内容，称为"语声学"，近几十年和传统语音学相结合，用声学知识来解释各种语音现象，大大促进了语音学的研究工作，是目前发展最为迅速的一门新学科。

3. **感知语音学** 研究语音感知阶段的生理和心理特性，以及心理制约对语言使用的影响，也就是研究耳朵是怎样听音的，大脑是怎样理解这些声音的。它和心理学关系密切，是近几十年来才发展起来的新学科。

以上三个分支自然是密切相关的。要全面地、深入地了解语音的特性，就必须对这三方面的内容都有所了解。传统语音学以研究语音的发音阶段为主，经过语音学家一百多年的努力，取得了很大的成绩，是现代语音学三个分支的源头，也是三个分支的研究基础。

传统语音学主要是从听音、记音入手来研究语音的，也就是凭耳朵听辨语音，用一定的符号（如字母音标）把听到的声音记录下来，加以分析，说明所研究的这种语言或方言一共有多少个不同的语音单位，这些语音单位是在发音器官的什么部位、用什么方法发出来的，它们又是怎样组合在一起的，组合在一起时发生了什么变化，最后归纳出这种语言或方言的语音系统。

凭耳朵听辨语音，要求辨音能力越强越好，记录语音越细越好，因此，一个语音学家必须经过比较严格的听音、记音的训练。但是，人耳听辨语音的能力总是有一定限度的，即使是经过严格训练的语音学家，所记录的也只能是他所听到的声音的主观印象。为了更客观、更精确地记录和描写语音，20世纪初语音学家就已经借用一些生理、物理和医学方面的仪器来辅助口耳审定语音。例如，用浪纹计测定语音的长短、高低和强弱，用X光照相测定发音部位，用喉镜观察发音时声带的变化等等。这方面的研究逐步发展成为一门独立的学科，叫作"实验语音学"。随着现代科学技术的发展，20世纪40年代以后，出现了许多新的仪器。例如，语图仪可以把语音变成可见的图像，肌电仪可以测量发音时肌肉的细微变化，高速摄影机可以拍摄声带的振动。个人电脑的普及和语音声学分析技术的软件化，更使得语音研究获得了前所未有的方便。实验语音学的发展揭示出了许多过去不可能观察到的语音现象，丰富并修正了传统语音学的若干解释和理论。目前，实验语音学已经发展成为涉及声学、生理学、心理学、医学、电子学等许多学科的综合性边缘学科。

实验语音学对语音的自然特征分析得非常精细。不过，从语言交际功能的角度来看，语音在生理或物理上的差别固然重要，但更重要的是这些差别在语言里是否能起辨义作用。例如，大部分说汉语的人都认为n和l的分别非常明显，但是说南京、长沙、重庆和兰州等地方言的人分辨不出"男nán"和"兰lán"或是"你nǐ"和"李lǐ"，他们或是都读成n，或是都读成l，或是n、l随便读。总之，n和l的分别在这些方言里并不能起到辨义作用。在整理归纳这些方言的语音系统时，就不能把n和l分成两个语音单位。从语言的交际功能出发，我们把许多在生理和物理上不同的声音归纳成数目有限的语音单位，这种语音单位的专业术语叫作"音位"。在汉语大多数方言中，n和l分属两个音位；在南京、长沙等方言中，n和l则同属一个音位。各语言或方言的音位内容和数目都不相同，音位的组合规律也不一样，不同的音位和不同的组合规律构成了各语言或方言的不同语音系统。归纳音位的方法是在传统的听音、记音方法的基础上产生并逐步发展起来的，后来，它从传统语音学中分化出来，形成了一门新的学科，叫作"音系学"（早期叫"音位学"）。

音系学和实验语音学都是在传统语音学的基础上发展起来的。音系学以各个具体语言为研究对象，主要着眼于语音的社会功能，从中概括出一般的理论，不大重视语音在生理和物理上的细微区别。实验语音学则是用各种实验仪器对语音进行客观的精确分析，不大重视语音的社会功能。20世纪中期以后，这两门学科开始逐渐结合起来。音系学利用实验语音学的研究成果，不仅检验了自己的某些理论，而且建立起了若干新的理论，50年代以后形成的区别特征理论就是以实验语音学的研究成果作为基础的。实验语音学所研究的对象总是具体的语言，不可能完全忽视语言的社会功能，音系学的理论往往能起到很重要的参考作用。例如，有关语音感知方面的实验就是与如何区分音位密切相关的。

近几十年来，音系学和实验语音学虽然发展迅速，成果很多，但并不能取代传统语音学。音系学研究必须以传统语音学的听音、记音为基础。尽管实验研究已经成为当今语音学研究的基本方法，但实验内容的安排、实验材料的处理和数据的统计分析都离不开过去长期积累下来的传统语音学知识，否则就很难取得令人满意的成果。

语音学对我国推广普通话、调查汉语方言和少数民族语言以及语言教学等方面工作所起的重要作用是非常明显的。如果没有足够的语音学知识，这些工作就很难取得有效的成果。广播朗诵、戏剧台词和诗歌韵律都是语音的艺术表现，如果掌握了一定的语音学知识，就能大大提高艺术的表现力。近年来，由于现代科学技术的飞速发展，语音学所起的作用已经远远超出了以上范围，生理学、心理学和声学中的一些内容都和语音密切相关，言语矫治、通信工程、自动控制以及人工智能等方面的研究工作也都离不开语音学，语音学的作用已经遍及与人类语言有关的各个学科，这些学科都直接或间接地需要一定的语音学知识，语音学已经成为这些学科不可缺少的内容。下面举两三个例子来说明。

聋哑人不会说话，绝大部分并不是发音器官有毛病，只是因为听不见声音才无法学会说话，因此才会出现"十聋九哑"的现象。据统计，全世界每一千个人当中就有两三个聋人。在这些聋人中，有许多人因为

绪 论

没有机会学说话而成了哑巴，实际上其中只有极少数人是完全丧失了听力的，其余大多数人并不是一点声音也听不见，只是因为没有对他们专门进行语音训练，所以才不会说话。如何帮助这些人利用残余的听力学会说话，以及如何帮助全聋的人利用视觉学习说话，使他们能像正常人一样生活和工作，这是目前许多国家都非常关心的问题，近几年来我国在这方面也已做出了显著的成绩。此外，如何帮助因大脑受伤而患失语症的人恢复说话能力，如何训练因病切除声带的人恢复正常发音，都是医学界迫切希望解决的问题。这些工作只有在各有关学科的密切配合下才能取得进展，由于要解决的是说话问题，所以语音学在其中无疑是具有特殊的重要性的。

电子计算机目前已经发展到了人工智能阶段，如何做到使人和计算机之间的对话像自然言语交际那样方便准确，是人工智能研究的一个重要课题，这个课题的主要任务是让计算机听懂人的话语（语音识别）、辨认出说话的人（发音人识别）以及能和人一样说话（语音合成）。

几十年前，计算机只能识别特定发音人的发音，词汇和句子的识别量也很有限；现在，语音识别已经不受发音人和词汇、语句的限制，语音识别技术还被广泛运用到了通信和公共服务等领域。例如，手机短信的语音输入技术已经被广泛应用，语音输入其实就是智能手机对自然语言的语音识别。当然，计算机的语音识别目前还没有达到尽善尽美的程度。在背景噪声比较强或话语不够清晰的情况下，识别的正确率可能会有所下降。人在自然的言语交际中，如果音段特征（元音和辅音的音色）不够清晰，往往可以利用超音段特征来理解话语，而计算机的语音识别技术对于自然语言中声调、重音、语调等超音段特征的利用还非常有限。如果语言学家能够对复杂条件下自然语音理解的规律有比较深入的了解，或许能为计算机语音识别技术提供更多的识别特征参数和决策理论的参考。

语音识别要求计算机屏蔽发音人的个性，在不同的发音人中寻找语音的普遍性，而发音人识别则是探求发音人的个性。语音的个性特征在某种程度上就像指纹一样具有唯一性，因此这种特征也被称为"声纹"。例如，在公安刑侦领域，若要确认犯罪嫌疑人是否为作案者，就需要对作案人和犯罪嫌疑人的语音个性进行比对，这种技术已经成为辅助确认犯罪嫌疑人的刑侦手段之一。声纹识别技术在各种加密保密装置中也有着重要的应用价值。从这个角度来说，语音学不仅仅需要研究一般的语音规则，还需要研究发音人的个性特征，以满足不同领域技术发展的需要。

　　人机对话的另一个重要内容是让计算机"开口说话"，与语音学相关的技术就是语音合成。语音合成的两种基本方法是参数合成和录音编辑（波形拼接）合成。前者是利用各种语音声学参数（如共振峰频率、基频等）合成出言语声，后者是将事先录好的各种自然言语声根据需要以音节或词为单位重新编辑，通过平滑等技术手段的处理之后拼接出新的词汇或者句子。这些合成方法都离不开相关的语音学理论。早期的语音合成由于受到计算机存储量等因素的制约，合成语音的自然度不太理想，能够产出的句子数量也非常有限。今天，计算机的存储量已远非昔日可比，这使得波形拼接成为计算机语音合成的主流方向。由于用于拼接的自然语音数据库有足够多的声音样本可供合成时进行选择，因此今天合成语音的自然度跟过去相比已有大幅度的提高，而且可以产出与任何文本相对应的语句。目前，合成语音的主要缺陷是句子的韵律特征不够理想，例如，句子内部各语音单元轻重匹配不当，节奏松紧和语调都不够自然。造成这些现象的原因是多方面的，其中一个重要原因是我们对自然语言韵律特征的研究还不够深入，因此还不能为语音合成技术提供足够的理论基础。而在另一方面，语音合成技术也一直应用于语音学的理论研究。例如，在若干语音特征中，哪些特征在母语者的听感中是敏感的，哪些是不敏感的，这是语音学研究必须回答的问题，同时也是音系学研究的重要内容——母语者敏感的特征就是语音的区别性特征，不敏感的特征就是冗余特征。对于区别性特征的探测就必须使用合成语音样本，在人工合成样本时，将需要探测的特征作为变量来观察母语者的知觉反映，这种心理—声学的实验方法已经成为实验语音学的经典研究范式之一。

　　语音学与言语通信技术也有着密切的关系。电话、广播和电视所传递的都是直接可以听见的语音信息，网络上也有大量可以在线收听的音频信息。言语的声音信息有一个显著的特点，就是所传递的信息远远多于辨认时所需要的信息。换句话说，说话人说出一句话来，所产生的各

绪　论

种声音特征并不全都是听话人听懂这句话时所必需的，其中有相当一部分是多余的，这就是语音的多余度。语音多余度的大小和通信效率的高低密切相关，同一根通信电缆，传递的语音多余度越小，所能传递的语音信息量就越大；同样大的计算机存储空间，语音的多余度越小，所能储存的语音信息也就越多。研究语音的多余度显然对提高通信工程的经济效益有非常重要的作用。语音的多余度虽然妨碍通信效率的充分发挥，但它却有抗干扰的作用。我们在噪声的干扰下还能听懂别人说的是什么，就是利用了语音的多余度帮助我们去听辨。如果噪声太大，连语音的多余度也起不了作用，就听不清别人在说什么了。在喷气飞机或坦克等强大噪声的干扰下，如何提高语音通信的清晰度和可懂度，是国防科学研究的重要课题之一，这方面的研究工作显然也是和语音学的研究成果密切相关的。

　　总之，语音是一种相当复杂的现象，语音的应用遍及社会的各个领域，语音学的研究涉及生理、物理和心理等方面的知识。随着科学技术的发展，语音学又与电子计算机和通信工程等新兴学科发生了密切的联系。现代的语音学已经成为与语言有关的许多学科所必不可少的重要组成成分，形成了一些新兴的与语音学有关的边缘学科。语音学的研究和现代科学、现代生产技术的关系将会越来越密切，语音学为现代科学技术做出的贡献也将越来越大。

第 一 章　语音的形成

一　声波概述

1. 声音的传播

物体处于静止状态是不会发出声音的，发声总是因为产生了振动。把锣敲响以后，立刻用手把锣面按住，锣声就会马上消失。你按住的当然不是声音，而是锣面的振动。因振动而发声的物体叫作声源。如果只有声源而没有传播声音的物质，声音还是无法被我们听到。传播声音最重要的物质是空气。把一个正在响着的电铃放在密封的玻璃罩里，逐步抽掉玻璃罩里的空气，抽掉的空气越多，电铃的声音就越小，直到最后完全听不到。这个简单的实验可以证明，离开空气，声源所发出的声音就无法传播。

声音不仅在空气里传播，也可以在固体和液体里传播，而且传播得更快。把耳朵贴在铁轨上可以听到远处火车车轮的响声，耳朵离开了铁轨在空气中听，就不可能听到。水传播声音的性能更好，在水里敲响一口半吨重的大钟，声音可以传到 35 公里以外，比空气的传播要远得多。不过，传播声音最重要的媒介当然还是空气。

声源的振动引起空气的振动，产生振动波，这种振动波就是声波。声波传入我们的耳朵里，使得鼓膜也产生同样的振动，于是我们就听到了声音。

声波和水波都是波形运动，但是性质很不相同。把一块小石子投到水池里，会立刻出现水波，并向四面散开。如果这时水面上漂浮着树叶，我们就会发现，在水波散开时，树叶只是上下移动，并不随着水波散开的方向前移。这种现象说明水波中水的质点主要是上下移动，和水波散开的方向垂直，形成一种高低的波形。这种振动方向与传播方向垂直的波叫横波。

图 1-1 中一个个小点代表水的无数质点，水波的运动方向是自左向右，水的质点则是上下移动，最高到波峰，最低到波谷，如图 1-1 中小箭头所示。随着水波逐渐减弱，质点上下移动的幅度也逐渐缩小，最后趋于静止。

图 1-1　水波中质点的振动和波的传播方向

声波在空气中传播的方式和水波不同。声源体开始振动以后，空气中的质点受振动的影响，随着振动的方向运动，各质点之间时密时疏，形成一种与声波运动方向相同的疏密波，如图 1-2 所示。这种振动方向与传播方向一致的波叫纵波。图 1-2 中的声源体是一支音叉，音叉上的箭头表示它左右振动的方向，小黑点代表空气中的无数个质点。当音叉受到外力的作用产生振动时，会影响到它附近的空气质点。以音叉的右臂为例，当它向右振动时，右边的空气质点被压缩靠近，形成密波；接着它又很快向左振动，右边的空气质点又被迫分开得比静止时远一些，形成疏波。音叉如此左右振动不已，空气质点也就形成无数密波和疏波，向四周传播。直到音叉停止振动，空气质点才恢复正常状态，声音也就消失了。

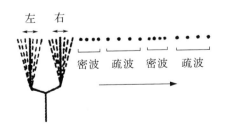

图 1-2　空气粒子的振动和声波的传播方向

声波这种疏密相间向四周传播的方式虽然与水波的波峰和波谷性质很不相同,但也可以用类似水波的图形来表现。声波中每个空气质点因振动而左右摇摆,很像钟摆运动。如果在正在摆动的钟摆下面放一张移动的纸,让纸的移动方向和钟摆摆动的方向垂直,那么纸上就会出现和水波相似的图形,如图1-3所示。我们可以把空气质点左右摇摆的密波当作波峰,疏波当作波谷,这样声波的疏密波就可以用图形清楚地表现出来。

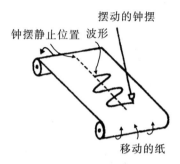

图 1-3　钟摆振动的"波形"

图1-4中横轴A表示空气质点静止时的位置。当声源体开始振动时,空气质点先被压缩成密波,表现为波峰C;然后空气质点又被迫分离成疏波,表现为波谷B。如此随时间时密时疏,形成和水波相似的图形,便于我们观察。

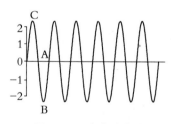

图 1-4　一个声波的波形

2. 振幅和频率

我们听到的声音有强有弱,有高有低,表现出的波形都不一样。声音强的时候,空气质点振动的幅度就大;声音弱的时候,振动的幅度就小。空气质点的振动幅度叫作振幅,也就是空气质点在振动时离开平衡位置的最大偏移量。图1-4中从A到C和从A到B的距离就是这个声波的振幅。图 1-5 比较了两个不同的波形，上一个和图 1-4 的波形相同，下一个振幅比上一个小，声音听起来自然也要弱一些。

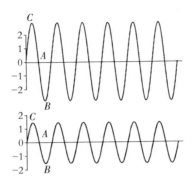

图 1-5　两个频率相同、振幅不同的声波的波形

声音在传播过程中，能量不断消耗，振幅逐步变小，声音也逐步减弱，直到无法听见。振幅逐渐衰减，最后减小到零，空气质点恢复静止状态，声波也就完全消失了。

计算振幅的单位是分贝（dB）。声音的强弱是相对的，分贝值也是相对的。为了便于比较，通常都采用相同的参考级来计算，普通谈话时声音的强度大致在 60～70 dB，如果高到 120～130 dB，许多人就会感到声音太大，振得耳朵痛。

稍有音乐常识的人都知道，弦乐器的琴弦越紧，声音就越高。这是因为琴弦紧，振动得就快，密波和疏波的交替相应加速，听起来声音就高。图 1-6 中两个声波的振幅基本相同，但下一个密波和疏波的交替比上一个快，听起来声音自然比上一个的高。

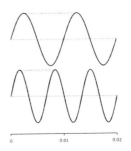

图 1-6　两个周期不同的声波

空气质点完成一个往返振动是振动的一个周期，如图1-6中虚线所示的时间间隔就是一个周期。声波振动的周期短，振动速度自然就快，次数也多，听起来声音就高。声波每秒振动的周期次数就是声波的频率。计算频率的单位是赫兹（Hz）。例如，每秒振动100个周期就是100Hz；如果完成一个振动周期，所需要的时间是1/1000秒，那就是每秒振动1000次，也就是1000Hz。人类所能听到的声音频率大致在20～20000Hz之间。老年人能听到的频率范围要比小孩子小得多，耳朵越背，听到的频率范围就越小。频率超过20000Hz的声波，不是人耳所能听到的，属于超声波。

在现代语音学中，声波频率这个概念非常重要，许多语音现象都需要用它来解释。例如，语音的高低就是由声波频率的大小决定的。女子的声音听起来比男子高得多，就是因为男子说话时的声波频率一般在80～200Hz之间，而女子则可以高达400Hz左右。

3. 复波和频谱

用钢琴和单簧管演奏同一个曲谱，音强和音高可以完全相同，但是一听就能区别出哪一个是钢琴，哪一个是单簧管，这说明除音强和音高外，声音还有它第三个特性——音色。

前面谈到的声波，波形都很简单，振幅与时间之间为正弦函数的关系，这种声音叫作纯音。高级音叉能发出这种声音，听起来非常单调。世界上的声音千差万别，其中绝大多数都不是纯音，而是由许许多多不同的纯音组成的复音，复音形成的复杂波形叫作复波。组成复音的各个纯音振幅不同，频率也不同，其中频率最低、振幅最大的叫基音，基音的频率称为基频。其余的都是陪音（或称泛音），陪音的频率都是基频的整倍数，振幅也都比较小。在复音中，由于基音和各陪音之间的振幅关系和频率关系复杂多变，形成千变万化的波形，所以听起来音色也就千差万别。图1-7是只由两个纯音组成的复音所形成的波形。其中声波A和B代表两个纯音，声波C是由A和B组成的复波。横轴时间单位为秒(s)。声波A每百分之一秒振动一个周期，频率为100Hz；声波B每百分之一秒振动三个周期，频率为300Hz。声波A的振幅比声波B大一倍。这两个纯音声波组合在一起，由于频率和振幅都不相同，互相影响，就形成了声波 C 那样比较复杂的波形,其中声波 A 是它的基频谐波,声波 B 是它的第二谐波。我们通常听到的声音是由许许多多谐波组成的,所形成的复波波形也要比图 1-7 中的声波 C 复杂得多。正是这些复杂多变的千万种复波构成了世界上千万种不同声音的音色。

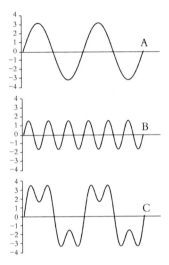

图 1-7　两个纯音和由它们组合的复音的波形

为了便于分析比较,我们可以把复波分解开,用频谱把各个谐波的振幅和频率表现出来,图 1-7 的复波就可以分解成图 1-8 的二维频谱。在二维频谱中,横轴代表频率,竖轴代表振幅。图 1-7 中的声波 C 由两个谐波组成,在图 1-8 表现为两条谱线,谐波 A 和 B 频率和振幅的不同在频谱中都能非常准确地表现出来。

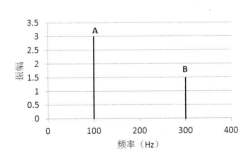

图 1-8　图 1-7 中复音 C 的二维频谱

分解复波中各个谐波的频率和振幅本是非常复杂的计算工作，现在则可以通过语音分析软件的"频谱分析"直接显示出来，一目了然。图1-9是钢琴和单簧管的频谱，钢琴的音高是低音C，单簧管的音高是中音C，高出八度，也就是高出一个倍频程。

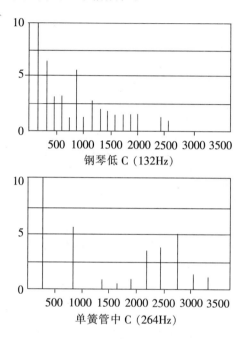

图1-9　一个钢琴音和一个单簧管音的二维频谱

比较图中的两个频谱，可以明显看出钢琴和单簧管音色之所以不同，是由于谐波的数目、频率和振幅都不相同。钢琴音高是低音C，基频132Hz，以下谐波都是它的整倍数，即264、396、528、660、792、924、1056……单簧管音高是中音C，基频高一倍，是264Hz，以下各谐波也都是它的整倍数，即528、792、1056、1320、1584……频谱上的谱线越密，声音越低；谱线越稀，声音越高。并不是每一个谐波都必然在频谱上出现，有的谐波振幅是零或接近于零，在频谱上就空出一条谱线。图1-9钢琴频谱2112Hz以上就连续空出三条谱线，单簧管频谱空出528Hz和1056Hz两条谱线。

4. 声音的共振作用

能够发音的物体都有它固有的频率。如果两个物体的固有频率相同，其中一个在外力的作用下发出声音，另一个物体受到相同频率空气质点运动的影响，也会发出声音来，这种现象叫作声音的共振。

我国古代早就发现声音有共振现象。唐代韦绚编撰的《刘宾客嘉话录》记录了诗人刘禹锡对他所谈的一些故事和史实，其中有这样一段记载：

> 洛阳僧房中磬子夜辄自鸣，僧惧而成疾。曹绍夔素与僧善，往问疾，僧具以告。夔出错镱磬数处，声遂绝。僧问其故，夔曰："此磬与钟律合，故击彼应此也。"

僧房里的磬半夜常常自己响起来，僧人受惊得了病，僧人的朋友曹绍夔知道后，用锉（错）把磬磨（镱）了几处，磬就不再自动发声了。曹还讲出了其中的道理，磬自动发声是因为和半夜敲响的钟声"律合"，也就是磬和钟的固有频率相合。所谓"击彼应此"，就是声音发生了共振。磬被锉了几处以后，固有频率改变，自然就不再受钟声频率的影响而自动发声了。

从瓶口向粗细不同的瓶子里吹气，粗瓶子发出的声音低，细瓶子发出的声音高，这说明瓶子之类的容器粗细形状不同，固有频率也不一样。容器的固有频率往往不止一个，如果和由许多不同频率的纯音组成的声波产生共振，声波中和容器固有频率相同或相近的那些纯音成分会因共振作用而得到振幅的加强，其余纯音成分的振幅或是保持原状，或是减弱甚至消失。声波通过容器时，就这样因共振作用而改变原来的波形。如果通过不同形状的容器，改变的波形自然也就不一样，改变比较大时听起来就成了不同的声音。人类发音器官之所以能发出各种各样的声音，和这种共振现象是有非常密切的关系的。因为声道从声带到双唇就是一个形状不规则的声腔，发音器官正是通过唇、舌、软腭等活动器官的调节，使声腔的形状发生各种变化，产生不同的共振，才把由声带颤动形成的微弱的声音放大成人耳可闻的具有不同音色的语音的。

二 语音的发音机制

1. 语音的来源

从生理观点看,人类并没有专门用来发音的器官,能起发音作用的实际上是呼吸器官和消化器官的一部分。为了便于说明人类的发音机制,我们经常把这些部分统称为发音器官。语音就是人类调节呼吸器官所产生的气流通过发音器官发出来的声音。气流通过的部位不同、方式不同,形成的声音也就不同。了解发音器官的构造以及各种发音器官在语音产生过程中的作用,可以直接帮助我们正确发出或辨别各种不同的语音。传统语音学对语音的定性描写和分类也是以分析发音器官的部位及其活动方式为基础的。

人类发音器官可以用图1-10来表示。

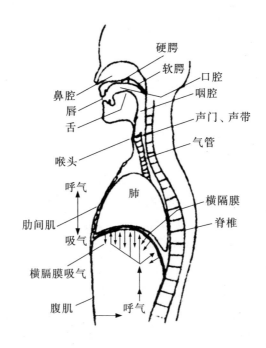

图1-10 发音器官

由声带和口腔所产生的声音,按声源的性质主要可以分为三种。

(1) 浊音声源

气流通过声门时,使声带颤动,产生声带音,也叫嗓音。声带音是周期性乐音声源,由声带音产生的波叫声门波。对于语音来说,如果其声音的来源或者来源之一是声带音,那么这样的音就是浊音。浊音最为响亮,是语音中最重要的声源。语音中的元音一般都是浊音。图 1-11 是普通话 ɑ[a]的声门波中的一小段,包含四个周期。

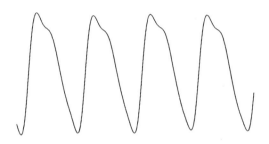

图 1-11　普通话单元音 ɑ[a]的嗓音波形片段

(2) 紊音声源

发音器官的某一部分紧缩成非常窄小的通路,气流通过时形成紊乱的湍流,产生嘶嘶的噪声,就是紊音。紊音的气流变化紊乱,没有规则,不像浊音声源那样具有周期性,所形成的声波是非周期波。普通话擦音 s 的声波就是非周期性波,属于紊音声源。图 1-12 是 s 声波中的一小段,波形紊乱,没有周期性。

图 1-12　普通话擦音 s[s]的波形片段

（3）瞬音声源

发音器官的某一部分紧缩到完全不让气流通过，使气流产生比较强的压力，然后突然放开，气流瞬时间冲出去，产生一种非常短暂的瞬时爆破声，就是瞬音（或暂音）。瞬音声源使声波形成一个短暂的间歇，普通话的塞音（爆破音）b、d、g 都是在发音前先有短暂间歇然后产生瞬时的爆破声，都属于瞬音。图 1-13 是普通话"大地"发音的波形图，第二个音节的塞音声母之前有短暂的静音段，两个音节的声母在气流冲破阻碍时有瞬时的脉冲波。

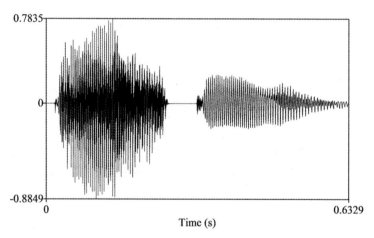

图 1-13　普通话"大地"的波形图

2. 语音的动力基础

发音的动力是呼吸时肺所产生的气流。肺是由无数肺气泡组成的海绵状组织，本身不能自动扩张和收缩，要依靠肋间肌、横膈膜和腹肌的活动。肋间外肌收缩使肋骨上升，同时横膈膜下降，胸腔因而扩大，肺也随之扩张而产生吸气力。腹肌收缩压迫内脏使横膈膜上升，同时肋间内肌收缩使得肋骨下降，胸腔因而缩小，肺也随之收缩而产生呼气力。呼吸就是依靠这些肌肉的活动来进行的，呼吸所产生的气流就成为发音的动力，这个动力的基地就是肺。

在平静呼吸时，肺气流相当稳定，一般听不见呼吸的声音，呼气和吸气时间大致相等，每分钟 16 次左右，肺气压只略高于大气压。说话时呼气放慢,使一个呼吸周期仅有约 15% 的时间用于吸气。如果要用"一口气"说许多话,呼气和吸气的时间比例差别还要大许多。呼吸时肺气压只比大气压高出 0.25%,说话时则可高达 1%,是呼吸时的四倍。

没有肺的呼吸作用就不可能有语音,但肺对语音所起的作用主要也只在于提供呼吸的动力。呼气量的大小和语音的强弱密切相关,但语音的其他性质就和肺的活动没有直接的关系了。

3. 喉头和声带

由肺呼出的气流经过气管到达喉头。气管是由半环状软骨构成的,上部接喉头,下部分成两支通左右两肺,在两肺里又形成无数树状小分支,最小的分支直接和肺气泡相连。气流就是从肺气泡通过气管各小支到达喉头的。

喉头由环状软骨、杓状软骨、甲状软骨以及与它们相连的肌肉和韧带组成。环状软骨处于喉头下部,与气管相连,形状像一个前低后高的指环。杓状软骨在环状软骨后面高出的部分之上,分为左右两块,像两个椎形的小杓。甲状软骨最大,分为左右两块,在喉头前部合在一起,略向前突,形状像盾甲,成年男子突出较明显,从颈的外部就可以看出来,通常称为喉结。喉头的构造如图 1-14 所示:

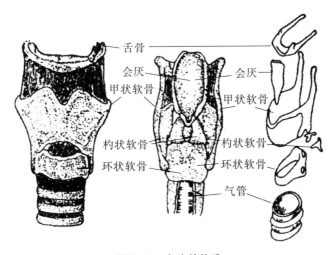

图 1-14 喉头的构造

图 1-14 中，左图是从正面看喉头，中图是从背面看喉头，右图是侧面分解。会厌软骨在喉头上面起喉盖作用。吞咽食物时舌骨向下压，会厌软骨被推弯盖住喉头的通路，防止食物进入喉头和气管。呼吸或说话时，会厌软骨打开，气流可以顺利地通过喉头。

喉头在语音中之所以具有特殊的重要作用，是因为产生浊音声源的声带就处在喉头的中间。甲状软骨、杓状软骨和环状软骨以及与它们相连的肌肉和韧带自上而下组成一个圆筒形的空腔，当中有四对韧带褶，两两相对。上面一对叫假声带，对发音并不起作用，下面一对就是发音时起主要作用的声带。

声带是一对唇形的韧带褶，边缘很薄，富有弹性，成年男子的声带约有十三四毫米长，女子比男子的声带约短三分之一，小孩子的要更短一些。声带的一端并合附着在甲状软骨上，是固定不动的；另一端分别附着在两块杓状软骨上，平时分开，呈倒"V"形，当中的空隙是声门。发声时，杓状软骨靠拢，使得声带并合，声门关闭，呼出的气流被隔断，形成压力，冲开声带，不断颤动，产生声音。从图 1-15 的两个图中可以看出发声和不发声时喉头的不同状态。左图是不发声时喉头的状态，这时环杓背侧肌收缩，杓状软骨分开，声带呈倒"V"形，声门敞开，气流可以自由进出。右图是发声时喉头的状态，这时环杓外侧肌收缩，杓状软骨转动靠拢，声带并合，声门关闭。图 1-16 是声带开合的纵剖示意图。

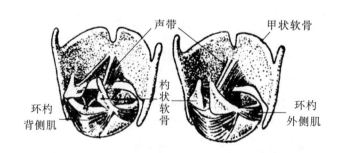

图 1-15　不发声和发声时喉头的状态

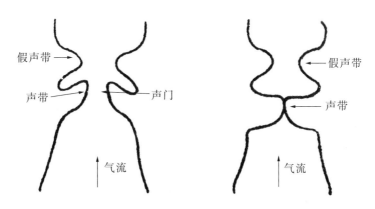

图 1-16 声带开合的纵剖示意图

杓状软骨非常灵活,它的活动直接影响到声带的位置和声门的状态。图 1-17 是声门最常见的四种状态示意图。其中,A 是正常呼吸,声门敞开;B 是深呼吸,声门大开;C 是耳语,声带基本并合,杓状软骨之间形成三角形空隙,称为气声门,气流从这里擦出;D 是发声,杓状软骨转动合拢,声带完全并合。

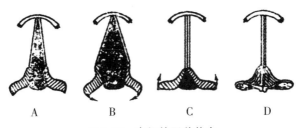

图 1-17 声门的四种状态

说话时声门经常处于图 D 那样完全关闭的状态,这时呼出的肺气流被阻断,积聚在声门下面形成一股压力,冲开声带,压力解除,声带重新并拢,又形成压力,再次冲开声带,如此循环往复,声带不断迅速开闭,形成持续的颤动,把肺气流切成一连串的喷流,产生像蜂鸣一样的嗡嗡声,这就是声带音,也可以称之为嗓音。这是语音的原始声波,即声门波。

声带的颤动有很强的节奏性,一般人在正常说话时每秒钟颤动大约

80～400次,它所产生的声带音也就是有节奏性的周期波,成为语音中的浊音声源。

声带音要经过咽腔、口腔和鼻腔才能使我们听到,这时的声波已经经过咽腔、口腔和鼻腔共振的调节,不再是原来声带音的原始声波了,因此我们是无法听到原始的声带音的。用高速电影摄影机以及测量气流的仪器可以直接观察发声时声带颤动的情况和气流喷出的情况,用声门波仪也可以采集到声带音。声带颤动的方式和原因是很复杂的,气流在发声时被阻和冲开时压力的变化也有很强的周期性,如果测量气流压力的变化,用波形来表示,应该和声带音所形成的周期波相当一致。图1-18是气流在发声时所形成的周期波:

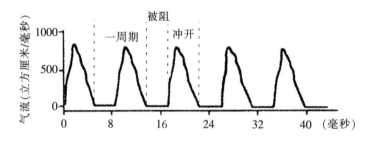

图1-18 声带音的波形

图中横轴表示时间,纵轴表示每毫秒气流量。当声门全闭,气流被阻时,气流量是零;当声带被冲开时,气流量迅速上升,约2毫秒时间就从0升到700立方厘米左右;当声带重新并拢时,气流量下降比较缓慢,要3毫秒才又降到0,然后又重复另一个周期。

声带和语音的高低关系最为密切。乐器的琴弦越细、越短,绷得越紧,音调也就越高。声带也是这样。当连接杓状软骨的肌肉牵引杓状软骨侧向转动时,声带就绷紧,颤动就快,声音就高;杓状软骨反向转动,声带就放松,颤动就慢,声音也就变低。人类这种控制语音高低的能力在语言中起着极其重要的作用。汉语是有声调的语言,声调的高低升降就是由声带的绷紧和放松所决定的。

每个人声带的宽窄、厚薄和长短都不一样,说起话来声音的高低也不相同。小孩子的声带短而薄,因此声音又高又尖。成年以后,男子的喉腔比小时候增大一倍半左右,声带也随之变厚变长,声音比原来降低约八度；女子的喉腔只比小时候增大三分之一左右，声带也比男人略短略薄一些，声音只比原来降低约三度。到了老年，声带和喉头的肌肉都变得相当松弛，无论男女，声音都要比成年时期更粗更低一些。

4. 语音的共振腔

严格地讲，由声带颤动而产生的声带音是通过喉腔、咽腔、口腔、唇腔和鼻腔这五个共振腔才传到人的耳朵里的。喉腔、咽腔、口腔、唇腔和鼻腔组成人类发音器官的声腔，是非常灵活、富于变化的共振腔。声带音通过声腔时，由于声腔形状的种种不同变化，产生不同的共振，形成种种不同的声音。图 1-19 是人类声腔的纵剖面图。

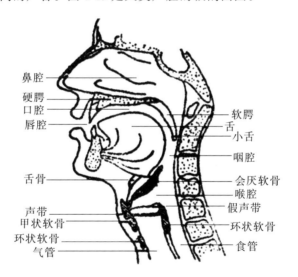

图 1-19　声腔的纵剖面

喉腔和咽腔在声带和小舌之间，声带音产生后首先进入喉腔和咽腔。喉腔和咽腔的形状和大小可以随着舌头的动作、喉壁的缩张和喉头的升降而发生变化。人类很少直接用喉腔或咽腔作为主要共振腔来发音，但是，由于舌头的动作会影响喉腔和咽腔的形状，当改变舌头的位置时，喉腔和咽腔的形状有时也会随之变化，影响到声带音的共振。声带音进入喉腔和咽腔后所产生的共振对形成语音也起着相当重要的作用。

喉腔和咽腔在人类演化过程中对提高发音能力起到了很大作用。一般来说,动物的声门很高,在声门和口腔之间几乎没有空腔,口腔里舌头和软腭可以活动的余地很小。人类的声门部位很低,在声门和口腔之间形成一个几十毫米长的空腔,就是喉腔和咽腔,舌头和软腭因此有了前后上下活动的充分空间,使得声腔的形状千变万化,可以发出种种不同的声音。人类虽然很少直接用喉腔和咽腔发音,但喉腔和咽腔的形成对人类语言的迅速发展是起到了非常重要的作用的。

口腔是人类发音器官中最重要的部分,发音活动的一切复杂变化都是在口腔里进行的,这是因为发音器官中可以活动的部分几乎都集中在口腔里,包括唇、舌、软腭和小舌。这些可以活动的部分可以改变口腔的形状、容积和气流的通路,使声带音产生种种不同的共振;它们也可以和固定部位接触,形成种种不同的阻碍,使气流不能顺利通过,成为紊音和瞬音产生的声源。图 1-20 是口腔示意图,其中除牙齿、齿龈和硬腭外,都是能活动的。

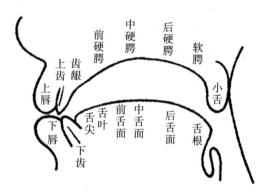

图 1-20　口腔中的发音器官

口腔中最重要同时又最灵活的器官是舌头。舌头的肌肉组织纵横交错,十分复杂,不仅整个舌头可以上下升降,前后移动,而且各个部分(舌尖、舌叶、舌面和舌根)都可以独立活动。舌头的活动千变万化,形成了千变万化的共振腔,产生出种种不同的声音来。舌头在发音时的位置、形状和活动方式一向是语音生理分析的主要内容,也是语音分类的主要依据。在后面的章节里,我们还要对舌头的作用做进一步论述。

双唇是声腔的主要出口,在唇和齿之间形成一个小小的共振腔,就是唇腔。双唇可以完全闭塞,成为堵住气流的闸门;也可以形成狭缝,让气流摩擦通过,还可以撮起拢圆,使唇腔延长,改变共振作用。双唇的这些活动都能使声音发生明显的变化。在协助表达言语信息和说话人的感情方面,双唇还具有其他发音器官起不到的作用,因为脸部的表情有时是可以通过发音时双唇的动作表达出来的。

软腭和小舌也是口腔中能活动的部分,它们的主要作用是改变气流的通路。呼吸时,软腭和小舌是下垂的,鼻腔和咽腔相通,气流自由从鼻腔进出。说话时,软腭和小舌有两种活动方式:一种是软腭和小舌向后上升,抵住咽壁,挡住通往鼻腔的通路,到达咽腔的声带音只能从口腔出去,在口腔形成共振,这时发出来的音是口音,如 a、t 等;另一种是软腭和小舌下垂,咽腔通往口腔和鼻腔的通路都打开,到达咽腔的声带音可以同时从口腔和鼻腔两条通路出去,在两个共振腔里形成共振。这时如果口腔某一个部位闭塞起来,堵住气流,声音只能从鼻腔出去,就形成通常所说的鼻音,如 m、n 等;如果口腔和鼻腔的通路都畅通,声音同时从两条通路出去,就形成了所谓鼻化音,也叫口鼻音,如[ã][ũ]等。图 1-21 是三种状态的示意图:

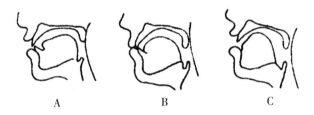

图 1-21　口音、鼻音和鼻化元音发音的纵剖面示意图

图 A 软腭和小舌向后上升,声音只能从口腔出去。图 B 软腭和小舌下垂,打开鼻腔通路,声音按说可以同时从两条通路出去,但是因为双唇紧闭,阻挡气流外出,结果只能从鼻腔出去,形成双唇鼻音 m。图 C 则是两条通路都畅通,发出的鼻化音同时具有口腔音和鼻腔音的特点。

咽腔和口腔都是可变共振腔,鼻腔则是固定共振腔。不同的鼻音是由唇或舌的调节形成的。发鼻音时鼻腔是主要共振腔,口腔则是副共振腔。发鼻化音时鼻腔和口腔所起的共振作用同等重要。

三 语音的感知

1. 人耳的构造

说话时发出声来，通过声波的传递，到达另一个人的耳朵里，听懂了意思，这才完成了言语的全过程。要想了解听觉器官是怎样接收和分析语音的，必须对人耳的构造有一个大概的了解。

人耳能感觉到空气压力极微小的变化，是非常灵敏的器官。人耳由外耳、中耳和内耳三部分组成，如图1-22所示。

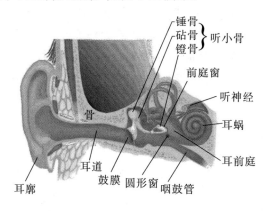

图 1-22　人耳的构造

外耳包括耳廓、耳道和鼓膜。许多动物都可以根据声音的方向转动耳廓，以加强接收声音的能力；人类的耳廓则是固定的，对接收声音所起的作用很小。耳道长度约2.5厘米，直径平均约0.7厘米，一端通向耳廓，对外敞开，接收声音，另一端被鼓膜封闭起来，是一条细长的管子，共振频率约为3500Hz。声波进入耳道后，接近于3500Hz的频率都因共振作用而放大两倍以上，因此一般人对3000～4000Hz的声音最为敏感。鼓膜处于耳道的一端，呈椭圆形，稍向内陷，非常薄，只有0.01厘米的厚度。声波通过耳道到达鼓膜时，它的压力变化会引起鼓膜的振动，转化为鼓膜的机械运动传到中耳。

中耳是鼓膜后面一个小小的骨腔，只有约2立方厘米大，里面有三块听小骨：锤骨、砧骨和镫骨，每块只有20多毫克，是人体内最轻最小的骨头，它们共同形成鼓膜和内耳之间的机械链。鼓膜因声波的作用产生振动后，首先推动锤骨，锤骨推动砧骨，砧骨再推动镫骨。镫骨的底板覆盖在内耳入口处的一块小薄膜上，称为前庭窗。鼓膜振动产生压力推动锤骨后，由于三块听小骨的杠杆作用，在镫骨底板上产生了比锤骨上更大的力，再加上鼓膜的面积比前庭窗要大 25 倍左右，前庭窗所承受的力本来就比鼓膜大得多，两方面合起来，前庭窗所承受的压力猛增，使内耳受到更大的振动，大大提高了人类的听觉能力。中耳骨腔的下方还有一条通向咽腔的咽鼓管，是与外界空气沟通的一条通道，可以调节气压，使鼓膜内外两面的压力保持平衡。中耳还有保护内耳的作用，如果外来的声音太大，镫骨就会转动，和前庭窗接触得不那么紧密，鼓膜也会绷紧，使振动减弱，避免损伤内耳。当然，如果声音来得过于迅猛，中耳来不及起保护作用，内耳自然还是会受到损伤影响听力的。

内耳深埋在头骨中，由半规管、前庭窗和耳蜗三部分组成。半规管的作用是维持身体平衡，和听觉无关。前庭窗是内耳的入口，一面和中耳的镫骨相连，一面和内耳的耳蜗相连，把从镫骨接收到的振动传给耳蜗。耳蜗的外形很像蜗牛壳，实际上是一条盘起来的管子，越近中心越细，管子中间有一条非常细的导管，叫作耳蜗中阶，又称耳蜗导管，把耳蜗分为上下两部分，上一部分叫前庭阶，下一部分叫鼓阶，里面都充满了淋巴液。在耳蜗管的尖端有一个小小的蜗孔，使前庭阶和鼓阶之间的淋巴液可以流通。耳蜗中阶外面包着前庭膜和基底膜，中间充满黏度很高的内淋巴液。前庭膜把中阶和前庭阶隔开，基底膜把中阶和鼓阶隔开。基底膜上附有数以万计的毛细胞，细胞上端和耳蜗覆膜相连，组成非常精细的器官，叫柯替氏器官。柯替氏器官直接和听神经相连，通过毛细胞把接收到的机械运动转化为神经冲动，由听神经传送到大脑。图 1-23 是耳蜗横剖面示意图。

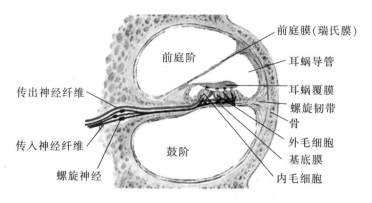

图 1-23 耳蜗的横剖面和柯替氏器官

柯替氏器官的功能是把声波的机械振动信息转化为神经系统的神经信息。大致说来，在前庭窗被镫骨推动发生振动后，随着压力的变化，耳蜗里的淋巴液影响到基底膜，基底膜上的毛细胞就以不同的弯曲方式刺激听觉神经纤维，使神经细胞产生电化学脉冲，沿着听觉神经传送给大脑的知觉中枢。声波的频率不同，蜗管里淋巴液的压力就会发生不同的变化，基底膜振幅最大的部位也会随之不同。频率高，最大振幅的部位就靠近前庭窗；频率低，最大振幅的部位就接近蜗孔，即耳蜗最细的部分。不同部位反映不同的频率，这个部位的毛细胞也就只反映这个对应的频率。但是，人可以分辨的频率变化是非常精细的，单靠基底膜不同部位的反映是达不到如此高的分辨率的。对于听觉机理，显然还有许多问题有待进一步探索。

2. 听觉和语音识别

上文对声波、发音机制和听觉的介绍可能会给人这样的印象：发音、声波、听觉三者之间存在着因果关系，即特定的声腔形状产生特定的声波，形成特定的听觉。这并不能说是错误的，但把三者的关系看得太简单了。发音、声波和听觉之间实际上并不是简单的因果关系，同样的声波，听辨结果可以不同；不同的声波，也可以听成相同的声音，其间的关系是很复杂的。无论男子、女子、老人、小孩发出的ɑ音，听起来都是ɑ，但是声波显然有很大的差异。声腔的形状（包括声带的厚薄、长短等）和容貌、体型一样，因人而异，每个人都有自己特有的音色、特有的声波特点。但是，不管个人之间的声波特点差异有多大，在语音识别时，都不会因此感到困难。我们不但能听懂每个人说的话，而且有能力分辨出每个人特有的语音，也就是每个人特有的声波特点。叼着香烟说话，口腔的活动受到很大限制，声腔形状自然和平时说话不一样，但是，我们不但照样能听懂，而且能听得很清楚。这些例子都说明声波通过听觉器官传到大脑进行语音识别时，是经过了异常复杂的加工过程的。近些年来，由于科学仪器和电子计算机的迅速发展，已经可以通过各种实验手段来了解这个加工过程了。但这方面的研究工作目前仍处于摸索阶段，大脑识别语音的奥秘还远远没有揭开。

大脑识别语音时，对从听觉器官传送来的声波，显然只选择跟识别语音有关的信息，声波所携带的其他信息对识别语音来说，都是多余的。研究哪些信息和识别语音有关，对人工合成语音和通信工程都非常重要。例如，从 a 的频谱上分析出哪些信息是识别 a 所必需的，提取出这些信息，就可以人工合成出 a 音来，其余的信息也许能反映出个人声音的差异，也许根本就没有必要去感知（例如说话时伴随而来的其他噪声），无论是哪种情况，都和识别 a 这个音无关。

人类识别语音的能力是和发音能力密切联系在一起的。儿童先要听懂了话才能学会说话，这时识别语音的能力先于发音能力。一旦掌握了发音能力，又会对识别语音的能力产生影响，对自己能发的音易于识别，对自己不能发的音就不容易分辨。学习语音学，就要学会分辨自己不能发的音，不但能识别这些音，最好还能学会发出这些音。

说话所产生的声波不但能传到听话人的耳朵里，而且说话人自己也能听到自己的声音。大脑指挥发音器官发出来的声音被自己的听觉器官接收重新传送回自己的大脑，这个循环过程叫作声音反馈。大脑根据反馈的声音判断发出的声音是否符合要求，如果不符合，就迅速发出指令，让发音器官做必要的调整。如果让说话人戴上耳机边说话边录音，同时控制放音磁头，使声音延迟半秒左右到达说话人的耳朵，那么这时大多数人说话会变得结结巴巴，有的人甚至无法说出话来。这是因为说出来的声音和听到的声音脱节了，原来的声音反馈关系被破坏了，无法判断自己的发音是否正确，就产生了这种迟疑或停顿的现象。由此可见，声音反馈对发音是有相当大的影响的。长期严重耳聋的人,往往会出现某些音发不准的现象,这也是因为他们听不见自己说话的声音,丧失了声音反馈的能力,无法校正自己发出的声音,日久天长,就形成了错误的发音习惯。

四 语音的切分和分类

任何科学在研究过程中都需要把研究对象分解成若干单位并加以分类,分类的标准和方法可以因研究目的的不同而有所不同,语音学也是如此。怎样把一连串话切分成若干单位并且根据一定的标准和方法对这些单位做出必要的分类,正是语音学的一项重要任务。

前面已经谈到,声波是由音质(即音色)、音高、音强和音长四个要素组成的,这四种组成成分在语音中起着不同的作用,但在时间上又是同时并存的。说话人说出一连串话传到听话人耳朵里,听话人按照时间顺序接收到这一连串话所产生的声波,传送到大脑进行分析,这时音质、音高、音强和音长是同时到达大脑的,大脑有能力把这四部分分解开。就语音来说,音质的变化起最主要的作用,音高、音强和音长可以认为是依附于音质的,在不同的语音中所起的作用也不相同。因此,首先可以把同时并存的这四部分切分成两个不同层次:一个层次是音质成分(也称为"音段成分"),另一个层次包括音高、音强和音长,统称为"超音质成分"(又称"超音段成分")或"非音质成分"。

无论是音质成分还是超音质成分,都可以从发音、声波或听觉三个不同的角度做进一步分析,对它们进行切分和分类。传统语音学对音质成分的进一步分析主要从发音部位和发音方法入手,对超音质成分主要从主观的听觉感知入手。现代语音学对语音的声波分析有了重大的突破,对发音机制和听觉感知的研究也有了不少进展,但在语音的切分和分类上,一般仍沿用传统语音学的方法。这种方法今天看来虽然不十分精密,但能比较概括地说明各种语音现象,沿用这种方法,不但便于初学,也能体现语音学研究的继承性。

在一段话语中,音质成分是随着时间的变化而不断变化的,我们可以根据音质成分的变化情况把这段话语切分成若干音段,音段的切分可大可小。例如,根据语音停顿切分的音段就是比较大的音段,其中包括许多小音段。最小的音段发音应该是稳定不变的,波形应该是前后一致的,听觉上也应该只听成一个声音。例如,单独发 a 这个音时,发音器官在发音过程中始终没有变化,无论发音时间有多长,这个 a 总是最小的音段。但是,当 a 进入比较大的音段时,受前面和后面音的影响,往往在它和前后音之间出现过渡音,这种音只是从一个音到另一个音之间的过渡,虽然有时很重要,但不能算是最小的音段。我们单独发 i(衣)和 a(阿)这两个音时,两个音段之间的界限非常清楚;如果连起来说成 ia(鸭),这个音段除了包含两个最小音段 i 和 a 以外,还可以明显地感觉到从 i 到 a 是逐渐过渡的,中间并没有清楚的界限。这些过渡音虽然占据了一定的时间,但一般并不把它算作最小的音段。

在听觉上最容易分辨的音段是"音节"。音节可以是最小的音段,例如,普通话的语气词 ā(啊)就是由一个最小音段形成的单音节词。但是更常见的情形是由几个最小的音段组合成的,例如,普通话 biān(边)这个音节是由四个最小音段组成的音节,英语 get(得到)这个音节是由三个最小音段组成的。汉语音节之间的界限最为清楚,除了极少数例外,一个汉字就是一个音节。在汉语里,"字"除了指书面上的书写单位以外,还可以指口语里的一个个音节,如"他说话字字清楚"指的就是每个音节都清楚。甚至一个孩子也能够回答出一句话里有多少音节(虽然他可能是用一共有多少字来回答的)。音节在听觉上如此容易分辨,可是要从发音机制或声波特性上说明它的本质特点,却不是很容易的事。直到目前为止,还没有一种理论能充分说明音节的本质,也没有一种客观方法能把音节的界限完全划分清楚。

超音质成分包括音高、音强和音长三个部分。从声波特性来分析超音质成分最为准确:根据基频确定音高,根据振幅确定音强,根据时间确定音长。但就一般应用来说,根据听话人的主观估计来分析也就够用了,在语言里,声音的高度、强度和长度的变化远没有音质的变化那样灵敏,所起的辨义作用也没有音质重要。超音质成分可以依附于一个音节上,也可以依附于比音节更大的音段上,如多音节词甚至句子。

在不同的语言里,超音质成分所起的作用很不相同,因此很难有完全统一的分类标准。比如音高,在汉语里就有它的特殊重要性,"妈 mā"

"麻 má""马 mǎ""骂 mà"的音质成分相同,区别主要在于音高,这种音高的区别传统称为"声调"(或"字调")。对汉语和其他有声调的语言来说,可以完全依靠听觉对声调的音高变化加以分类和描写,而这种分类和描写对英语、法语或俄语等没有声调的语言就没有必要。

许多语言的音节都有轻重音的分别。轻重音也能起区别意义的作用,例如,普通话"买卖 mǎimài"两音节都重读是"买和卖"的意思,"买卖 mǎimai"第二音节轻读是"商业"的意思;英语 content 重音在前一音节是"内容"的意思,重音在第二音节是"满意"的意思。轻重音的分别往往包括音高、音长和音强三方面的变化,有时甚至还会引起音质的变化,这个问题后面还将详细讨论。

练习

1. 某一复波由五个谐波组成,基本频率 150Hz,振幅第一谐波 60 dB,第二谐波 45 dB,第三谐波 50 dB,第四谐波 20 dB,第五谐波 35 dB,试画出该复波的二维频谱。

2. 比较下面普通话 a 和 i 的频谱示意图。(1) 指出哪一个音比较高,并说明理由;(2) 两个示意图的振幅变化都形成三个峰,三个峰位置不同,说明 a 和 i 的音色不同,指出处于峰位置的各频率的大致频率值。(kHz=千赫)

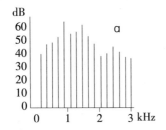 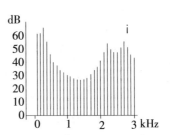

3. 比较下列普通话 i、u、n、f 的发音器官示意图,指出唇、舌和软腭的位置各有什么变化。

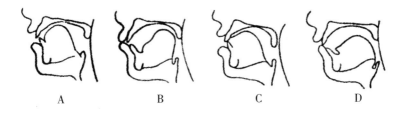

A　　　　B　　　　C　　　　D

4.用汉语拼音拼写下面这句话。其中,"女儿""幼儿园""一块儿""花儿"各有几个音节?包括哪些超音质成分?各个"儿"的语音是否相同?

他的女儿和幼儿园的小朋友一块儿去公园看花儿。

第二章 元音

一 元音的性质

1. 元音和辅音

　　一段话总是由一些音质各不相同的最小音段组成的。我们可以根据发音动作的不同状态，把这些最小音段分为开放型和封闭型两大类。气流从喉腔、咽腔进入口腔从唇腔出去时，这些声腔完全开放，气流能够顺利通过，这样产生的最小音段就是开放型的。如果这条通路的某一部分封闭起来，气流被阻不能畅通，这样产生的最小音段就是封闭型的。在一段话里，开放型音段和封闭型音段总是交替出现，形成音质各不相同的、连续不断的最小音段。传统语音学把开放型的最小音段称为"元音"，把封闭型的最小音段称为"辅音"。元音和辅音是语音学最基本的两个概念，统称为"音素"。语音中音质成分的分类和描写都是以这两个概念为基础的。

　　发元音时气流顺利通过声腔，声带颤动，形成的声波都是周期性的，因此元音都是浊音。如普通话里的 ɑ、o、i 都是典型的元音。发辅音时由于气流暂时被阻不能通过或只能勉强挤出去，所产生的声音大都是瞬音或紊音。如普通话里的 b、d、g 就是气流被完全阻断后产生的瞬音，f、s、x 则是气流勉强挤出产生的紊音。如果这时声带保持颤动，这些音就同时具有浊音的性质。普通话里的 sù 和英语里的 zoo 开头的辅音[s]和[z]都是紊音，但发[s]时声带暂时停止颤动，发[z]时声带保持颤动，[z]就兼有浊音的性质。

第二章 元 音

发 m 和 n 一类音时，声腔也是封闭性质的，气流在口腔中被阻，不过这时软腭和小舌下垂，打开了通往鼻腔的通路，使气流能够从鼻腔顺利出去，形成鼻音。发 l 时，声腔处于部分封闭的状态，一般是舌头把口腔中部封闭起来，气流从舌头的两边顺利出去。像 m、n 和 l 这些音，由于发音时气流可以畅通无阻，因此性质比较接近元音，形成的声波也和元音比较相似。但是，这时气流通往口腔的通路处于全封闭或半封闭的状态，因此仍应该属于封闭型的音段，通常都把它们归入辅音。但也有一些语音学著作把它们跟元音一起归纳为一个更大的类别，叫作"响音"，因为 m、n、l 这一类音是乐音成分占优势的语音，性质比较接近元音。

发元音时声腔各部分用力比较自然均衡，气流能够畅通无阻。发辅音时由于声腔封闭不让气流外出，起封闭作用的那部分声腔就要特别用力，因此声腔各部分用力是不均衡的。根据声腔的开放和封闭，基本上可以把元音和辅音分别清楚。但是，声腔的开放是可大可小的，如果开放得很小，接近于封闭状态，气流外出时只受到极轻微的阻碍，那么这时发出来的就是介于元音和辅音之间的声音。例如，我们发 i 时，如果再把舌头略略抬高一些，舌面比较用力，声腔就接近于封闭状态，气流外出时会受到一些阻碍，听起来有轻微的摩擦声，这时 i 的性质就变得很接近辅音。这种处于元音和辅音之间的声音，语音学中称为"通音"，在分类上通常归入辅音类，列在辅音表内。

2. 声腔共振和元音音色

元音的音色是由声腔的共振频率决定的。发元音时，首先声带颤动，产生声带音，同时软腭和小舌上升，挡住通往鼻腔的通路，使声带音只能从口腔出去。口腔是人类声腔中最灵活、最富于变化的部分，口腔内的发音器官，特别是舌头的每一个细微变化都会改变声腔的形状，从而对声带音的共振产生影响，形成不同的元音音色。

喉腔、咽腔和口腔、唇腔所形成的声音通道是一条弯曲的、略成直角形的共振腔。就声音的共振作用看，共振腔的曲或直对共振频率的影响并不大，成年男子的这条共振腔，从声带音的声源声带开始，到声腔的终端双唇为止，共约 17 厘米长（成年女子略短一些）。我们可以把它看成是一端封闭、一端开放的 17 厘米长的管子。封闭一端是声带，气流通过声带时使声带颤动产生声带音后进入这条管子，声带音在管子里发生共振，从管子开放的一端出去，就形成了元音。管子的形状不同，所起的共振频率就不同，形成的元音音色自然也就不同。我们可以用普通话 ɑ 和 i 的不同来说明这个道理，图 2-1 显示的是这两个元音发音时舌头的位置以及口腔的开闭程度。

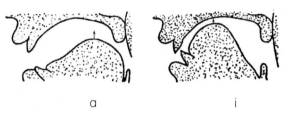

图 2-1　发 ɑ 和 i 时口腔与舌头的状态

从图中可以清楚地看出，发 ɑ 和 i 时舌头的位置有很大变化，舌头隆起的最高点和上颚形成口腔中的最狭窄点（图中用箭头来表示），这个最狭窄点把声腔分为前后两部分。发 ɑ 时口腔大开，前声腔宽而长，后声腔窄而短；发 i 时口腔较闭，前声腔窄而稍短，后声腔宽而稍长。ɑ 和 i 音色的不同就是因为前后声腔的这种变化引起不同的共振所造成的。其他元音音色的不同，主要也是这个原因。

元音前后两个声腔长短和宽窄的变化，主要由舌面收紧隆起的最高点的位置决定。从图 2-1 中可以看出，舌头位置的变化不只直接改变口腔的形状，而且也影响到咽腔。舌头最高点位置靠后咽腔就变窄，位置靠前咽腔就变宽。舌头是极为灵活多变的肌肉组织，位置的任何一点改变都会使前后两个声腔的形状发生变化，产生不同的共振，从而形成种种不同音色的元音。

嘴唇的变化对声腔的形状也能起到很大的作用。在一般情况下，嘴唇是平展的，如果发音时把嘴唇撮圆，唇腔向前延伸，整个声腔变得长了一些，共振频率就会改变，元音的音色也会随之产生很大的变化。普通话"意 yì"和"遇 yù"的分别就在于前者不圆唇，后者圆唇。嘴唇的变化从外形很容易看出来，不像舌头那样在口腔内变化，不易直接观察。

第二章
元　音

二　元音的分类

1. 元音分类的标准

为了便于说明不同音色的各个元音之间的差别，需要根据一定的标准对元音加以分类。无论用什么标准分类，事实上都不可能在各类元音之间画出一条明显的界限。这正像无法在不同颜色之间画出明显的界限一样，我们可以只把颜色分成"红、黄、蓝、白、黑"五类，也可以细分为十几类甚至二十几类，分类的目的不同，分类的粗细也就不一样，但是，无论分成多少类，各类颜色之间都是没有明显界限的。元音的分类也是可粗可细的，不同类的元音用不同的字母符号来代表，如 a、i、u 等等，这些字母符号只是用来说明各类元音之间关系的一种标记，它们的内涵因分类粗细的不同而有所不同，因此无法给这些代表元音的符号定出绝对的标准。语音学是专门研究语音的，对元音的分类自然需要细一些，所用的字母符号也会多一些，每个字母符号的内涵自然也就小一些。

语音的生理、物理和听觉三个方面都可以作为元音分类的标准。听觉只是一种主观印象，从听觉感受到的元音的洪和细、长和短、强和弱、钝和响等往往含有主观成分，很难据此对元音做出科学的分类和细致的描写。从元音的声学特性入手来分类自然非常精确，但过于细致，不便描述和调查记音。因此，在语音学中一般都采用生理分类法，也就是根据舌头的位置和嘴唇的形状对元音进行分类和描述，这种分类法不但简单可靠，而且还可以和发音动作直接联系在一起。

前面已经谈到，元音的音色从发音生理上说主要是由舌头和嘴唇的活动决定的，给元音分类，最方便的办法就是以舌头的位置和嘴唇的形状为标准。舌头的位置可以根据舌头隆起的最高点在口腔中所处位置（简称"舌位"）的高低和前后这两个方面来确定，嘴唇的形状可以根据嘴唇的圆展来确定。这样，语音学为元音的分类定下了三项标准：

（1）舌位的高低——舌位高的是高元音，舌位低的是低元音；

（2）舌位的前后——舌位前的是前元音，舌位后的是后元音；

（3）嘴唇的圆展——嘴唇圆的是圆唇元音，嘴唇不圆的是不圆唇元音。

任何一个元音都可以从这三个方面来描写。例如，发 i 时，舌头隆起的最高点相当高，也相对靠前，同时嘴唇是平展的，从图 2-1 中 i 的发音示意图中也可以看出 i 的这些特点。因此，i 的定性描写就是：舌位高而前的不圆唇元音，这三方面的特点正可以描写出 i 这个字母所代表的元音音色。

2. 定位元音和元音舌位图

在确定元音音色的三项标准中，嘴唇的活动只有圆展之分，而且是可以看见的，比较容易描写。舌头的活动非常灵活，从外部又完全无法看见，要说明它在口腔中的位置就比较困难。我们以 ɑ、i、u 为例，比较一下发这三个元音时舌头在口腔中变化的情况，这三个元音正可以代表发元音时舌头在口腔中活动的范围，基本情况如图 2-2 所示。图中的黑点表示舌面隆起的最高点，是前后两个声腔的分界处，代表舌位。这三个元音舌位的高低和前后都不相同，形成一个不等边三角形，在图 2-2 中用虚线表示。口腔横向长，纵向短，开口处宽，舌根和软腭相对处窄，再加上舌头肌肉组织所起的牵制作用，使得舌位的高低和前后的关系互相影响。例如，i 和 u 都是高元音，但因为 u 同时是后元音，舌位受到舌头后缩的影响，就要比前元音 i 的高度略低。同样，舌头放低后，舌位前后移动的范围就变小，发 ɑ 时虽然舌头也可以前后移动，但比 i 和 u 之间的舌位距离小得多。

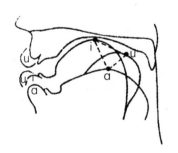

图 2-2　ɑ、i、u 三个元音的舌头活动位置

在发元音时，舌位的活动范围实际上形成了一个不等边的四边形，这个四边形代表了发元音时舌头活动的外围极限，一般用图 2-3 的图形来表示，图中四角的四个字母代表极限的四个点。这四个字母是国际上通行的国际音标所采用的，为了区别于其他拼音字母，按照国际习惯，国际音标的符号外加方括号，即[i][u][a][ɑ]等等。国际音标是语音学的专用符号，由国际语音学协会拟订，经过一百多年的修订和补充，现已成为国际上最通行的标写语音的符号。

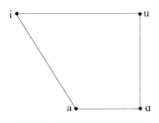

图 2-3 舌位活动的极限

在这四边形的外围极限之内，舌位可以任意变动，发出各种不同音色的元音来。为了便于描写发元音时舌位在这一音域内所处的位置，一般把舌头的纵向活动位置分为四度，即：高、半高、半低、低。前后元音各分四度，共计八个点，作为元音舌位定位的标尺，处在这八个点上的元音就称为定位元音或标准元音，国际音标用图 2-4 中的符号来代表。图 2-4 中按四等分确定的八个点代表八个定位元音的舌位范围，有了这个范围，在确定和描写其他元音的舌位时就有了可供比较的客观依据。

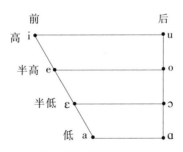

图 2-4 八个标准元音的舌位

舌位只能确定元音的高低和前后，并不能反映发元音时唇的状态。从原则上说，不管哪一种舌位的元音都可以有相对的圆唇元音和不圆唇元音。但是实际上，前元音以不圆唇的较为常见，后元音则以圆唇的居多。八个定位元音正反映了人类语音的这个特点，四个前元音都是不圆唇的，四个后元音除[ɑ]外都是圆唇的。圆唇的程度和舌位的高低密切相关，舌位越高唇越圆，随着舌位降低，圆唇的程度也降低。图 2-4 中舌位最低的定位元音[a]就是不圆唇元音。图 2-5 列出了常见国际音标的元音舌位图。其中舌位的高低分为高、半高、半低、低四度（前元音在四度之间增加[ɪ][ɛ][æ]三个音标，实际是分为七度），舌位的前后分为前、央、后三度，圆唇和不圆唇并列，圆唇元音在线右，不圆唇元音在线左，共列出二十一个常用国际音标。下面逐一描写这二十一个元音的音值，并举出北京话的例字作为练习发音时的参考，北京话没有的元音，举常见汉语方言中的例字。

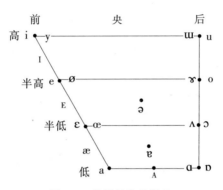

图 2-5　常见元音的舌位

[i]　前、高、不圆唇。北京"衣"[i]

[ɪ]　前、次高、不圆唇。苏州"面"[mɪ]

[e]　前、半高、不圆唇。厦门"提"[tʻe]

[E]　前、中、不圆唇。苏州"三"[sE]

[ɛ]　前、半低、不圆唇。北京"灭"[miɛ]

[æ]　前、次低、不圆唇。苏州"毛"[mæ]

[a]　前、低、不圆唇。北京"安"[an]

[y]　前、高、圆唇。北京"鱼"[y]

[ø]　前、半高、圆唇。苏州"南"[nø]

[œ]　前、半低、圆唇。广州"靴"[hœ]

[ə]　央、中、不圆唇。北京"恩"[ən]

[ɐ]　央、次低、不圆唇。广州"民"[mɐn]

[A]　央、低、不圆唇。北京"阿"[A]

[ɯ]　后、高、不圆唇。合肥"楼"[nɯ]

第二章 元音

[ɤ] 后、半高、不圆唇。北京"鹅"[ɤ]
[ʌ] 后、半低、不圆唇。松江"脱"[tʰʌ]
[ɑ] 后、低、不圆唇。北京"肮"[ɑŋ]
[u] 后、高、圆唇。北京"乌"[u]
[o] 后、半高、圆唇。成都"哥"[ko]
[ɔ] 后、半低、圆唇。广州"火"[fɔ]
[ɒ] 后、低、圆唇。苏州"卖"[mɒ]

除上面列举的二十一个音标以外,在[y]和[ø]之间还可以有一个前、次高、圆唇元音[ʏ],在[u]和[o]之间还可以有一个后、次高、圆唇元音[ʊ],央元音还可以有高元音[ɨ]和[ʉ],在[ə]和[ɐ]之间还可以有央、半低、不圆唇元音[ɜ]。下面是国际语音协会公布的元音舌位图(2005年版),其中[ᴇ]和[ᴀ]是汉语语音学界习用已久的符号,国际音标的元音表中实际上没有这两个符号。

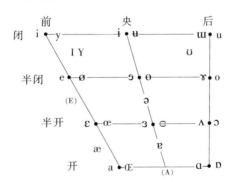

图 2-6 元音舌位图

(引自国际音标全表,国际语音协会 2005 年公布)

为了精确地表示出舌位和唇形的细微变化,在必要的时候还可以给音标加上附加符号,主要有以下七种:

符号	意义	例
˔	舌位略高	[e̝][o̝]
˕	舌位略低	[e̞][o̞]
˖	舌位略前	[u̟][ə̟]
˗	舌位略后	[e̠][u̠]

	舌位偏央	[ë][ö]
)	圆唇度增	[ɔ̜][ɒ̜]
ᑕ	圆唇度减	[o̜][y̜]

3. 舌尖元音、卷舌元音和鼻化元音

发一般元音时，舌肌用力比较均衡。此外还有一种主要依靠舌尖用力的元音，称为"舌尖元音"。和舌尖元音相对，一般元音就称为舌面元音。北京话里 zi、ci、si（资、磁、思）和 zhi、chi、shi（知、吃、诗）里的 i 就都是舌尖元音，它们和舌面元音[i]读音的区别是非常明显的。zi、ci、si 里的 i 国际音标用[ɿ]来表示，zhi、chi、shi 里的 i 国际音标用[ʅ]来表示。

舌尖元音发音时，舌的中线呈马鞍形，实际上有两个舌高点，第一个在舌尖部分，第二个在舌面后部。[ɿ]的第一舌高点比[ʅ]靠前，第二舌高点又比[ʅ]靠后，从图 2-7 中可以看出这种区别。一般根据舌尖位置的前后，称[ɿ]为舌尖前元音，[ʅ]为舌尖后元音。

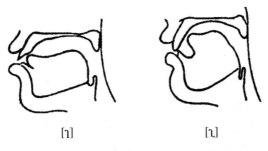

[ɿ]　　　　　　[ʅ]

图 2-7　舌尖元音[ɿ]和[ʅ]的舌位

发舌尖元音时不只声带颤动，而且声道并不封闭产生摩擦，属于开放型发音，具有元音的特点，并不是前面辅音的延长。在汉语一些方言里，舌尖元音还可以和不同部位的辅音相配，如安徽合肥、山西汾阳都有[mɿ]（米）、[tɿ]（低）之类的声音；甚至可以自成音节，如汾阳"姨"[ɿ]，那就更不能认为是前面辅音的延长了。

[ɿ]和[ʅ]都是不圆唇舌尖元音，和它相对的圆唇舌尖元音是[ʮ]和[ʯ]，如苏州的"诗"[sʮ]和湖北麻城的"鱼"[ʯ]。这样，舌尖元音一共有四个：

第二章 元音

	不圆唇	圆唇
舌尖前元音	[ɿ]	[ʮ]
舌尖后元音	[ʅ]	[ʯ]

发舌面元音的同时舌尖向硬腭翘起，就形成了卷舌元音。这种由舌尖翘起形成的卷舌作用可以用倒写的 r 来表示，如[aɹ]或[əɹ]，也可以合并成一个音标，如[a˞][ə˞]，为了书写和印刷方便，一般写成[ar][ər]等，这个[r]只表示前面元音的卷舌作用，并不独立发音。

卷舌元音在汉语方言里很常见，大都出现在所谓"儿化韵"里，如北京话"花儿 huār、歌儿 gēr、兔儿 tùr"等音节的韵腹都要读成卷舌元音。儿化韵的变化相当复杂，在第六章会再详细介绍。除儿化韵外，只有"儿、耳、二、而"等少数几个读 er 的字在一些方言里必须读成卷舌央元音[ər]。在北京话里，读[ər]的字开始时舌位比较低，随着卷舌的动作，舌位也略略上升，产生一个很小的动程，这个动程在去声字中比较明显，如"二 èr"，严格一些就应该标成[ɐər]或[ʌər]。

美国英语中的卷舌元音也比较多，这是英美英语的一个明显差别。例如，sir（先生）、poor（穷）、board（板）、hard（硬）等词，元音后面紧跟着一个 r，英国人并不把这个 r 读出来，但大部分美国人都会把这些元音读成卷舌元音。

如果在发元音的同时软腭垂下来，打开鼻腔通路，使声音不但从口腔出去，也从鼻腔出去，形成两个共鸣腔，那么元音的音色就会随之发生变化，带上鼻音色彩，成为鼻化元音（参看图 1-21）。国际音标用附加符号[~]加在元音的上面表示鼻化，如[ã][ũ][ĩ]等等。

汉语许多方言有鼻化元音，如厦门"影"读[ĩã]，绍兴"三"读[sæ̃]，昆明"烟"读[iẽ]，兰州"门"读[mə̃]，太原"阳"读[iɔ̃]。北京话的鼻化元音只和卷舌元音同时出现，即只出现在儿化韵中，如"缝儿 fèngr"读[fə̃r]。

法语是鼻化元音相当丰富的语言，如 bon（好）读[bɔ̃]，vin（酒）读[vɛ̃]，un（一）读[œ̃]，dans（在……内）读[dɑ̃]。鼻化元音成为法语一个突出的语音特色。

元音可以在开始发出时就产生鼻化，也可以在发出后不久软腭才开始下垂产生鼻化。后一种叫作半鼻化元音，在需要严格区别时，可以把鼻化符号移到元音之后,表示鼻化产生较晚。不少上海人把"忙"读成[mã],南京也有不少人把"烟"读成[iẽ],都属于半鼻化元音。严格地说,北京话"忙"[maŋ]、"缸"[kaŋ]里的元音,因受后面鼻辅音的影响,也是带有鼻音色彩的半鼻化元音。

4. 元音的长短和紧松

发出一个元音的时间是长是短本来是相对的,例如,说话速度快一些,每个音节占的时间都短,音节内的元音自然也就短一些。但是,在一般情况下哪些音节的元音应该读长一些,哪些音节的元音应该读短一些,往往是固定的。例如,厦门话"揖"[ip]里的[i]因为处在辅音[p]的前面,读得要比"衣"[i]短;英语 bit(一些)里的[i]因为处在清辅音[t]之前,读得也要比 bid(表示)、big(大)、bin(箱)里的[i]短一些。

在需要分别元音长短的时候,国际音标用[ː]号加在元音之后表示长元音,如[iː][aː];也可以用[˘]号加在元音之上表示元音比较短,如[ĭ][ă]。有一些语言利用元音长短的对立区别意义,这在我国少数民族语言里就很常见,例如:

	短元音	长元音
藏语	[mi](人)	[miː](人的)
蒙语	[ud](中午)	[uːd](门)
壮语	[in](疼)	[iːn](烟)
瑶语	[lai](菜)	[laːi](箩筐)

汉语方言中这种情况比较少见,广州话里有类似的区别,例如,"心"[sɐm]和"三"[saːm]、"立"[lɐp]和"腊"[laːp]的元音除音色的差异外,明显也有长短的不同。

就大多数情况看,元音长短的区别往往还伴随有其他方面的区别。例如,广州话短元音[ɐ]要比长元音[aː]舌位略高、略后一些,广州话[ɐ]和[aː]音长的不同可以从[ɐ]和[a]音色的不同中表现出来。英语 eat[iːt](吃)和 it[it](它)这两个词里的元音也有长短的不同,但后一个词里的短元音,严格地说是比[i]舌位略低的[ɪ]。壮语和瑶语的长元音和短元音音色一般也都略有区别。藏语长短元音的声调不同,如[mi](人)和[miː](人的)除元音长短不同外,声调也不一样。

第二章 元 音

发音器官肌肉紧张的程度不同也可以影响元音的音色。肌肉比较紧张的称为紧元音,肌肉比较松弛的称为松元音。北京话"妈妈 māma"里第二个 a 轻读,不但比较短,而且肌肉比较松,影响音色,具有了央元音色彩,就是松元音。

在一些语言里,元音的紧松可以区别意义。例如,英语 beat(打)和 bit(一些)、pool(池)和 pull(拉)的分别主要就在于元音的紧松,beat 里的[i]和 pool 里的[u]都读紧元音,比较长,也比较清晰,bit 里的[i]和 pull 里的[u]则是松元音,比较短,舌位也略低,可以标成[ɪ]和[ʊ]。在需要分别元音的紧松时,可以在音标下加短横来表示紧元音①。我国少数民族语言里有不少依靠元音紧松区别意义的,例如:

	紧元音	松元音
彝语	[v̠u](进入)	[vu](肠)
景颇语	[t̠e](斜)	[te](大小)
哈尼语	[n̠a](黑)	[na](肯)
蒙语	[u̠s](水)	[us](毛)

各语言元音紧松的原因和具体表现并不完全相同。例如,英语中松元音的舌位比相应的紧元音偏央。彝语等语言发紧元音时主要是喉头和声门部分肌肉紧缩,气流量减小;发松元音时声带较松弛,声门闭合不紧,有气流的泄露,属于发声类型中的气化嗓音。

三 普通话的单元音

不和其他元音结合就能在音节中单独存在的元音叫作单元音。普通话一共有九个单元音,其中六个是舌面元音,两个是舌尖元音,一个是卷舌元音。下面对这九个单元音做进一步的描写:

i[i] 例字:衣 低 西 集体 希奇

i[i]的舌位高而前,是普通话里口腔通道最窄的前元音,和国际音标中定位元音[i]的舌位是一致的。

---

① 现行国际音标版本里无紧元音符号,用下加短横表示紧元音是过去通行的标音方法。

u[u]　例字：乌　都　苏　图书　鼓舞

u[u]的舌位高而后，同时圆唇，是普通话里圆唇程度最高的元音，和国际音标中定位元音[u]的舌位和唇形是一致的。

ü[y]　例字：迁　居　区　语句　序曲

ü[y]是和 i[i]大致对应的圆唇元音。先发出[i]音，然后逐渐把嘴唇撮圆，舌位不要移动，就变成了[y]，严格地说，ü是比[y]舌位略低一些的[Y]。有一些北京人在发 ü 这个音时，开始嘴唇并不圆，然后迅速圆唇化，有一个从[i]到[y]的过程，严格地讲，这种发音应该标写成[iy]。

o[o]　例字：波　泼　摸　薄膜　磨墨

o[o]比国际音标中的定位元音[o]舌位略低一些，是介于半高和半低之间的后元音，严格标音应该是[ɔ̝]。由于 o[o]的舌位明显比[u]低，圆唇程度也要比[u]差一些，圆唇程度较差也是舌位较低所产生的必然结果。普通话里的 o[o]只单独出现在唇辅音之后，前面往往有一个很短暂的[u]，这样，o 的精确的严式标音按说应该是[ᵘɔ̝]，也就是说具有复合元音的色彩，舌位最终也比定位元音[o]偏低，唇形略展。

普通话中真正的单元音 o[o]出现在叹词和语气词如"哦、噢"中，不过这些词的读音不太稳定，既可能是[o]，也可能是[ɔ̝]甚至接近于[ɔ]。

e[ɤ]　例字：鹅　哥　车　合格　特色

[ɤ]是[o]的不圆唇元音，先发出[o]音，然后嘴唇后缩不再圆唇，就变成了[ɤ]。普通话里的 e[ɤ]和 o[o]一样，舌位都略低，但 e[ɤ]和 o[o]的差别并不仅仅在唇的圆展，普通话 e[ɤ]的舌位比 o[o]偏央，而且有一个微小的从高到低的动程，这一动程在读去声时比较明显，严格标音应该是[ɤ̈ˆ]。

a[a]　例字：啊　他　沙　发达　大麻

a[a]作为单元音出现在音节中时，舌位比国际音标中的定位元音[a]偏后，严式标音可以写成[A]。这个单元音 a 在与其他元音或辅音韵尾结合时还会发生一些明显的变化。

ï[ɿ]　例字：资　词　思　自私　此次

第二章
元　音

　　普通话 i 出现在 z、c、s 后面时要读成舌尖前元音[ɿ]。发[ɿ]时舌尖比较用力，形成两个舌高点，一个在舌尖，另一个在舌面后部。舌尖接近上齿背，但不发生摩擦，嘴唇不圆。

　　ï[ɿ]　例字：知　吃　诗　支持　日蚀

　　普通话 i 出现在 zh、ch、sh、r 后面时要读成舌尖后元音[ʅ]。[ʅ]和[ɿ]都是舌尖元音，发音方法相同，但舌高点不同。发[ʅ]时舌尖接近硬腭，所形成的第一舌高点比[ɿ]靠后，第二舌高点比[ɿ]靠前，咽腔比[ɿ]略宽（参看图2-7）。为了便于和 i[i]分别，[ʅ]和[ɿ]可以写成 ï。

　　er[ər]　例字：而　尔　耳　二

　　er 是一个卷舌的舌尖元音，发音时舌位处于央元音[ə]的状态，同时舌尖向硬腭翘起形成卷舌元音[ər]，其中的 r 只表示卷舌作用，国际音标也可以用[ɚ]表示。在去声里，"二"的实际读音已十分接近[ar]。

　　卷舌元音是舌尖和舌面同时起作用的元音，也可以看作一种特殊的舌尖元音。

　　除以上几个单元音外，普通话还有两个舌面元音可以作为单元音出现在音节中，但出现条件有比较大的限制。

　　e[ə]：发音时舌头不前不后，不高不低，处于最自然的状态。这种单元音[ə]只出现在普通话轻音音节中，读轻音的"的、了、着"等字的元音就是[ə]，发音时音长比较短，肌肉也比较松，和其他单元音相比，轻音音节中的[ə]应该属于短元音和松元音。

　　ê[ɛ]：ê 单独使用时只限于语气词"欸"，读音很不稳定，一般用半低前元音[ɛ]来代表，语气不同，[ɛ]的舌位也会产生一些变化，甚至可以读成[ei]。

　　根据上面的描写，普通话舌面单元音在元音舌位图中的位置大致如图2-8所示。图中各元音的位置只是代表舌位的大致范围。由于说话人的习惯不同，普通话有的单元音舌位存在着个人读音差异。例如，有人读[y]时舌位略低一些，有人读[ɤ]时舌位略后一些。低元音[a]的个人读音差异更大，严式音标应该是[A]，有人舌位靠前，有人舌位靠后，但基本上都不出央元音的范围，图 2-8 采用了舌位靠前的读法。

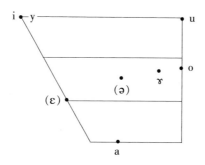

图 2-8 普通话单元音的舌位

四 元音的声学特性

1. 声腔和共振峰

元音的声源是声带颤动产生的周期性声带音，声带音通过声腔时产生共振作用，复合音和声腔固有频率相同或相近的一些分音的振幅得到加强，另外一些分音的振幅则减弱甚至消失。声腔形状的改变使得它的固有频率发生变化，声带音通过声腔时所产生的共振作用也随之发生变化，原来振幅比较强的分音可能减弱，原来比较弱的分音可能反而加强，元音的音色自然也就随之改变。

原始声带音的基本特点是：分音（或称谐波）的频率越高，振幅就越小，频谱的振幅从高到低形成明显的斜坡。在发元音时，原始声带音因声腔形状的变化而产生不同的共振作用，频谱发生了很大的变化，形成了不同的元音音色。图 2-9 是 [u][i][ɑ] 三个元音频谱的变化示意图。其中，左图是原始声带音的频谱，振幅随频率提高而逐步下降；三个元音的声带音的频率是相同的，也就是说，通过声带音是无法区分元音音色的（如果都是正常嗓声的话）。中间三个图是 [u][i][ɑ] 三个元音共振腔固有频率的频谱模式；右边三个图是声带音通过三个不同共振腔产生共振后的不同频谱，也就是我们听到的 [u][i][ɑ] 的频谱图。

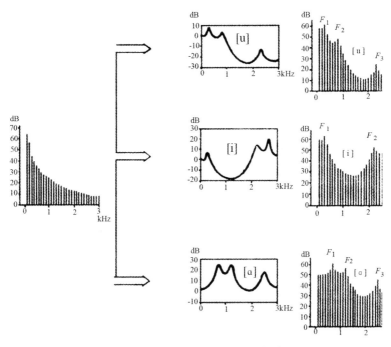

图 2-9 声腔的共振作用与元音音色的关系

比较这三个频谱图可以发现，每个频谱都有三个振幅比较强的频率区，在频谱上呈峰状，称为"共振峰"（formant），从低频到高频顺序分别为第一共振峰、第二共振峰和第三共振峰，简称 F_1、F_2、F_3，如图中所示。还可以有 F_4、F_5，在图中没有出现，和语音的关系不大。元音音色的不同主要就是由共振峰频率的不同造成的，在频谱中表现为共振峰的位置不同，其中 F_1 和 F_2 最为重要，这两个共振峰的频率基本上可以决定一个元音的音色。

元音的共振峰频率和基频（用 f_0 表示）之间并没有相互依存的关系。基频由声带颤动的频率决定，共振峰频率则取决于声腔的形状，两种频率的变化是彼此独立的。图 2-9 中原始声带音 $f_0=100Hz$，通过声腔的变化形成三种不同音色的元音之后，f_0 并没有改变。发元音时只要保持发音器官的形状不变，不管音高发生多大变化，元音的音色也不会改变。图 2-10 是音高（基频）不同的[ɑ]的频谱图：

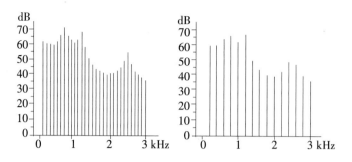

图 2-10　两个基频不同但音色相同的元音的频谱

左图基频 $f_0=100Hz$，频谱和图 2-9 中的[ɑ]相同，接近于一般男子的音高，谐波频率以整倍数增长，即 200Hz、300Hz、400 Hz……频谱的谐波相当密；右图基频 $f_0=200Hz$，接近于一般女子的音高，谐波频率也以整倍数增长，即 400Hz、600Hz、800Hz……频谱谐波比较疏，声音也比较高。虽然两者的音高差别相当大，但是共振峰的频率位置并没有变化，因此听起来都是元音[ɑ]。

2. 元音的语图显示

二维频谱所表现的只是频率和振幅的二维关系，并没有包括时间因素。分析一个音段，无论切分得多小，都必然占有一段时间，只有能够反映频率、振幅和时间三维关系的频谱，才能把一个音段的声学特性全面表现出来。现代语音学研究常用的三维语图就具有这样的功能。

三维语图以时间为横轴，以频率为纵轴，以图样灰度的深浅表示振幅的大小，灰度越深振幅越大。如果是宽带语图（用带宽较宽的滤波器分析出来的语图）[①]，语图的纹样就是排列整齐的垂直条纹，每一个条纹代表声带振动的一个周期，也就是一次强声压和弱声压（或无声压）的交替。每秒时长内垂直条纹的数目相当于声带每秒振动的次数，也就是

---

① 关于宽带语图、窄带语图和滤波的问题，详见《实验语音学概要》"附录一"，吴宗济、林茂灿主编，高等教育出版社，1989 年。

第二章
元 音

基频值。每个条纹中的浓黑部分连在一起,形成一条浓黑色的横杠,就是元音共振值的频率位置,一般以横杠的中线作为这个共振峰的频率值来计算。如果两个共振峰的频率值比较接近,两条横杠可能合成一条比较粗的横杠,无法分开测量中线。一种比较简便的办法是测量横杠下限的频率加150Hz得到F_1的频率值,测量横杠上限的频率减150Hz得到F_2的频率值。这个办法只适用于滤波带宽为300Hz的语图,所得数据也只是近似值,但基本上已能满足语音学的要求。

图2-11是元音[i][e][ɛ][a]在语图上的显示。图中纵坐标表示频率,单位是赫兹(Hz);横坐标表示时间,单位是秒(s)。从图中可以看出,不同的元音在语图上显示的模式很不一样。不同的人发出同一个元音,共振峰的绝对频率虽然会有些差别,但这个元音的模式不会有太大改变。这样,原来只能从听觉去体会的元音音色在语图上就变成看得见、能测量的模式了。测量图2-11中四个元音的前两个共振峰所得数值如下:

	[i]	[e]	[ɛ]	[a]
F_1	300	550	750	1000
F_2	2500	2050	1850	1250

对于不同的发音人来说,这些共振峰频率值自然不是固定不变的,但是两个共振峰所形成的模式是不会改变的。这四个元音的不同模式在语图中主要表现在F_1和F_2的距离不同,[i]的距离最大,[a]的距离最小,F_1和F_2已经合成了一条较宽的横杠。无论频率值怎样改变,F_1和F_2之间的相互关系不会改变,[i][e][ɛ][a]这四个元音的F_1和F_2之间的距离总是依次递减的。观测语图已经成为当前语音研究经常使用的一种方法,使用Praat等语音分析软件可以很方便地做出元音的语图,软件还可以给出每一个共振峰的中心频率,不过,在使用软件进行共振峰频率分析时,要注意选择合适的参数。

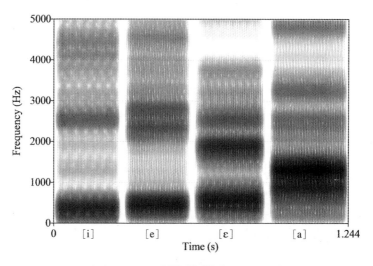

图 2-11 元音[i][e][ɛ][a]的三维语图

为了更准确地说明元音各共振峰之间的相互关系和各元音的不同模式，避免个人发音偶然因素的影响，可以采取多人发音计算平均值的办法。20 世纪 50 年代计算 76 个美国人英语元音的频率平均值是最早采用这种办法的，至今仍被广泛应用。中国社会科学院语言研究所语音研究室用同样的方法对普通话元音进行测量计算，发音人共 12 位，男、女和儿童各 4 人，所计算出的普通话单元音共振峰的频率平均值如下表：

		[i]	[u]	[y]	[o]	[ɤ]	[a]	[ɿ]	[ʅ]
F_1	男	290	380	290	530	540	1000	380	390
	女	320	420	320	720	750	1280	420	370
	童	390	560	400	850	880	1190	440	410
F_2	男	2360	440	2160	670	1040	1160	1380	1820
	女	2800	650	2580	930	1220	1350	1630	2180
	童	3240	810	2730	1020	1040	1290	1730	2380
F_3	男	3570	3660	3460	3310	3170	3120	3020	2600
	女	3780	3120	3700	2970	3030	2830	3130	3210
	童	4260	4340	4250	3580	4100	3650	3920	3870

把以上六个舌面元音和两个舌尖元音的共振峰频率值用语图的形式表现出来（以男性为例），就可以比较形象地看出各元音共振峰的位置和相对关系很不相同，构成普通话各单元音不同共振峰的模式如图 2-12 所示。

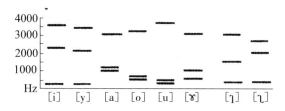

图 2-12　普通话八个单元音的前三个共振峰

3. 元音发音机制和共振峰的关系

如果把元音的语图模式和元音的发音机制联系起来比较，就会发现声腔、共振峰频率和元音音色三者是密切关联的，主要表现在以下三方面：

（1）F_1 和舌位的高低密切相关。舌位高，F_1 就低；舌位低，F_1 就高。图 2-11 中，从四个前元音的语图可以清楚地看出这种现象，从[i]到[a]舌位逐渐降低，F_1 的频率却逐渐升高。图 2-12 中，普通话六个舌面单元音的语图模式也同样可以看出这种关系来：[i][y][u]舌位最高，F_1 就最低；[a]舌位最低，F_1 就最高，[o]和[ɤ]介于二者之间，F_1 的频率也居中。

（2）F_2 和舌位的前后密切相关。舌位靠前，F_2 就高；舌位靠后，F_2 就低。[i][e][ɛ][a]这四个前元音除舌位高低不同外，舌位前后也随着舌位下降逐步后移，表现在语图模式上，就形成 F_2 像阶梯一样逐步降低，F_1 则像阶梯一样逐步升高。比较图 2-12 中普通话[i]和[u]的 F_2，可以更清楚地看出这种关系，两者都是高元音，但[i]是前元音，F_2 的频率高达 2000Hz 以上，[u]是后元音，F_2 的频率只有 500Hz 左右。

（3）F_2 和嘴唇的圆展也有关系。圆唇作用可以使 F_2 降低一些。从 F_2 和舌位前后的关系可以看出，F_2 的升降实际和前共振腔的大小有关。舌位后移，前共振腔面积变大，于是 F_2 降低；舌位前移，前共振腔面积变小，于是 F_2 升高。圆唇作用实际是把前共振腔向前延伸一些，因此 F_2 也略略降低。从图 2-12 中也可以看出，[y]和[i]舌位相同，但因为圆唇，[y]的 F_2 频率比[i]就略低一些，[o]和[ɤ]的舌位也相近，但[o]的 F_2 频率也比[ɤ]略低一些。

F_3 和元音舌位的关系并不十分密切，但是要受舌尖活动的影响，当舌尖抬高卷起发音时，F_3 的频率就明显下降，从图 2-12 舌尖元音[ɿ]和[ʅ]的语图模式中就可以看出这种变化。

共振峰频率是元音声学特性的表现，我们听到的元音音色则是听觉的感知结果。声学和心理学听觉实验的研究结果表明，频率的实际高低和听觉的音高感并不是成比例的变化。如果以 1000Hz 的声音作为标准，当听觉感到音高降低一半时，实际上频率并不是降到 500Hz，而是 400Hz 左右。当听觉感到音高升高一倍时，实际频率也并不是升到 2000Hz，而是上升四倍，达到 4000Hz 左右。频率单位和听觉的音高单位之间是存在着一定的换算关系的。用这种换算关系来表现元音的频率，更符合我们对元音的听感，也更接近于我们对元音舌位的认识。图 2-13 中的纵坐标（F_1）为算术坐标，横坐标（F_2）为对数坐标，方向朝左，对应舌位的前后，零点放在右上角。图中标出了普通话六个舌面单元音的 F_1-F_2 位置，每一个元音的三个点分别表示儿童、成年男性和成年女性三组发音人的平均值。

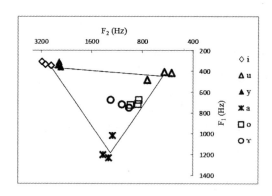

图 2-13　普通话六个舌面元音的声学元音图

根据元音 F_1 和 F_2 的频率画出来的元音分布图称为元音频率图或声学元音图。按图 2-13 的方法画出的声学元音图中，各元音所处的位置和传

第二章 元 音

统的元音舌位图大致是相当的，[i][u][a]这三个元音所形成的不等边三角形和图 2-2 中用虚线表示的舌位活动范围极为相似。

共振峰频率的个人差异很大，每个人的声学元音图在坐标图上的位置都不相同，但是图的构形基本上都是一样的。即使是同一个人发同一个元音，共振峰的频率也总是会有一些变化的。因此，声学元音图上各个元音的位置不可能像标准元音舌位图那样固定。比较图 2-13 声学元音图和图 2-5 元音舌位图，最明显的差别是[ɤ]的位置不同，声学元音图中的[ɤ]从舌位来看，已经接近于央元音，和我们前面对普通话单元音 e[ɤ]的描写基本上是一致的。

现代语音学用定量的方法考察不同元音之间的关系，声学元音图已经成为展示元音音色的常规手段。不过，元音舌位图能和发音器官的活动直接联系，对初学语音学的人理解元音的音色是非常合适的。

练习

1. 从舌位和唇形上描写下列各元音。

   [ɤ] [æ] [ə] [ɑ] [ɯ] [ɔ] [ɐ] [ɛ] [ʌ] [ø]

2. 根据下列各元音的舌位和唇形标写国际音标。

   前、半高、不圆唇　　　　前、半低、圆唇
   前、次高、不圆唇　　　　后、低、圆唇
   央、中、不圆唇　　　　　前、高、圆唇
   后、半高、圆唇　　　　　央、低、不圆唇
   前、次低、不圆唇　　　　前、中、不圆唇

3. 练习发音，注意舌位和唇形的变化。

   [i]—[e]—[ɛ]—[a]　　　[a]—[ɛ]—[e]—[i]
   [u]—[o]—[ɔ]—[ɑ]　　　[ɑ]—[ɔ]—[o]—[u]

[a]—[ᴀ]—[ɑ]　　　　[ɑ]—[ᴀ]—[a]
[i]—[y]　[y]—[i]　　　[e]—[ø]　[ø]—[e]
[ɛ]—[œ]　[œ]—[ɛ]　　[u]—[ɯ]　[ɯ]—[u]
[o]—[ɤ]　[ɤ]—[o]　　　[ɔ]—[ʌ]　[ʌ]—[ɔ]
[ɑ]—[ɒ]　[ɒ]—[ɑ]
[y]—[ø]—[œ]　　　　[œ]—[ø]—[y]
[ɯ]—[ɤ]—[ʌ]　　　　[ʌ]—[ɤ]—[ɯ]
[ə]—[ɐ]—[ʌ]　　　　[ʌ]—[ɐ]—[ə]
[i]—[ɪ]—[e]　　　　　[e]—[ɪ]—[i]
[e]—[ᴇ]—[ɛ]　　　　[ɛ]—[ᴇ]—[e]
[ɛ]—[æ]—[a]　　　　[a]—[æ]—[ɛ]

练习时,最好能同时听国际音标录音并有他人指导。如无此条件,可先选几个比较有把握的音,如[i][u][a]等作为标准,逐步比较扩展,不一定完全按照练习所列顺序。

4. 在元音舌位图上填写八个标准元音和汉语普通话六个舌面单元音的位置。

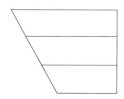

5. 测量下列[i][ɛ][æ][u]四张语图中 F_1 和 F_2 的频率值(只要求近似值),并确定哪张语图代表哪个元音。

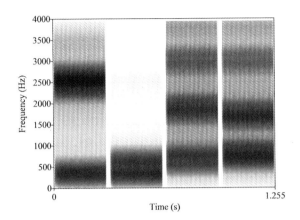

6. 根据下列英语九个元音的 F_1 和 F_2 频率值（32 名美国男性发音人的平均值），画出元音频率图。

	[i]	[ɪ]	[ɛ]	[æ]	[ɑ]	[ɔ]	[ʊ]	[u]	[ʌ]
F_1	270	390	530	660	730	570	440	300	640
F_2	2290	1990	1840	1720	1090	840	1020	870	1190

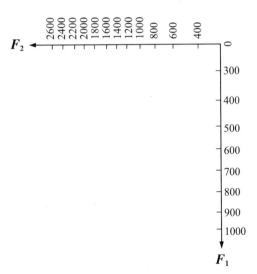

第三章 辅音

一 辅音的发音部位

发辅音时声腔都要形成一定的阻碍。阻碍是由声腔中活动的发音器官和固定的发音器官或两个活动的发音器官接触而形成的，接触点不同，发出的辅音音色就不相同，这个接触点叫作辅音的发音部位。我们可以根据发音部位的不同给辅音分类。发音部位一般可以分为十一个。图 3-1 是这十一个部位的示意图。

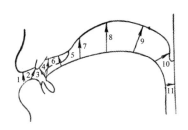

图 3-1　声腔中的十一个发音部位

这十一个部位可以根据声腔活动部分的不同分为六大类。

1. 唇音

上下唇都属于声腔的活动部分，但活动的范围比较狭窄，以下唇为主，一般只形成下面两种辅音：

（1）双唇音：下唇和上唇接触形成阻碍，如北京话"八"bā[pa]和"妈"mā[ma]里的[p]和[m]。

（2）唇齿音：下唇和上齿接触形成阻碍，如北京话"发"fā[fa]里的[f]，苏州话"肥"[vi]里的[v]。

2. 舌尖音

舌尖在声腔中最为灵活，可以前伸，可以上翘，从下齿背到硬腭都是舌尖能够接触到的地方。舌尖音可以分为以下三种：

（3）舌尖—齿音：舌尖可以和上齿尖接触形成阻碍，也可以前伸到上下齿之间和上下齿尖同时接触，因此又称"齿间音"，如山东莒县话"叔"[θu]里的[θ]、英语 thin [θin]（薄）里的[θ]和 this [ðis]（这）里的[ð]。

（4）舌尖—齿龈音：又称"舌尖前音"或"齿龈音"。舌尖和上齿龈或上齿背接触形成阻碍，如北京话"答"dá[ta]里的[t]、"拿"ná[na]里的[n]。发这种辅音时，舌尖也可以和上齿背接触，甚至可以同时和上下齿背接触，如北京话"苏"sū[su]里的[s]，在听感上并没有明显的差异，必要时可以用[̪]号表示舌尖略向前移接触齿背，如[t̪][n̪][s̪]。

（5）舌尖—硬腭音：又称"舌尖后音""翘舌音"或"卷舌音"。舌尖翘起向硬腭前部接触形成阻碍。舌尖翘起的程度不同，接触硬腭的部位也不相同，如果接触的部位比较靠后，和硬腭接触的就不是舌尖上部而是舌尖的背面了。北京话"树"shù[ʂu]里的[ʂ]就是舌尖—硬腭音。可以先试着让舌尖抵住齿龈或齿背发出[s]音，然后随着发音舌尖逐渐翘起，就变成了[ʂ]，舌尖放平，又变成了[s]，这样不断发出[sʂsʂsʂ]，听起来就像是用耳语音不断说"四十"。国际音标用字母加右钩或者笔画延长的办法表示舌尖—硬腭音，如[ʂ][ʐ][ʈ][ɳ]等。

3. 舌叶音

舌叶音只有一种，即：

（6）舌叶—齿龈后音：舌叶和齿龈后接触形成阻碍，又称"舌叶音"或"龈后音"。发音时舌面向硬腭靠拢，舌叶靠近齿龈隆起部分后边的位置，舌面的边缘也比较用力，和上臼齿相接触，气流只从舌叶和齿龈后之间出去。广州话"诗"[ʃi]、金华话"书"[ʃy]、英语 she[ʃi]（她）里的[ʃ]和法语 je[ʒə]（我）里的[ʒ]（与[ʃ]相对的浊擦音）都是舌叶音。相比较而言，广州话和金华话发音部位比较靠前；英语和法语比较靠后，而且往往同时圆唇。

4. 舌面音

舌面的面积比较大，可以分为前、中、后三部分，分别和硬腭、软腭接触。常见的舌面音有三种：

（7）前舌面—前硬腭音：又称"舌面前音"或"龈腭音"。舌面前部和硬腭前部接触形成阻碍构成齿龈腭音。国际音标用字母末笔向左钩的办法来表示，如北京话"西"xī[ɕi]里的[ɕ]、苏州话"宜"[ɲi]里的[ɲ]。

（8）中舌面—后硬腭音：又称"舌面中音"或"硬腭音"。舌面中部和硬腭后部接触形成阻碍。如山东烟台"鸡"[ci]里的塞音[c]、浙江永康"虚"[çy]里的擦音[ç]。元音[i]的舌位最高点也在舌面中部，只要再把元音[i]的舌位略略提高一些，和硬腭接触，使气流受到阻碍，就是辅音性的舌面中音了。先试着发元音[i]，随着发音逐渐抬高舌面，直到气流受到阻碍，开始时只产生比较轻微的摩擦声，就是通音[j]；到摩擦声比较强烈时，就完全变成了辅音，国际音标仍旧用[j]来代表；如果这时声带停止颤动，就成为清辅音[ç]。可以练习连续发[iiijjjiiijjj]，再练习连续发[jjjççç jjjççç]，就可以逐步掌握舌面中音的发音部位。

（9）后舌面—软腭音：又称"舌面后音"或"舌根音"。舌面后部和软腭接触形成阻碍，一般接触在软腭前部，即软腭和硬腭的交界处，所以国际音标中也简称"软腭音"，如北京话"姑"gū[ku]和"喝"hē[xɤ]里的[k]和[x]。

第三章
辅音

5. 小舌音

小舌也是声腔中可以活动的部分,但是它只能随着软腭移动,或是受气流的冲击产生颤动,自己并没有独立活动的能力。小舌音形成的接触点常见的只有一种:

(10) 舌根前—小舌音:简称"小舌音"。舌根前部和小舌接触形成阻碍,接触点一般在舌根和舌面的交界处。先发舌面后音[k][x],把发音部位后移一些,就是小舌音[q][χ]了,如浙江永康"虎"[χu]里的[χ]。少数民族语言如羌语和水语都有成套的小舌音,四川理县桃坪羌语"割"[ku]和"钢"[qu]不同音,贵州三都水语"龙"[ka]和"乌鸦"[qa]不同音,分别就在于前者是舌面后音,后者是小舌音。

6. 喉音

喉音是从咽腔到声带这一段声腔发出的声音,可以是舌根和喉壁接触形成的阻碍,也可以是喉部自己紧缩形成的阻碍,后者的发音部位要比前者更靠下一些。常见的喉音数目不多,不再做进一步分类。

(11) 舌根—喉壁音:简称"喉音"。舌根和喉壁接触形成阻碍。当我们用力呵气的时候,喉部往往发出摩擦的声音,就是喉音[h],如英语 hot[hɔt](热的)里的 h;如果声带同时颤动,就是浊喉音[ɦ]。广州话"虾"[ha]里的[h]和苏州话"话"[oɦ]里的[ɦ]就都是舌根—喉壁音。如果发音时喉下部靠近声门的地方紧缩,然后突然放开,就形成喉塞音[ʔ]。发元音[a]时,不断紧缩喉部,使[a]的声音因喉部每次紧缩而出现短暂的间歇,就形成一连串[aʔaʔaʔa]的声音。[ʔ]在汉语方言中比较常见,往往出现在元音之后,使元音有突然结束的感觉,如苏州话"答"[taʔ]、太原话"德"[təʔ]。有一些北京人在读"挨"āi、"欧"ōu、"恩"ēn一类音节时,开头也紧缩一下喉部,成为以[ʔ]开头的音节。

发喉音时,如果舌根和喉壁的摩擦部位略高,在咽头部位,国际音标用[ħ](清擦音)和[ʕ](浊擦音)表示,也可另称为"咽音"。

二　辅音的发音方法

声腔由气流畅通变为形成阻碍，一定要有一个动程。这个动程按时间顺序可以分为三个阶段：(1) 参与发音的两个部位互相靠拢形成阻碍，称为"成阻"阶段；(2) 形成阻碍部分的肌肉保持一定时间的紧张，使阻碍持续，称为"持阻"阶段；(3) 参与发音的活动部位脱离另一部位，肌肉放松，阻碍解除，称为"除阻"阶段。在动程的不同阶段采取不同的阻碍方式来发音，就形成了不同的辅音。分析辅音的发音方法，就是看发音的整个动程中阻碍的形成方式和克服方式。

按照形成和克服阻碍的方式，可以把辅音分成以下七种：

(1) 爆发音：持阻阶段阻碍完全闭塞，使气流无法通过，声音短暂间歇，维持到除阻阶段，阻碍突然放开，气流骤然冲出，爆发成音，形成极为短暂的瞬音。由于发音时阻碍必须完全闭塞，因此又称为"塞音"或"闭塞音"。① 以下各发音部位的塞音都比较常见：

[p]　双唇塞音。北京"八"[pa]

[t]　舌尖—齿龈塞音。北京"都"[tu]

[ʈ]　卷舌塞音。西安"朝"[ʈɔ]

[ȶ]　前舌面塞音。衡山"假"[ȶia]

[c]　舌面—硬腭塞音。烟台"鸡"[ci]

[k]　舌根—软腭塞音。北京"姑"[ku]

[q]　小舌塞音。羌语"钢"[qu]

[ʔ]　喉塞音。苏州"屋"[oʔ]

(2) 擦音：持阻阶段阻碍并不完全闭塞，让气流挤出去摩擦成音形成湍流，产生紊音。由于气流挤过阻碍时必然发生摩擦，因此称为"擦音"或"摩擦音"。语言中常见的十一种发音部位都能产生擦音，举例如下：

---

① "爆发音"（plosive）和"塞音"（stop）的意思有一定差别。"塞音"是指口腔中形成完全的闭塞发出的音，有无瞬时的除阻并不重要。不过，在没有特殊需要的情形下，也可以用"塞音"代指"爆发音"。

［Φ］ 双唇擦音。松江"夫"［Φu］

［f］ 唇齿擦音。北京"夫"［fu］

［θ］ 齿间擦音。莒县"叔"［θu］

［s］ 舌尖—齿龈擦音。北京"苏"［su］

［ʂ］ 卷舌擦音。北京"书"［ʂu］

［ʃ］ 舌叶—龈后擦音。广州"史"［ʃi］

［ɕ］ 舌面前—硬腭前擦音。北京"虚"［ɕy］

［ç］ 舌面—硬腭擦音。烟台"虚"［çy］

［x］ 舌根—软腭擦音。北京"呼"［xu］

［χ］ 小舌擦音。永康"虎"［χu］

［h］ 喉擦音。苏州"好"［hæ］

擦音通过阻碍时,由于持阻阶段没有完全闭塞,气流要比塞音弱一些。擦音的持阻阶段时间可以任意延长,只要气流不断,就一直有声音。到除阻阶段,阻碍解除,声音自然消失,这和塞音一发即逝、无法延长的性质很不相同。

(3)塞擦音:成阻阶段阻碍完全闭塞,气流无法通过;进入持阻阶段后阻碍略微放松,让气流挤出去产生摩擦,形成一种先塞后擦的音,称为"塞擦音"。塞擦音中闭塞部分和摩擦部分结合得很紧,一般把它看成是一个发音动程。塞擦音的发音部位一般都在中舌面之前,舌面之后的塞擦音是比较少见的。常见的塞擦音有以下六种:

［pf］ 唇齿塞擦音。西安"猪"［pfu］

［tθ］ 齿间塞擦音。莒县"猪"［tθu］

［ts］ 舌尖—齿龈塞擦音。北京"租"［tsu］

［tʂ］ 卷舌塞擦音。北京"猪"［tʂu］

［tʃ］ 舌叶—龈后塞擦音。广州"猪"［tʃu］

［tɕ］ 舌面前—硬腭前塞擦音。北京"居"［tɕy］

(4)鼻音:成阻阶段口腔里形成的阻碍完全闭塞,但软腭下降,打开气流通往鼻腔的通路,在持阻阶段气流能顺利从鼻腔出去,形成鼻音。

鼻音是可以任意延长的。一般鼻音都是浊音性的，发音时声带颤动产生周期性声波，因此它有特殊的共振峰模式。常见的鼻音有以下六种：

　　[m]　双唇鼻音。北京"妈"[ma]

　　[n]　舌尖鼻音。北京"泥"[ni]

　　[ɳ]　卷舌鼻音。深县"南"[ɳan]

　　[n̠]　前舌面鼻音。苏州"宜"[n̠i]

　　[ɲ]　舌面—硬腭鼻音。永康"鱼"[ɲy]

　　[ŋ]　舌根—软腭鼻音。广州"牙"[ŋa]

此外，还有唇齿鼻音[ɱ]，一般在音节连读时出现，如英语 emphasis（强调）中的 m 受后面唇齿音 ph[f]的影响读成唇齿鼻音[ɱ]。其他发音部位的鼻音如小舌鼻音[N]则更少见一些。

　　(5) 边通音：舌尖形成阻碍不让气流通过，但舌头两边或一边留出空隙，让气流从舌边流出，这样发出的声音称为"边通音"，简称"边音"。和鼻音一样，边音都是浊音，有特殊的共振峰模式。最常见的边音是：

　　[l]　　舌尖—齿龈边音。北京"拉"[la]

舌尖形成阻碍的部位可以在齿龈，也可以在硬腭前部，甚至可以形成卷舌边音[ɭ]。如山东寿光"丝儿"[sɭə]、山西平定"梨儿"[lɭ]，卷舌边音[ɭ]在前一个例子里是儿化韵尾，在后一个例子里是儿化韵母。有一些语言，如台湾高山族排湾语，舌尖边音[l]和卷舌边音[ɭ]区别非常明显，排湾语[lə][tɭə]（嘴唇）前后两个边音就不能相混。舌面—硬腭边音[ʎ]音比较少，欧洲一些语言如法语、西班牙语有这种读法，如南部法语 œil（眼睛）就读成[œʎ]。

　　发边音时，如果舌边空隙留得很窄小，气流流出时产生摩擦，就是"边擦音"。边擦音以声带不颤动的居多，声音和舌尖擦音[s]有些相似，只是摩擦部位不在舌尖而在舌的两侧或一侧，即：

　　[ɬ]　舌尖—齿龈边擦音。台山"四"[ɬi]

我国少数民族语言中舌尖边擦音相当常见，如藏族拉萨语[ɬa]（神）、彝语[ɬu]（炒）、黎语[ɬau]（二）等等。

（6）颤音和闪音：发音器官中双唇、舌尖和小舌的肌肉都具有一定的弹性，当气流通过时，这些部位受气流冲击产生颤动，发出来的声音就是"颤音"。汉语方言中颤音很少，但其他语言中颤音并不少见，例如：

[ʙ]　双唇颤音。圣乍彝语[tʙy]（管辖）

[r]　舌尖—齿龈颤音。拉萨藏语[ra]（羊）

[ʀ]　小舌颤音。法语"Paris"[paʀi]（巴黎）

如果舌尖不是连续颤动而只是弹动一次，轻轻一闪，就是舌尖—齿龈闪音[ɾ]。西班牙语舌尖颤音和舌尖闪音区别明显，如 perro [pero]（狗）里的 r 是舌尖颤音，pero[peɾo]（但是）里的 r 则是舌尖闪音，只是一闪而过。小舌也可以有闪音，仍用颤音[ʀ]的符号来表示。

（7）通音：持阻阶段口腔的通路接近于开放，气流通过时只产生极轻微的摩擦，甚至可以没有摩擦，称为"通音"或"无擦通音"。通音都是浊音性的，性质已经接近于元音，下面这三个通音也称为"半元音"：

[w]　双唇圆唇通音。发这个通音时一般还会伴随舌根上抬，靠近软腭。北京"吴"[wu]

[j]　舌面—硬腭通音。北京"移"[ji]

[ɥ]　舌面—硬腭圆唇通音。北京"鱼"[ɥy]

除以上三个通音之外，常见的通音还有以下三个：

[ɹ]　舌尖—齿龈通音。英语"red"[ɹed]

[ɻ]　卷舌通音。北京"人"[ɻu]

[ʋ]　唇齿通音。北京"瓦"[ʋa]

说北京话的"吴、移、鱼"时，开头往往有短暂的肌肉紧张阶段，有时会产生轻微的摩擦，国际音标分别用[w][j][ɥ]表示这种轻微的摩擦成分。汉语各方言以元音[i][u][y]开头的音节大都有此现象。通音在有的语言里有区别词义的作用，如英语 year[jiə]（年）和 ear[iə]（耳）的分别就在于前面是否有通音[j]。英语 red（红）、right（权利）等词开头的 r-摩擦很轻微，是舌尖—齿龈通音[ɹ]，美国英语一般读成卷舌通音[ɻ]。北京话的 r-（如"热"rè、"然"rán）除特别重读以外，一般也只产生轻微的摩擦，也应该属于卷舌通音，但不像美国英语那样需要同时圆唇。此外，有一些北京人把"蛙"wā、"文"wén、"微"wēi等音节里的w读成摩擦极轻的唇齿音[ʋ]，也是一种通音。

由于英语和北京话都没有舌尖颤音[r]，为了标音方便，一般都用[r]来代替[ɹ]或[ɻ]，如red可以标成[red]，"入"可以标成[ru]。近几年也有人根据"通音"的英文名称Approximant，把"通音"直译为"近音"，同时把"边音"直译为"边近音"。

三　辅音的其他特征

1．清浊和送气

发辅音时声带可以处于两种状态：一种是声带不颤动，如[p][t][s][ts]等等；另一种是声带颤动，产生浊音，如[m][n][l]等等，前者称为"清辅音"，后者称为"浊辅音"。一般辅音都可以有清浊两套。英语seal[si:l]（印证）和zeal[zi:l]（热情）的分别就在于音节开头的辅音清浊不同。北京话里的"毕"bì[pi]和英语be[bi]（是）听起来很相像，但实际声音不同："毕"的辅音[p]是清音，be的辅音[b]则是浊音。

擦音可以任意延长，在发清擦音时，只要在持阻阶段让声带颤动起来，就变成了浊擦音，用这种办法可以不断发出[f v f v f]或[s z s z s]等清浊交替的声音。塞音和塞擦音不能任意延长，清浊之间的分别就没有擦音明显，可以先在前面加上一个同部位的鼻音，试着发出[mpa][ntsa]等，在鼻音之后声音不要中断，后面的清塞音就变成了浊塞音，然后捏紧鼻孔不让气流从鼻孔出去，反复练习几次以后，放开鼻孔，同时取消前面的鼻音，继续保持声带颤动，就是浊塞音或浊塞擦音了。

一般的塞音、擦音和塞擦音都可以有清浊两套，在国际音标中浊音另用一套字母表示，比较常见的有：

第三章
辅　音

	清　浊		清　浊		清　浊
塞音：	p—b	擦音：	Φ—β	塞擦音：	pf—bv
	t—d		f—v		tθ—tð
	ʈ—ɖ		θ—ð		ts—dz
	ȶ—ȡ		s—z		tʂ—dʐ
	c—ɟ		ʂ—ʐ		tʃ—dʒ
	k—g		ʃ—ʒ		tɕ—dʑ
	q—ɢ		ɕ—ʑ		
			ç—j		
			x—ɣ		
			χ—ʁ		
			h—ɦ		
			ɬ—ɮ		

在汉语方言中，只有江浙、湖南和闽南一些方言有比较丰富的浊塞音、浊擦音和浊塞擦音。厦门话中的"麻"[ba]和"爬"[pa]、"宜"[gi]和"奇"[ki]的分别主要就在塞音的清浊不同。湖南中部和南部湘语的一些方言有成套的清浊音对立，如双峰话：

巴[po]—爬[bo]　　　　资[tsɿ]—时[dzɿ]
刀[tə]—桃[də]　　　　知[tʂɿ]—池[dʐɿ]
高[kə]—搅[gə]　　　　鸡[tɕi]—其[dʑi]
　　　　　　　　　　　花[xo]—华[ɣo]

吴语大多数方言也有清浊对立，这也成为吴语的一大特色，如浙江温州话：

闭[pi]—弊[bi]　　　　火[fu]—祸[vu]
搭[ta]—达[da]　　　　所[so]—坐[zo]
街[ka]—茄[ga]　　　　虾[ho]—下[ɦo]
　　　　　　　　　　　记[tsɿ]—忌[dzɿ]

苏州话也有清浊对立，但苏州话的浊塞音和浊塞擦音在发音时声带实际并没有颤动，只是在除阻之后喉部产生一股摩擦性浊气流[ɦ]，和元音同时发出，并不是典型的浊音，严格标音可以用[pɦa][tɦa]等来表示，这种现象被称为"清音浊流"。目前苏州话这套比较特殊的浊辅音正在逐渐消失，一些年轻人已经读得和清辅音没有分别了，"部"[pɦu]也读成[pu]，和"布"变成同音，只有在音节连读时还保持它的浊音性，例如，在"分布"和"分部"中，"部"和"布"仍旧保持着原来清浊的分别。

一般的鼻音和边音都是浊音性的，如果发音时声带不颤动，就成了清鼻音和清边音。国际音标用附加符号[̥]表示清音化，如[m̥][n̥][l̥]。可以先发一般鼻音[m][n]，然后声带停止颤动，就成了[m̥][n̥]，听起来只是鼻孔出气的声音。汉语方言里很少清鼻音和清边音，西南少数民族语言里则很常见，例如：

[m̥]　贵州三都水语[m̥a]（狗）
[n̥]　四川喜德彝语[n̥u]（深）
[ɲ̥]　云南碧江怒语[ɲ̥i]（住）
[l̥]　贵州大南山苗语[l̥aŋ]（带子）

如果在辅音除阻之后还有噪声气流呼出，这样的辅音就是送气辅音。除阻之后的这段气流大部分时候来自咽腔或者声门，因此国际音标用喉擦音符号的上标形式[ʰ]表示辅音的送气，如汉语普通话"怕"[pʰa]、英语 two[tʰu]。不过，当辅音的发音部位是在舌面前或者舌尖位置，同时后接元音的舌位也比较靠前时，送气气流的部位就与辅音的发音部位相同了，比如[tɕʰi][tsʰɿ][tʂʰɿ]这几个音节中，辅音送气气流的来源就跟同部位擦音一致。当辅音的送气气流较强时，也可直接用[h]表示。汉语语音学界习惯用单引号的上引号表示送气，如普通话的"他"[t'a]。

最常见的送气辅音是清塞音和清塞擦音，往往成套出现，如北京话：

罢[pa]—怕[p'a]　　自[tsɿ]—次[ts'ɿ]
地[ti]—替[t'i]　　住[tʂu]—处[tʂ'u]
故[ku]—库[k'u]　　记[tɕi]—气[tɕ'i]

第三章
辅　音

送气浊辅音远没有送气清辅音常见，所送气流也是浊气流，较强时可以用[ɦ]来表示。四川中江县一带有一种来源于湘方言的"老湖广话"，浊塞音和浊塞擦音分为送气和不送气两套，如永兴话"地"[di]和"提"[d'i]、"在"[dzai]和"才"[dz'ai]，这在汉语方言中是很少见的。云南沧源佤语有整套的送气浊辅音，塞音和塞擦音的对应相当整齐，共有四套，例如：

[ta]（苍白）—[tha]（等待）

[da]（晒）—[dɦa]（预先）

[tɕa]（蝉）—[tɕha]（试）

[dʐa]（遮）—[dʐɦa]（席子）

此外，鼻音、边音和浊擦音也都有送气音和不送气音相配，例如：

[ma]（地）—[mɦa]（篾片）

[la]（竹）—[lɦa]（迟）

[va]（宽）—[vɦak]（挂）

吴语的鼻音和边音有时也读成送气音，如苏州话"面"和"来"，严格标音应该是[mɦɪ]和[lɦɛ]。浊辅音所送浊气流一般比较弱，往往伴有较明显的喉部摩擦，一直影响到后面的元音。

我国一些少数民族语言如苗语和藏语的一些方言以及怒苏语等都有送气清擦音，这种送气往往伴随着喉部摩擦，和后面的元音同时发出，在一般语言中不常见。贵州台江苗语送气清擦音和不送气清擦音是成套出现的，例如：

[fa]（瓜）—[f'a]（搓）

[so]（花椒）—[s'o]（消失）

[ɕi]（纸）—[ɕ'i]（尝）

2. 几种常见的附加音

每个辅音都有固定的发音部位和发音方法，在发音时如果条件允许，还可以利用其他可以利用的部位和方法为所发辅音加上一种附加的发音作用，使音色产生一定的变化。常见的附加音有以下三种：

（1）腭化音：发辅音时，舌面前部略向硬腭方向抬起，使辅音带一些[i]的色彩。国际音标在辅音后加小[j]表示腭化，如[pʲ][kʲ]，也可以写成[pj][kj]。我国西南少数民族语言腭化音比较多，往往和一般辅音形成对立，有区别意义的作用，例如：

贵州榕江侗语：[pa]（鱼）—[pja]（岩石）

贵州三都水语：[sa]（晒）—[sja]（痧）

广西龙胜瑶语：[tsen]（钱）—[tsjen]（神）

广西武鸣壮语：[ka]（腿）—[kja]（秧）

俄语的所谓软音如 ть、нь、ль 等等，实际就是辅音 т[t]、н[n]、л[l] 等的腭化音，可以和[t][n][l]等形成对立，例如：брат[brat]（兄弟）—брать[bratj]（拿）、стал[stal]（〔他〕曾来）—сталъ[stalj]（钢）。汉语方言中也有腭化音，但很少形成这种对立现象。苏州话辅音之后的[i]如果后面还有其他元音的话读得很短，和前面的辅音结合比较紧，使得辅音产生腭化作用。由于不存在对立现象，一般不作为腭化音处理，如"标"[piæ]、"香"[ɕiaŋ]、"写"[siɒ]，严格标音可以是[pʲiæ][ɕʲiaŋ][sʲiɒ]，这可能是苏州话听起来比较软的原因之一。

（2）唇化音：发辅音时同时圆唇，使辅音带有圆唇音的色彩。国际音标在辅音右上方或下方加[w]表示唇化，如[tʷ][kʷ]或[t̫][k̫]。广州话"瓜"[ka̫]和"家"[ka]、"群"[k'ə̫n]和"勤"[k'ən]的不同，主要就在于前者是唇化音。西南少数民族语言中唇化辅音很常见，而且往往成套出现，如广西罗城仫佬话：

[pa]（大姑妈）—[pwa]（婆）

[ta]（过）—[twa]（锁）

[tsa]（渣）—[tswa]（抓）

[ka]（乌鸦）—[kwa]（云）

辅音的唇化作用是和辅音同时产生的，辅音后接圆唇元音[u]则是先发辅音后发[u]，两者性质很不相同。

（3）软腭化音：发辅音时舌面后部略略向软腭方向移动，使辅音略带不圆唇后元音[ɯ]的色彩，国际音标用在音标中间加上[~]的办法来表示，如[ƫ][ɫ][z̴]等等。英语处在音节末尾的 l 一般都读成软腭化音，如 feel [fiɫ]（感觉）、pool[pʻuɫ]（池）。

3. 非肺部气流音

上文所介绍的辅音，发音时克服阻碍的气流都来自肺部呼出的气流，因此也叫肺部气流音，人类语言中的辅音多数都是这样发出的。但也有一些辅音在发音时克服阻碍的气流不是来自肺部，这些辅音叫非肺部气流音，包括吸气音（又称啧音）、缩气音（又称浊内爆音）和挤喉音（又称喷音）。从发音方法上来说，这三种辅音以塞音为常见。

（1）吸气音（啧音）。过去也有人称之为搭嘴音。发音时，舌根向上与软腭接触形成闭塞，形成一个腔体，通过双唇的封闭或舌与上颚某个部位的接触，这个腔体的前部就形成了完全的闭塞，当闭塞突然打开时，这个腔体的体积突然增加，其内部的气压随之降低，导致气流的突然吸入而形成塞音。我们通常所说的"啧啧称赞"中表感慨的"啧啧"声（一种副语言的声音）就是一种吸气音，吸气音作为真正的语言的音素主要分布在南部非洲的一些语言中。

（2）缩气音（浊内爆音）。发音时，喉头下降，声门关闭，导致整个声门上系统的气压低于腔外部的气压，除阻时外部气流向声腔内部冲击，造成闭塞的解除。这种辅音的气流与肺部气流的爆发音的气流方向正好相反，是向内而非向外的，因此叫内爆音。在喉头位置较低的情况下，声门很难完全关闭，因此就会有来自肺部的气流从声门的缝隙中泄露，这些气流会使声带产生不自觉的振动，所以缩气音总是浊音，浊内爆音的名称也由此而来。国际音标用常规爆发音上加向右弯的小钩表示，如 b—ɓ。浊内爆音的分布比吸气音广，在非洲和美洲的一些语言中都有发现。中国境内西南地区的一些少数民族语言（壮语、水语、布依语等）和一些汉语方言（吴语、粤语、闽语）中也存在浊内爆音，例如，海南文昌话中有正常爆发音和浊内爆音的对立："磨"[bo]—"波"[ɓo]、"书"[tu]—"猪"[ɗu]。

（3）挤喉音（喷音）。发音过程中气流的方向与缩气音正好相反。发音时，声门关闭，喉头上升，使声门上系统的气压大于外部气压，因此气流向外排出。挤喉音与正常的肺部气流辅音的相同之处在于都是气流向外，但是气流的来源并不相同。挤喉音的国际音标用下单引号表示，如[p']，这种辅音主要分布在高加索地区以及非洲和美洲的一些语言中。

表3-1为国内语言学界惯用的国际音标简表，表3-2为国际语音学会2005年公布的国际音标全表，表3-3为普通话辅音表。

第三章 辅音

表3-1 国际音标简表

音别				双唇	唇齿	齿间	舌尖前	舌尖中	舌尖后	舌叶	舌面前	舌面中	舌面后（舌根）	小舌	咽头	喉
辅音	塞	清	不送气	p				t	ṭ		t̪	c	k	q		ʔ
			送气	pʻ				tʻ	ṭʻ		t̪ʻ	cʻ	kʻ	qʻ		ʔʻ
		浊	不送气	b				d	ḍ		d̪	ɟ	g	ɢ		
			送气	bʻ				dʻ	ḍʻ		d̪ʻ	ɟʻ	gʻ	ɢʻ		
	塞擦	清	不送气		pf	tθ	ts		tʂ	tʃ	tɕ					
			送气		pfʻ	tθʻ	tsʻ		tʂʻ	tʃʻ	tɕʻ					
		浊	不送气		bv	dð	dz		dʐ	dʒ	dʑ					
			送气		bvʻ	dðʻ	dzʻ		dʐʻ	dʒʻ	dʑʻ					
	鼻	浊		m	ɱ			n	ɳ		ȵ	ɲ	ŋ	ɴ		
	闪	浊						ɾ	ɽ							
	颤	浊						r						R		
	边	浊						l				ʎ		R		
	边擦	清						ɬ								
		浊						ɮ								
	擦	清		Φ	f	θ	s		ʂ	ʃ	ɕ	ç	x(ʍ)	χ	ħ	h
		浊		β	v	ð	z		ʐ	ʒ	ʑ	j	ɣ	ʁ	ʕ	ɦ
	无擦通音和半元音			w ɥ	ʋ				ɻ			j(ɥ)	ɰ(w)			

元音		舌面元音				舌尖元音	
		前	央	后		前	后
	高（闭）	i y	ɨ ʉ	ɯ u		ɿ	ʅ
	半高（半闭）	ɪ Y		ʊ o			
		e ø	ə (ɚ)	ɤ o			
	半低（半开）	ɛ œ	ɜ ɞ	ʌ ɔ			
		æ	a ɐ				
	低（开）	a ɶ		ɑ ɒ			

表 3-2 国际音标全表

辅音（肺部气流）

	双唇	唇齿	齿	龈	龈后	卷舌	硬腭	软腭	小舌	咽	喉
爆发音	p b			t d		ʈ ɖ	c ɟ	k g	q G		ʔ
鼻音	m	ɱ		n		ɳ	ɲ	ŋ	N		
颤音	ʙ			r					ʀ		
拍音或闪音		ⱴ		ɾ		ɽ					
擦音	ɸ β	f v	θ ð	s z	ʃ ʒ	ʂ ʐ	ç ʝ	x ɣ	χ ʁ	ħ ʕ	h ɦ
边擦音				ɬ ɮ							
近音		ʋ		ɹ		ɻ	j	ɰ			
边近音				l		ɭ	ʎ	L			

成对出现的音标，右边的为浊辅音。阴影区域表示不可能产生的音。

辅音（非肺部气流）

啧音	浊内爆音	喷音
ʘ 双唇音	ɓ 双唇音	' 例如：
ǀ 齿音	ɗ 齿音/龈音	p' 双唇音
ǃ 龈（后）音	ʄ 硬腭音	t' 齿音/龈音
ǂ 腭龈音	ɠ 软腭音	k' 软腭音
ǁ 龈边音	ʛ 小舌音	s' 龈擦音

其他符号

ʍ 唇—软腭清擦音	ɕ ʑ 龈—腭擦音
w 唇—软腭浊近音	ɺ 龈边浊闪音
ɥ 唇—硬腭浊近音	ɧ 同时发 ʃ 和 x
ʜ 会厌清擦音	若有必要，塞擦音及双重调音可以用
ʢ 会厌浊擦音	连音符连接两个符号，如：
ʡ 会厌爆破音	k͡p t͡s

第三章
辅音

附加符号　如果是下伸符号，附加符号可以加在上方，例如：ŋ̊。

◌̥	清化	n̥ n̥d	◌̈	气声性	b̈ ä	◌̪	齿化	t̪ d̪
◌̬	浊化	s̬ t̬	◌̰	嘎裂声性	b̰ ḛ	◌̺	舌尖性	t̺ d̺
ʰ	送气	tʰ dʰ	◌̼	舌唇	t̼ d̼	◌̻	舌叶性	t̻ d̻
◌̹	更圆	ɔ̹	ʷ	唇化	tʷ dʷ	◌̃	鼻化	ẽ
◌̜	略展	ɔ̜	ʲ	腭化	tʲ dʲ	ⁿ	鼻除阻	dⁿ
◌̟	偏前	u̟	ˠ	软腭化	tˠ dˠ	ˡ	边除阻	dˡ
◌̠	偏后	i̠	ˤ	咽化	tˤ dˤ	◌̚	无闻除阻	d̚
◌̈	央化	ë	◌̴	软腭化或咽化 ɫ				
◌̽	中-央化	ĕ	◌̝	偏高 e（ɹ̝ = 龈浊擦音）				
◌̩	成音节	n̩	◌̞	偏低 e（β̞ = 双唇浊近音）				
◌̯	不成音节	e̯	◌̘	舌根偏前 e̘				
˞	r音性	ɚ ɑ˞	◌̙	舌根偏后 e̙				

元音

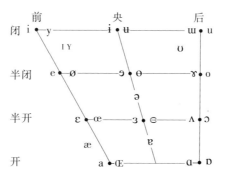

成对出现的音标，右边的为圆唇元音。

超音段

ˈ　　主重音

ˌ　　次重音

　　　　　ˌfouˈtɪˌeʊʃən

ː　　长　　eː

ˑ　　半长　eˑ

˘　　超短　ĕ

|　　小（音步）组块

‖　　大（语调）组块

.　　音节间隔　ɹi.ækt

‿　　连接（间隔不出现）

声调与词重调

平调　　　　　　　　非平调

e̋ 或 ˥　超高　　　　ě 或 ˩˥　升

é ˦　高　　　　　　ê ˥˩　降

ē ˧　中　　　　　　e᷄ ˦˥　高升

è ˨　低　　　　　　e᷅ ˨˦　低升

ȅ ˩　超低　　　　　e᷈ ˧˦˧　升降

↓　　降阶　　　　　↗　整体上升

↑　　升阶　　　　　↘　整体下降

四 普通话的辅音

普通话一共有二十二个辅音。下面根据发音部位和发音方法分别做一些说明。

1. 普通话辅音的发音部位

一个辅音的发音部位总是关涉两种发音器官，在不是对辅音做详细的定性描写时，习惯上只列出其中一个发音器官的名称，例如，"舌尖—齿龈音"可以简称为"舌尖音"，"舌面前—硬腭前音"可以简称为"舌面前音"或"舌面音"，"舌根—软腭音"可以简称为"舌根音"。按照发音部位，普通话的辅音可以分为以下六种：

（1）双唇音

b [p]　　双唇不送气清塞音。例字：罢　布　办　辨别　标本

p [pʻ]　　双唇送气清塞音。例字：怕　铺　盼　批评　偏僻

m [m]　　双唇浊鼻音。例字：骂　木　慢　美满　面貌

（2）唇齿音

f [f]　　唇齿清擦音。例字：发　父　饭　方法　反复

（3）舌尖音（舌尖—齿龈）

d [t]　　舌尖不送气清塞音。例字：度　代　岛　道德　地点

t [tʻ]　　舌尖送气清塞音。例字：兔　太　讨　团体　探讨

n [n]　　舌尖浊鼻音。例字：怒　耐　脑　牛奶　泥泞

l [l]　　舌尖浊边音。例字：陆　赖　老　联络　力量

z [ts]　　舌尖不送气清塞擦音。例字：字　早　宗　走卒　自尊

c [tsʻ]　　舌尖送气清塞擦音。例字：次　草　聪　层次　粗糙

s [s]　　舌尖清擦音。例字：四　扫　松　思索　琐碎

（4）卷舌音（舌尖—硬腭）

zh [tʂ]　　卷舌不送气清塞擦音。例字：志　找　丈　政治　主张

ch [tʂʻ]　　卷舌送气清塞擦音。例字：斥　吵　唱　出产　车床

sh [ʂ]　　卷舌清擦音。例字：事　少　上　手术　声势

r [r]　　卷舌浊通音。例字：日　扰　让　柔软　容忍

(5) 舌面音（舌面前—硬腭前）

j [tɕ]　　舌面不送气清塞擦音。例字：记　借　见　经济　积极

q [tɕʻ]　　舌面送气清塞擦音。例字：气　窃　欠　请求　确切

x [ɕ]　　舌面清擦音。例字：戏　谢　现　学习　虚心

(6) 舌根音（舌面后—软腭）

g [k]　　舌根不送气清塞音。例字：故　个　告　骨干　公共

k [kʻ]　　舌根送气清塞音。例字：库　课　靠　刻苦　宽阔

h [x]　　舌根清擦音。例字：户　贺　号　欢呼　辉煌

ng [ŋ]　　舌根浊鼻音，只出现在音节末。例字：东　登　工厂　长江

在以上六种普通话的发音部位中，双唇音、唇齿音、舌面音和舌根音的部位都相当固定，舌尖音和卷舌音的部位则允许有一些变化，也就是说，舌尖和固定部分的接触点不十分稳定。

普通话的七个舌尖辅音都是舌尖—齿龈音，但是，有不少人是分成两种不同部位来发音的。在发舌尖塞擦音[ts][tsʻ]和擦音[s]时，舌尖要更靠前一些，接触的是上齿背或下齿背（少数北京男青年在读[s]时，舌尖甚至更向前伸，读成齿间音[θ]）。在发舌尖塞音[t][tʻ]和鼻音[n]、边音[l]时，舌尖所接触的位置又比齿龈略略靠后一些（有的人在读[l]时甚至舌尖翘起，读成卷舌边音[ɭ]）。对这些人来说，舌尖—齿龈音可以进一步分为两类：一类是[ts][tsʻ][s]，一类是[t][tʻ][n][l]，需要分别时前一类可以标写成[t̪s][t̪sʻ]等。

普通话的四个卷舌辅音都是舌尖翘起接触硬腭，翘起的程度不是很稳定，可以接触硬腭前部，也可以接触硬腭中部，因人而异。如果翘得太过，接触点过于靠后，就不是舌尖而是舌尖的背面接触硬腭，听起来就不像是普通话的卷舌辅音了。

2. 普通话辅音的发音方法

按照发音方法中的阻碍方式，普通话的辅音可以分为以下六种：

(1) 塞音：[p][pʻ][t][tʻ][k][kʻ]

(2) 擦音：[f][s][ʂ][ɕ][x]

第三章 辅 音

(3) 塞擦音：[ts][ts‘][tʂ][tʂ‘][tɕ][tɕ‘]

(4) 鼻音：[m][n][ŋ]

(5) 边音：[l]

(6) 通音：[r]

典型的清塞音在发音时阻碍部位的肌肉都比较紧张，冲破阻碍的气流也比较强。浊塞音由于声带颤动的影响，到达阻碍部位的气流和肌肉的紧张程度都有所减弱。普通话的塞音虽然都是清音，但发音时肌肉并不十分紧张，气流也不十分强，听起来不像汉语其他一些方言如苏州话或广州话的清塞音那样硬而脆，从肌肉的紧张程度和气流的强弱看，更接近于浊塞音，只是声带没有颤动，严格地讲，应该用[b̥][d̥][g̥]等来描写。普通话的清塞擦音同样也有这种倾向。

普通话一共有六个送气辅音，和汉语其他方言一样，所送出的气流都相当强，往往使喉部产生轻微的摩擦，严格的标音应该是[pʰ][tʰ][kʰ][tsʰ][tʂʰ][tɕʰ]。例如，说"兔"[tʰu]或"车"[tʂʰɤ]的时候，在[tʰ]或[tʂʰ]之后有时可以听到一种和"户"[xu]或"喝"[xɤ]相当接近的声音，这就是由于送气强产生了喉部摩擦造成的。

普通话里送气辅音都是强辅音，不送气辅音都是弱辅音，所以在语流音变和轻声音节中，[p][t][k]和[tɕ][tʂ][ts]这一类声母往往会因同化作用的影响由清变浊。

在普通话四个浊辅音中，只有卷舌通音[r]的性质比较特殊。在一般情况下，[r]的摩擦很轻微，甚至可以完全没有摩擦，是典型的浊通音。只有在有意强调这个音时，才会产生比较明显的摩擦，变成浊擦音[ʐ]。过去一般都用[ʐ]来描写这个音，实际上并不十分恰当。从这个音的一般发音和声学特性以及它在普通话语音系统中的地位来看，都不宜把它看成是和[ʂ]形成清浊对立的浊擦音，因为这会使普通话语音系统出现唯一的一对清浊对立的声母。如果把它看作舌尖后浊通音[r]，跟边音[l]一起归入通音这一类，那么普通话辅音表发音方法这一栏中就可以取消浊音项。因为鼻音、边音、通音通常都是有浊无清，极少构成清浊对立，所以一般无须标明是浊音。这样，普通话的辅音表就可以更加简洁概括地凸显自己有送气不送气对立，而无清浊对立的特点。如表3-3：

表 3-3　普通话的辅音

发音方法		唇音	舌尖音	舌根音	舌面音	舌尖后音	舌尖前音
塞音	不送气	p	t	k			
	送气	p'	t'	k'			
鼻音		m	n	ŋ			
塞擦音	不送气				tɕ	tʂ	ts
	送气				tɕ'	tʂ'	ts'
擦音		f		x	ɕ	ʂ	s
通音			l			r	

五　辅音的声学特性

1. 发音方法和发音部位的声学表现

发辅音时，既有不同的阻碍部位，又有不同的阻碍方式，还有清浊、送气和种种附加音的分别，可以说是把人类所具备的发音能力全部用上了。辅音的声学特征也比元音复杂得多，每一个辅音都是由好几方面的声学特征组成的，组成的模式不但多样化，而且不大稳定。从语图上辨认辅音要比元音困难得多。

辅音的发音方法和声源的性质密切相关，方法的不同只不过是三种声源（浊音、紊音、瞬音）的不同或组合方式的不同。三种声源在语图上表现为三种截然不同的纹样：

（1）冲直条：或称"尖锋"，是瞬音在语图上的表现。瞬音是突然爆发成声，一发即逝的，时间一般只有10毫秒左右，在语图上表现为一条细窄的垂直尖线条。

（2）乱纹：是紊音在语图上的表现。紊音是摩擦成声、可以延续的噪音段，在语图上表现为一片杂乱的雨淅状的竖线纹样。

（3）横杠：是浊音在语图上的表现。发浊音时声带颤动，产生周期波，在语图上表现为深色的宽横杠，已在第二章"元音"介绍过。

第三章 辅音

塞音是典型的瞬音，擦音是典型的紊音，塞擦音则是二者的结合，从图 3-2 中[ta][sa][tsa]的语图可以清楚地看出这种区别。图 3-2 中[t][s][ts]的后面都是[a]（为印刷方便，[a]后半删节去了一部分），[t]表现为一条细而窄的冲直条，[s]表现为一片相当杂乱的竖纹，[ts]则表现为冲直条之后紧接乱纹，但比较淡，没有[t]和[s]清晰，三者的区别非常明显。

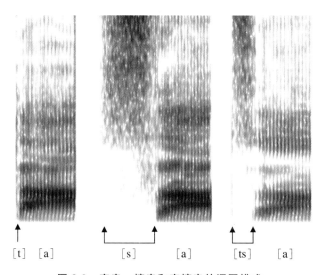

图 3-2　塞音、擦音和塞擦音的语图模式

塞音的持阻阶段并不发出声音来，在语图上表现为冲直条之前的一段空白的间隙，当塞音之前另有其他声音时，这段表现为空白的间隙是很容易辨认出来的，这也成为辨认塞音的标志。如果塞音之前没有其他音，这段空白就看不出来。图 3-3 是普通话"大地"和"大事"普通话发音的语图，在"大地"中"地"的辅音[t]的冲直条和前面"大"的元音[a]共振峰之间有一段间隙（图中箭头所指），正是发[t]的持阻阶段。如果塞音的除阻较弱或语图颜色较淡，冲直条有时显现不出来，这段间隙就成为分辨塞音的主要标志。

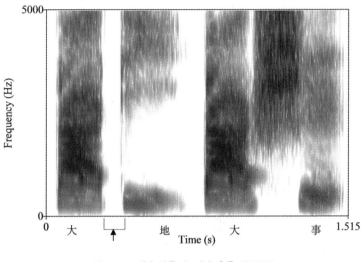

图 3-3 "大地"和"大事"的语图

浊辅音所显示的横杠和元音共振峰很相似,但要弱得多,只在基线上的低频部分有一条较浓的横杠,辅音的清浊主要就表现在这条低频横杠的有无上,图 3-4 列出了两组清浊辅音对比的语图(后接元音都是[a]):

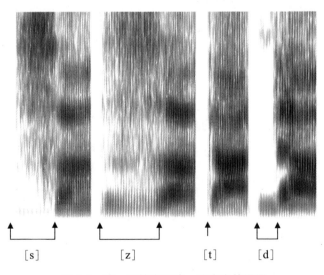

图 3-4 清、浊擦音和清、浊塞音的语图

[s]和[z]的分别主要就在于[z]的基线上在乱纹最下方(即低频部分)

有一条比较浓的横杠（图中箭头所指部分），而[s]没有，[z]在较高频率上也有共振峰显现出来，但往往不够明显。[t]和[d]的清浊分别则只表现在塞音前的间隙有无低频横杠，[d]有较浓的横标，[t]则是空白的。

送气辅音所送出的气流在语图上也表现为杂乱纹样，但比擦音乱纹分布广，一般也略淡一些。图 3-5 为不送气辅音[t]和送气辅音[t']的对比语图。图 3-5 中[t]和[a]之间结合紧密，[t']和[a]之间有一小段乱纹（图中箭头所指部分），就是送气的声音。

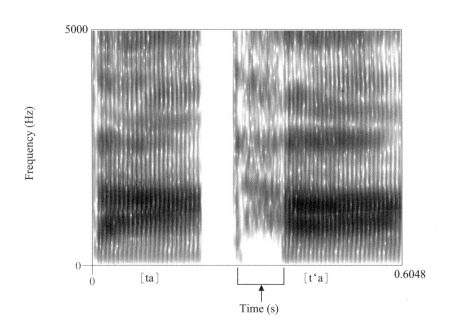

图 3-5　不送气和送气塞音的语图

颤音和闪音在语图上也表现为冲直条，颤动几次就出现几次冲直条，一般都非常细，而且相互之间距离很近，不大容易辨认。

鼻音和边音的性质接近于元音，语图的显示也和元音相似，由于共振峰较弱，显示的横杠比元音要淡一些。和元音相连时，两种横杠之间往往出现断层现象。鼻音的 F_2 往往较弱，有时甚至消失；边音则 F_2 以上的共振峰都比较弱，有时只显示出一个低频横杠，是语图中比较难认的音。图3-6是边音[l]和鼻音[n]的语图（后接元音为[a]）：

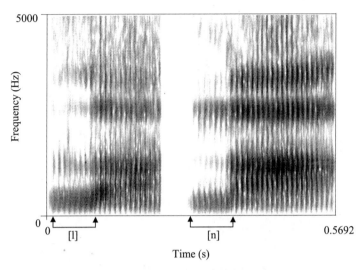

图 3-6　边音和鼻音的语图

前一章讨论元音时已经谈到，元音的共振峰实际上是一个个能量集中、振幅较强的频率区域，频率区的位置是由声腔的形状决定的。发辅音时发音部位的变化也就是声腔形状的变化，也同样能形成不同位置的能量集中区或强频区。只是辅音主要是依靠阻碍而不是依靠共振发音的，除鼻音和边音外，不可能形成元音那样的共振峰，一般只是在一定的频率位出现一片强频区，强频区的强弱和聚散都能表现出发音部位的变化。以擦音为例，[f]的强频区一般都比较分散，也比较弱，在语图上往往表现不够明显；[s]的强频区比较集中，下限较高，振幅也比较强；[ɕ]的强频区范围比[s]略大，频率下限比[s]略低；[x]的强频区下限更低，振幅也很弱。

根据强频区的位置和强弱聚散在语图上确定辅音的发音部位有相当大的局限性。较弱的擦音在语图上表现很不明显；塞音所显示的冲直条只是一条窄细的直线，很难看清这条线上频率的变化；鼻音和边音的声源不是瞬音和紊音，虽然能形成共振峰，但相当弱，较难从语图上确定它的发音部位。

2. 音征和浊音起始时间

我们分析一段话语的语音时，习惯于把这个语音片段看成是离散的声音序列，分析时要把这些离散的声音一个个切分开（参看第一章第四节"语音的切分和分类")。从语言学角度看,这种切分办法是行之有效的,并不存在任何问题。但是,从声学角度看,一段语音的声波是一个连续的过程,所包括的各个音并不是离散的序列,而是连续不断相互影响的,各个音的声学特征都会对它前后的音产生影响。仔细观察图 3-4 中[sa][za][ta][da]四张语图中[a]的共振峰横杠,其中 F_2 的开头都是从上向下弯曲的,这个共振峰的弯头正是前面辅音的声学特征对元音[a]产生影响的征象,称为"音征"(acoustic cue)。从生理方面看,它反映了发音器官从辅音发音部位转移到元音舌位的过程;从声学方面看,它反映了辅音对邻接元音共振峰频率的影响。

音征是从听觉上感知辅音的非常重要的信息。塞音一发即逝,时间只有 10 毫秒左右,语图上表现出的冲直条相当细窄,有时甚至显现不出,但它可以影响前后的元音,使元音的 F_2 产生弯头,成为这个塞音的音征。如果把塞音的冲直条切去,保留这段弯头,听起来照旧还是这个塞音。如果把这段弯头切去,就很难识别出它前面是什么塞音了。这说明在感知辅音时,塞音的音征比冲直条的作用还要重要。图 3-7 是舌尖塞音[t]和不同元音结合时产生不同音征的示意图:

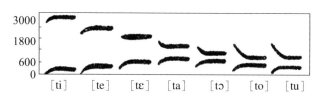

图 3-7　[t]后接不同元音的音征

图 3-7 只列出了各元音的前两个共振峰。F_1 的弯头都是向下的,F_2 的弯头则有时向上,有时向下,有时平指,随元音 F_2 频率位置的高低而变化。F_3 也有类似的现象,只是未在图中画出。仔细比较示意图上各元音的弯头,就会发现这些弯头有相同的轨迹指向——都指向 1800Hz。如果把图3-7简化一下,只留下[ti][tɛ][tu]三个元音的 F_2,把它们的语图合并在一起,如图 3-8 所示,这条轨迹就更加清楚了。图 3-8 中的虚线表示这三个元音都指向 1800Hz 的共同轨迹,称为"音轨"。辅音的不同发音部位有不同的音轨频率,1800Hz 正是舌尖辅音的音轨频率,辅音前接或后接的各元音的 F_2 和 F_3 都指向这一频率,形成语图中共振峰横杠开头的弯

头。双唇辅音的音轨频率在700Hz左右，舌根辅音的音轨频率在3000Hz左右。同是元音[a]的F_2，前面的辅音发音部位不同，音轨（focus，图3-9用虚线表示）走向不同，音征所指方向也不同。假定[a]F_2=1200Hz，处在[p][t][k]之后时音征所指方向的不同如图3-9所示。从图3-9中音征的不同指向可以确定前面辅音的发音部位，这个指向是听辨辅音的重要信息。在语图上所显示的音征目前还不可能像图3-8和图3-9的示意图那样清晰明确，但已可以根据共振峰横杠弯头的指向确定辅音的大致发音部位。音征的发现和音轨频率的确定对推动人工合成语音工作起了很大作用。例如，在合成塞音时，可以根据不同发音部位的音轨频率确定音征，合成出不同部位的塞音，这就使合成出来的塞音的可懂度得到了很大的提高。

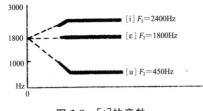

图3-8　[t]的音轨　　　　图3-9　[pa][ta][ka]中音征的不同指向

当辅音处在元音之后时，元音的末尾也会出现同样性质的音征。广州话"湿"[sap]、"失"[sat]、"塞"[sak]或"碟"[tip]、"秩"[tit]、"敌"[tik]的分别就在于元音后塞音发音部位不同，这时的[-p][-t][-k]只有持阻，没有除阻，也就是说，只形成阻碍，并不让气流冲开阻碍，语图上也不会出现冲直条。听觉上之所以能够分辨这三个音，元音末尾音征的变化起了非常重要的作用，在语图上就表现为共振峰横杠末尾指向的变化。图3-10显示的是[apa]（上）、[ata]（中）和[aka]（下）的语图，中间的空白段是清塞音的成阻和持阻阶段，图中箭头所在的位置分别是元音的结束处和起始处，箭头所指的方向是元音共振峰的变化方向。可以看到，[a]后接[p]时第二共振峰向下，前接[p]时第二共振峰略向上，箭头指向的频率位置约为700Hz。[a]后接[t]和[k]时第二共振峰都是向上的，前接[t]和[k]时第二共振峰都是向下的；但变化斜率有所不同，与[k]相邻时第二共振峰变化的斜率更大，与[t]相邻时箭头指向的频率位置约为1800Hz，与[k]相邻时箭头指向的位置约为3000Hz。

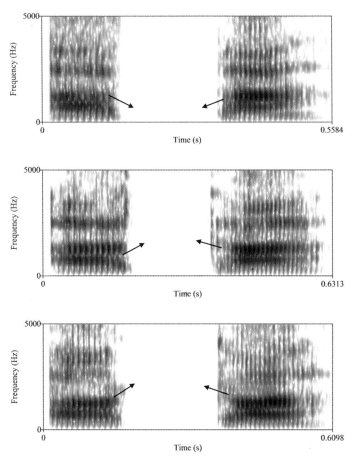

图 3-10 [apa][ata][aka]的语图
(图中箭头所指方向是元音第二共振峰的走向)

在辅音和元音之间,除了音征以外,还有一种很重要的声学表现,就是"嗓音起始时间"(Voice Onset Time),简称 VOT。嗓音起始时间主要是指塞音除阻和声带颤动之间的时间关系,它能比较精确地说明塞音的清浊和送气的情况,可以用图 3-11 来说明。图 3-11 中将除阻的时间点设为 0,0 之前的时间为负值,0 之后的时间为正值,时间以毫秒(ms)计算。发音器官在 0 前两条线靠拢,表示发音器官的主动部分和固定部分形成阻碍,是发音的持阻阶段;0 后两条线分开,表示除阻之后阻碍完全解除。图下部的五条线代表 VOT 的五种情况,直线部分表示声带未颤动，波形线部分表示声带颤动。"（1）全浊音"和"（2）半浊音"都是除阻以前的一段时间声带就开始颤动，VOT＜0；"（3）不送气清音"是除阻时声带立即颤动，VOT＝0；"（4）弱送气清音"和"（5）强送气清音"都是除阻以后的一段时间声带才开始颤动，VOT＞0。假定某一塞音在除阻之前 50 毫秒声带就开始颤动，VOT＝－50ms，那么它就是浊塞音；在除阻时或除阻刚结束不久声带就开始颤动，VOT＝0 或略大于 0，那么它就是不送气清塞音；在除阻之后 50 毫秒声带才开始颤动，VOT＝＋50ms，就是送气清塞音。浊音和送气的程度又可根据 VOT 的大小分为全浊、半浊和弱送气、强送气。

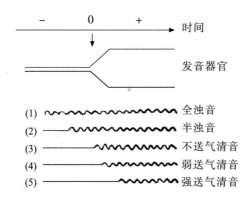

图 3-11　五种不同类型辅音的 VOT

　　不同语言或方言的浊音起始时间有一定的差异，甚至个人之间也会有一些区别。英语的浊塞音比法语的 VOT 起点迟，接近于半浊音甚至不送气清音；苏州话单音节浊塞音"清音浊流"的 VOT 实际上是正值，并不是真正的浊音。汉语不送气清塞音 VOT 起点迟，数值大，英语略早一些，俄语起点更早，数值最小。这些区别可以说明各语言的不送气清塞音并不完全相同，从语图上是可以比较准确地测量出来的。

第三章
辅 音

练习

1. 从发音部位和发音方法两方面描写下列各辅音。
   [θ] [ç] [ŋ] [ɬ] [tʃ] [n̥] [tṣʻ] [β] [pf] [ʀ]

2. 根据下列各辅音的发音部位和发音方法标写国际音标。
   舌根不送气清塞音　　　舌尖清边擦音
   卷舌送气清塞擦音　　　中舌面通音
   双唇不送气清塞音　　　唇齿浊擦音
   舌面前清擦音　　　　　小舌清擦音
   舌叶送气清塞擦音　　　舌尖浊鼻音

3. 给下列音标加上附加符号。
   k（唇化）　　　d（缩气）　　　s（腭化）
   l（软腭化）　　m（紧喉）　　　n（清化）

4. 练习发音。
   [f Φ f Φ f]　　　　[s θ s θ s]
   [s ṣ s ṣ s]　　　　[s ʃ s ʃ s]
   [ç ç ç ç]　　　　　[ç x ç x ç]
   [x χ x χ x]　　　　[x h x h x]
   [s ṣ ç ç x χ h]
   [p f pf] [t s ts] [ṭ ʃ tʃ] [t ṣ tṣ] [t ç tç]
   [z s z s z] [m̥ m m̥ m m̥] [n̥ n n̥ n n̥]
   [ma ma ma ma ma] [na na na na na]
   [p mb b] [ta nda da] [k ŋg g]
   [pa ba pa ba] [ta da ta da] [ka ga ka ga]
   [ta tʻa] [tsa tsʻa] [sa sʻa sa sʻa]
   [la ɬa la ɬa]
   [sa sja sa sja]　　　[ka kja ka kja]

[sa swa sa swa]　　[ka kwa ka kwa]
[la ɬa la ɬa]
[d ɓ d ɓ]　　　　　[d ɗ d ɗ]

  练习时，最好能同时听国际音标录音并有他人指导。如无此条件，可先选几个比较有把握的音，如[p][t][k][s][m]等作为标准，逐步比较扩展，不一定完全按照练习所列顺序。

5. 用国际音标拼写下列各词语的普通话读音的声母和韵母。

父母	思虑	汽车	历史
吃了	逼迫	可惜	刻薄
古诗	记者	他的	大字
呼吸	摩擦	戏剧	泥土
博士	日期	志气	次序

6. 分析下列语图中辅音的VOT模式，并对各辅音的VOT进行估算。

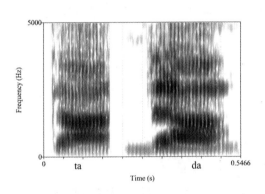

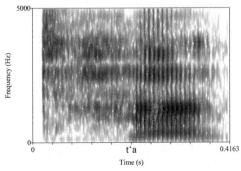

第四章 音节和音节结构

一 音节的划分

音节是听觉上最容易分辨的语音片段。我们听到 wǒqùtúshūguǎn 这样一段声音,很自然地会把它划分成五个片段,也就是五个音节,写出来就是五个汉字:"我去图书馆";听到英语 university(大学)这个词,不管是否懂它的意思,也会把它分成[juː-ni-vəː-si-ti]五个音节,说英语的人也都承认这个词是由五个音节组成的。可见,音节可以直接凭听觉来划分,并不需要专门的语音学知识。

一般说来,一个汉字代表汉语的一个音节,但汉字是书写单位,不能根据书写单位给语音划分音节,何况有时一个汉字并不代表一个音节,如"花儿、罐儿"等等,写成两个汉字,实际上只代表一个音节:huār、guànr。

音节虽然可以直接凭听觉来划分,但是,如何给音节下一个比较准确的定义,如何科学地说明音节的实质,以及如何确定音节之间的界限,却一直是语音学中最难解决的问题之一。曾经有人对此做过形象化的比喻:划分音节像是划分两座山头,乍看似乎非常清楚,但是,要想精确地划清两座山头之间的界限,又是非常困难的事。

一百多年来,语音学家不断提出种种不同的划分音节的方法,这些方法实际上不外乎两个角度:一是从听觉入手划分,一是从发音入手划分。

从听觉入手的方法中,最有影响的是把音节的划分和声音的响度联系在一起。实验证明，音强、音高和音长相同时，元音比辅音听起来响，低元音比高元音响，浊音比清音响，鼻音比擦音响，擦音比塞音响。在一个较长的音段里，随着元音和辅音的不断交替，响度也时大时小，不断变化。这种方法认为，音节正是由响度变化决定的，听起来响度最大的音就是一个音节的中心，听起来响度最小的音就是音节的分界线。例如，"北京大学[peitɕiŋtaɕyɛ]"这个音段，根据响度变化，大致形成图4-1所示的响度起伏。

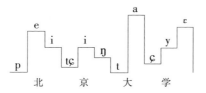

图 4-1 "北京大学"的响度曲线

图中每一次响度起伏就是一个音节。在一个音节中，辅音一般都处在开头和结尾，形成响度的下降，因此这种看法对大部分有辅音的音节可以说是适用的。但是，有一些音节以元音或通音开头和结尾，如果根据响度来划分音节，就会遇到一些困难。例如，北京话里"大衣"是两个音节，"吴阿姨"是三个音节，可是按照响度曲线来划分，都只有一次响度起伏，如图4-2所示。只根据响度的起伏也很难看出两个音节的"大衣"和一个音节的"代"有什么明显的区别，三个音节的"吴阿姨"和一个音节的"外"有什么明显的区别，但是听觉上却是非常容易把它们区分开的。

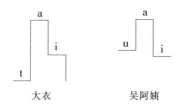

图 4-2 "大衣"和"吴阿姨"的响度曲线

在说话时，实际上很少有两个音的强度、长度和高度完全相同，因此，单纯对比响度显然不能把听觉的实际感受完全反映出来。例如，[a]比[i]的开口度大得多，在音强、音长和音高都相同的条件下，[a]的响度

第四章
音节和音节结构

自然比[i]大。但是,如果发音时把[i]的音强加大,音长加长,听起来就比[a]还要响,还要清楚。为了弥补单纯依据响度的缺陷,有人提出用明显度来代替响度。所谓明显度,是指听觉上的实际明显程度。这种看法认为,应该根据听觉实际所感受到的明显度的大小来确定音节的界限。也就是说,除了响度以外,还要考虑各个音实际的音强、音长和音高的不同。听觉明显度要受到响度、音强、音长和音高四方面的制约,如果有一种方法能够把这四方面的相互影响同时考虑进去,从而对听觉的明显度做出比较客观的评估,自然非常理想,但是目前还没能做到。因此,这种看法还只是一种理想,还无法用来作为划分音节的客观标准。

从发音入手划分音节也曾经有过种种不同的尝试,其中比较有影响的是根据发音时肌肉的紧张程度来确定音节的界限。发音时发音器官的肌肉总是有张有弛的,这种看法认为,肌肉每张弛一次,就形成一个音节。比如北京话[ɕiou],如果发音时肌肉只紧张一次,就是一个音节,听起来像是"休";如果肌肉紧张两次,就是两个音节,听起来像是"西欧"。这种看法和我们发音时的直接感觉比较接近。但是,发音时发音器官的所有肌肉几乎都参与了活动,有的紧张,有的松弛,紧张和松弛的时间和程度也各不相同,要受到音质、音强、音高各个因素的制约,究竟哪些肌肉的活动对划分音节是起决定作用的,目前还无法弄清楚。还有人根据实验认为,肋间肌紧缩迫使较多的空气外流时,每紧缩一次就形成一个音节,也就是说话时脉搏的次数决定了音节的数目。这种说法至今并没有得到广泛的证实,而且似乎和我们说话时的直接感觉也并不一致。

总之,音节虽然是我们直觉上最容易划分出来的最小语音单位,但是至今还没有能对音节的特性做出令人满意的科学解释。我们一方面应该继续探讨音节的一般特性,另一方面也要考虑到音节的划分和语音的社会性有密切的关系。每种语言都有自己特有的音节结构,在划分音节时,总会受到自己原有音节结构的影响。例如,听到[is]这样一个音段,说英语的人必然认为是 is(是),是一个音节,因为英语音节结构允许擦音处在音节末尾;说汉语的人必然认为是"意思",是两个音节,因为汉语音节结构只允许擦音处在音节开头,不能处在音节末尾,所以主观上会认为[s]之后还有个元音[ɿ]。英语 golf 是一个音节,音译成汉语,就成了三个音节"高尔夫",也是同样的道理:汉语的音节结构不允许两个辅音连在一起,也不允许 l 和 f 这样的辅音处在音节末尾,所以说汉语的人就会把[l]听成可以自成音节的 er,把[f]听成 fu。

即使是说同一种语言的人,对音节的数目也可能会有不同的看法。有时是因为读法不同,例如,英语的 temperate(温和),有的人读[temprit],有的人读[tempərit],前一种读法是两个音节,后一种读法是三个音节。但是,另外还有一种情况是,读法明明相同,对音节数目的看法仍可能不同,例如,英语的 fire[faiə](火),有人听起来认为是一个音节,有人认为应该算是两个,即把末尾的[ə]看成一个独立的音节。

二 音节的结构

1. 音节结构类型和音联

一般的音节都以元音作为音节的核心。以辅音作为音节核心的很少,多半都是浊辅音。例如,北京话的 fu,实际上往往读成[fv̩];又如,厦门话口语音"媒"[m̩]、"光"[kŋ̍],苏州话口语音"你"[n̩]、读书音"儿"[l̩],大南山苗语[pl̩](野猫),英语 little [litl̩](小),捷克语 krk [kr̩k](颈)。语言里的应答词大都也是以鼻辅音作为音节核心的,如北京话"嗯"[n̩]、"呣"[m̩]、"噷"[hm̩]、"哼"[hŋ̍]等等。以清辅音作为音节核心的非常少见,多出现在表示情感的叹词中,如北京话"啧"用与[ts]同部位的吸气音(啧音)表示称赞或不满,英语 psst[pst]是提醒人注意。这样的结构在语言里出现的频率是非常之低的。

在一般的音节里,元音处于核心地位,辅音在元音的前面或后面,依附于元音。由元音和辅音构成的音节共有以下四种基本类型:

(1) V　　(2) CV　　(3) VC　　(4) CVC

V 代表元音,C 代表辅音。V 型和 CV 型不以辅音收尾,称为"开音节";VC 型和 CVC 型以辅音收尾,称为"闭音节"。大多数语言都同时具备这四种类型。也有一些语言以开音节的 V 型和 CV 型为主,闭音节很少,如日语。有的语言甚至完全没有闭音节,如云南丽江纳西语,非洲和美洲的一些语言也有类似的情况。

这四种基本音节类型可以扩展成种种不同的音节结构。V 可以扩展成两个或三个不同元音组成的元音群 VV 和 VVV，例如，北京话的"压"[ia]是由 V 型扩展成的 VV，"表"[piau]是由 CV 型扩展成的 CVVV，"端"[tuan]是由 CVC 型扩展成的 CVVC。C 也可以扩展成两个或三个不同辅音组成的辅音群 CC 和 CCC，例如，英语 east[i:st]（东）是由 VC 型扩展成的 VCC，play[plei]（玩）是由 CV 型扩展成的 CCVV，strange[streindʒ]（陌生）是由 CVC 型扩展成的 CCCVVCC。音节中由 VV 或 VVV 组成的元音群称为复元音，由 CC 或 CCC 组成的辅音群称为复辅音。汉语有丰富的复元音，复辅音则很少出现。

在一段话里，元音和辅音总是交替出现的，前面已经谈到，我们之所以能把一段话划分成一个个音节，除听觉和发音的根据以外，和不同语言的不同音节结构特点也有密切的关系。例如，汉语很少出现复辅音，遇到两辅音相连，如 CVCCV 这样的音段，可以肯定音节界限在两辅音之间，即 CVC＋CV。而在英语中，则有 CV＋CCV、CVC＋CV 和 CVCC＋V 三种可能性，因为这三种划分法都不违背英语语音结构的特点。

类似的情况在汉语里也是存在的。例如，CVCVC 这样的音段，汉语就可以有两种划分法：CV＋CVC、CVC＋VC，如北京话[fanan]，既可以划分成[fa＋nan]（发难），也可以划分成[fan＋an]（翻案）。在复辅音比较丰富、音节结构比较复杂的语言里，这种现象就更加明显，以英语为例：

a. [ə＋neim] a name（一个名字）
　　[ən＋eim] an aim（一种目的）
b. [grei＋dei] grey day（阴天）
　　[greid＋ei] grade A（一级品）
c. [wait＋ʃu:z] white shoes（白色的鞋）
　　[wai＋tʃu:z] why choose（为什么选）

但是说英语的人都能把这一对对声音分辨得清清楚楚，这是因为"音联"在起作用。

从一个音到另一个音，中间总要经历一个过渡阶段，也就是说，两个不同的音在联接起来的时候，必然要有一定的联接方式，称为"音联"或"音渡"（juncture）。如果音联是在音节内部各音之间发生的，称为"闭音联"，第三章第五节介绍的辅音过渡音征就是一种闭音联。如果音联是在音节之间发生的，称为"音节音联"或"开音联"，用"＋"号表示。

音节音联可以帮助我们分清音节的界限。北京话[ɕiou]（休）和[ɕien]（先）是一个音节，[ɕi＋ou]（西欧）和[ɕi＋ien]（吸烟）是两个音节，就是因为后者有音节音联而前者没有。[fa＋nan]（发难）和[fan＋an]（翻案）、[tɕʻien＋nien]（前年）和[tɕʻien＋ien]（前言）之所以不同，则是因为音节音联的位置不同。

音节音联实际是音节的边界信号。汉语音节结构简单，每个音节又都有声调，音节的边界信号相当清楚。例如，北京话除了[-n]和[-ŋ]两个鼻辅音以外，其余的辅音都只能处在音节开头，不能处在音节末尾，这就为划分音节提供了非常可靠的语音信号。

有种种不同的语音信号可以作为音节音联帮助我们划分音节。例如，[n]处在音节末尾时比处在音节开头时要弱得多，而且往往使它前面的元音产生鼻化作用，这就能够帮助我们区分开汉语的"发难"[fa＋nan]和"翻案"[fan＋an]、英语的 a name 和 an aim。又如，元音开头的音节往往会在前面加上喉塞音[ʔ]或通音[j][w]等作为音节开头的信号，这就能够帮助我们区分开"休"[ɕiou]和"西欧"[ɕi＋ʔou]、"先"[ɕien]和"吸烟"[ɕi＋jien]。此外，英语 ice cream 里的[k]和 I scream 里的[k]相比，前者有较长的送气，也能帮助我们分辨出两者音节音联位置的不同。

音长也常常用来作为区分音联的信号。北京话"前年"[tɕʻien＋nien]里的[-n＋n-]听起来是一个很长的[n]，比"前言"[tɕʻien＋ien]里的第一个[-n]长出两倍左右，这可以帮助我们觉察到这个长[n]是两个[n]，一个在音节末尾，一个在音节开头，虽然中间没有明显的界限，但还是能把它一分为二，分属两个音节。英语里的[d]处于音节开头比处在音节末尾要长，这就帮助我们区分开了 grey day 和 grade A；white shoes 里的[ʃ]也要比 why choose 里的[ʃ]长得多。

从一个音向另一个音过渡，往往会产生音的协调作用。例如，北京话里的 ian，由于舌位低的 a 处于舌位高的 i 和 n 之间，舌位差距很大，经过协调以后，a 的舌位略略升高，ian 实际上读成[iɛn]。这种协调作用一般只存在于音节内部，超越音节界限后协同发音作用往往就会减弱甚至消失，这可以帮助我们判断音节边界的位置。例如，"先"[xiɛn]和"西安"[xi＋an]中的两个/a/音值不同，因为后者的/a/并没有产生协调作用改读成[ɛ]。

能说明音节音联的语音信号很多，在我们确定音节的界限时也往往不只使用一种信号。我们之所以不会把"西安"听成一个音节"先"，除了[a]没有因协调作用读成[ɛ]以外，还因为"西"和"安"各自有自己完整的声调，[a]的前面还可以加上喉塞音[ʔ]之类的音作为分界信号。英语 grey day 除了[d]比 grade A 里的[d]长以外，[d]后面[ei]的基频也比 A 的[ei]略高一些。

2. 元音在音节中的结合——复元音

在一个音节里，两个或三个元音结合在一起称为复元音。两个元音结合成的 VV 是二合元音，三个元音结合成的 VVV 是三合元音。

复元音有以下两个特点：

(1) 舌头的运动是滑动的，音质的变化是连续不断的。例如，发复元音[ia]时，从[i]到[a]舌位逐渐下降，音质逐渐变化，中间包括了许多过渡音，并不是发完[i]以后另外再发一个[a]。在语图上，复元音表现为元音共振峰有明显的滑移段，处在开头元音和结尾元音之间，无法在两个元音之间划出明显的界限。试比较图 4-3 的三个语图：[ia]的语图中，[i]的 F_1 逐渐上升，F_2 逐渐下降，形成滑移段，最后达到[a]共振峰位置。滑移段正反映出复元音舌位滑动的特点。三合元音则是舌位在三个点之间滑动，一般都是中间元音的舌位较低，舌位从高到低又从低到高，中间改变了一次方向，在语图上表现为前后两个方向相反的共振峰滑移段。

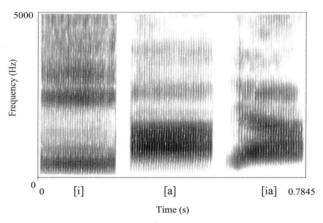

图 4-3 [i][a][ia]的语图

（2）各元音的音长和音强一般是不相等的，其中只有一个听起来最为响亮清晰。例如，在北京话"鸦"[ia]中，[i]听起来远没有[a]响，从图4-3中也可以看出，[i]非常短暂，共振峰基本没有稳定阶段就进入了滑移段，[a]占的时间较长，严格的标音应该是[iă]。在二合元音中，听起来前一个元音比较响的称为前响复元音，如[ai][ou][ɐi]等等；后一个元音比较响的称为后响复元音，如[ia][uo][iɔ]等等。一般都是舌位低的比较响。三合元音一般都是中间响两头弱，称为中响复元音，如[iau][iai][uai][uɔi]等等。图4-4是[ai]（左）、[ia]（中）和[iau]（右）三种复元音的语图，三个语图中的[a]都有较明显的稳定阶段，是音节中最响的部分。

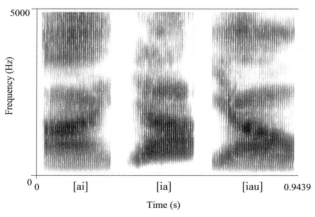

图 4-4 [ai][ia][iau]的语图

两个元音同样响亮的二合元音在语言里比较少见,如藏语拉萨话里的[tau](配偶)、阿里方言里的[tia](嗓子),前后两元音长度相近,听起来响度比较相当,过渡段也较短,有人称之为真性复元音;通常的复元音则称为假性复元音。有人认为三合元音也有中间弱两头强的,如英语 our[auə](我们的);但也有人认为应该算是[au]和[ə]两个音节,并不是真正的三合元音。

3. 辅音在音节中的结合——复辅音

辅音和辅音可以在一个音节里组成复辅音,这在印欧语系的语言里很常见,绝大多数复辅音是由两个辅音和三个辅音组成的,如英语 play[plei](玩)、box[bɔks](盒子)、spring[spri:ŋ](春天)、distinct[distiŋkt](明显)等;有时可以多到四五个,如英语 glimpsed[glimpst](瞥见)、俄语 к встрече[kfstretfɐ](遇见)等。

复辅音和复元音的性质很不相同。复元音里的 VV 是有机的组合,音质的变化是连续的,中间没有突然转变的界限。复辅音里的 CC 组合比较松散,各自有自己的发音过程,音质的变化是离散的、跳跃的,中间有突然转变的界限。为了区分两者的不同性质,有人主张不用复辅音这个名称,而称之为"辅音群"或"辅音丛"。无论怎样称呼,都必须明确,所谓复辅音,只能指一个音节内部辅音的结合,如果两个音节之间辅音相连,就不能算是复辅音或辅音群。例如,英语 extra[ekstrə](额外)是 ex 和 tra 两个音节组成的[eks+trə],不能认为是由[kstr]四个辅音组成的复辅音。

能组成复辅音的辅音很多,结合方式非常自由,但也不是毫无规律可寻。以英语为例,复辅音 CC 处于音节开头时,如果前一个辅音是塞音,后一个音节必然是[l][r]或通音,如 play[plei](玩)、try[trai](试)、quick[kwik](快);如果后一个辅音是塞音和鼻音,前一个音节必然是[s],如 speak[spi:k](说)、smile[smail](笑)。如果是 CCC 处于音节开头,第一个辅音一定是[s],第三个辅音一定是[l][r]或其他通音,如 split[split](劈开)、street[stri:t](街)、square[skwɛə](方形)。

汉藏语系语言里的复辅音总的说来没有印欧语言那样丰富。迄今为止,在汉语各方言里还没有发现真正的复辅音,广东台山一带和安徽黄山附近的方言有[tɬ-][tɬ']，如台山端芬地区"字"[tɬɿ]、"词"[tɬ'ɿ]是舌尖塞音和舌尖边擦音的结合，和其他方言中的塞擦音[ts][ts']相当，并不是真正的复辅音。客家方言"瓜"读[kva]，其中的[v]和其他方言的[u]相当，是[u]的一种变体，也不能认为[kv]是复辅音。

属于壮侗语族和苗瑶语族的语言都有复辅音，但数量都比较少，如广西武鸣壮语[kve]（割）、贵州毕节大南山苗语[plou]（毛）。属于藏缅语族的语言大都有相当丰富的复辅音，最多的可达一百多个。四川甘孜道孚藏语一共有 106 个复辅音，如[pta]（采）、[fsi]（猴）、[rtʂa]（头发）、[zgru]（羽毛）、[xçak]（劈开）等等，组合方式比一般印欧语言还要灵活。拉萨藏语则已经基本不存在复辅音。

有一些少数民族语言还常出现以鼻音开头的复辅音，鼻音后面多是发音部位相同的塞音，如广西都安布努瑶语[mpo]（盖）、[ntu]（纸）、[ɲce]（柱）、[ŋku]（下去）；拉萨藏语也有人把[pu]（虫）读成[mpu]、[ta]（箭）读成[nta]。发音部位也有不同的，如道孚藏语[mts'o]（湖）、[mɲə]（人）等等。汉语有的方言在鼻辅音之后也可能出现塞音或擦音，山西中部文水、平遥一带就有这种现象，如文水话"母"[mbu]、"努"[ndou]、"女"[nzu]、"暖"[nzuen]，其中[nz]擦音成分较重一些，有人称之为"鼻擦音"。这些音实际上只是鼻辅音解除阻碍时肌肉比较紧张造成的，严格标音应该是[m^b][n^d][n^z]，后面的塞音或擦音只是一种过渡性的附加音，和上述少数民族语言中的[mb][nt][mts']等性质并不相同，不能算是复辅音。

塞擦音是由发音部位相同而且清浊一致的塞音和擦音组成的，从语图上可以很清楚地看出先塞后擦的组合过程（参看第三章图 3-2），很像是由塞音和擦音组成的复辅音。但是，这个组合过程是在发辅音的一个动程中完成的，也就是说，从塞音到擦音，只经历了一次成阻、持阻和除阻，因此不能算是复辅音。在许多语言里，塞擦音的功能也是和一个辅音相同的。例如，汉语[ts][tɕ][tʂ]的功能和[t][s][ʂ]等相同，"租"[tsu]和"都"[tu]、"苏"[su]、"书"[ʂu]一样，在[u]之前都只起一个声母的作用；英语[tʃ][dʒ]的功能也和[t][ʃ][ʒ]等相同，chop [tʃɔp]（砍）和 top [tɔp]（顶）、shop [ʃɔp]（商店）一样，在[ɔp]之前只起一个辅音的作用。如果起的是两个辅音的作用，就不能算是塞擦音，例如，英语 cats[kæts]（猫）和德语 trotz［trots］（尽管）音节末尾的[ts]声音完全相同，德语的[ts]既可以处在音节末尾，又可以处在音节开头，功能完全和一个辅音相同，如 Scherz[ʃɛrts]（笑话）、zu［tsuː］（到，向）、Nation［natsioːn］（国家）等等，[ts]自然是一个塞擦音。英语 cats 里的[s]是一个独立的语素，只能处在音节末尾，还可以和其他塞音结合，如 cats、cups［kʌps］（杯子）、books［buks］（书）里的[s]都表示名词复数，puts［puts］（放）、leaps［liːps］（跳）、looks［luks］（看）里的[s]则表示第三人称单数动词，其中[ps][ks]都不可能是塞擦音，[ts]也不能看成是代表单个辅音的塞擦音。

三 汉语的音节结构

1. 汉语音节结构的特点

汉语和大多数语言一样，具备音节结构的四种基本类型。例如，北京话"阿"[a]是 V 型，"大"[ta]是 CV 型，"安"[an]是 VC 型，"单"[tan]是 CVC 型。四种基本类型的扩展有相当严格的限制。汉语有相当丰富的复元音，但不允许复辅音存在，也就是说，V 可以扩展成 VV 和 VVV，C 不能扩展成 CC 和 CCC。三合元音 VVV 只能在开音节里出现，此外，闭音节里的第二个辅音-C 只能是鼻音（N）或塞音（P）。整个音节的构成序列一般不能超出四个构成成分，因此音节结构显得简单明了，便于分析。

由于有以上各种条件的限制，汉语的音节一般只能出现十种不同的结构方式，如果把闭音节末尾的-C 分为-N 和-P 两类，也不过是十四种。下面以差别较大的四种方言为例，列举出这十四种不同的结构方式：

	北京	苏州	福州	广州
1 V	阿[a]	安[ø]	阿[a]	丫[a]
2 VV	鸭[ia]	冤[iø]	也[ia]	欧[ɐu]
3 VVV	腰[iau]	—	歪[uai]	
4 CV	打[ta]	担[tɛ]	家[ka]	花[fa]
5 CVV	到[tau]	多[təu]	交[kau]	教[kau]
6 CVVV	吊[tiau]	—	娇[kieu]	

	北京	苏州	福州	广州
7 VN	安[an]	翁[oŋ]	安[aŋ]	暗[ɐm]
8 VP	—	恶[oʔ]	物[uʔ]	鸭[ap]
9 VVN	弯[uan]	容[ioŋ]	恩[ouŋ]	晏[ian]
10 VVP	—	欲[ioʔ]	越[uəʔ]	滑[uat]
11 CVN	担[tan]	张[zaŋ]	斤[kyŋ]	帮[bɔŋ]
12 CVP	—	闸[zaʔ]	粒[laʔ]	驳[bɔk]
13 CVVN	端[tuan]	详[ziaŋ]	半[puaŋ]	—
14 CVVP	—	菊[tɕioʔ]	局[kuoʔ]	—

从上面可以看出，这十四种结构方式并不是汉语各方言都必须全部具备的。北京话没有以-p收尾的音节，苏州话和广州话都没有三合元音，在这四种方言中，只有福州话十四种结构方式俱全。此外，在江浙、闽粤等方言里，还有单个辅音自成音节的例子。例如：苏州话"你"[n̩]、"亩"[m̩]、"鱼"[ŋ̍]；厦门话"梅"[m̩]、"酸"[ŋ̍]；广州话"五"[ŋ̍]。这一类自成音节的辅音，跟元音一样是音节的核心，在汉语的音节结构分析中，都划在韵母部分，叫作"声化韵"。因此，应列入V型音节结构中。

根据以上十四种结构方式，可以把汉语音节结构归纳成以下框架：

$$(C) + (V) V (V) + (N, P)$$

括号表示音节结构中可有可无的成分，N和P同处一个括号内表示二者互相排斥。在表述时只有一项限制，即N和P之前不能出现三个元音，因此不能存在VVVN、VVVP、CVVVN、CVVVP这四种结构，后两种是五个音构成的序列，本就是一般汉语音节结构所不允许的。这种限制只是就一般情况说的，也有极少数方言个别音节的读音并不受这种限制，例如，厦门话口语音中的[ŋī kiauʔ kiauʔ]（硬□□，意思大致和"硬邦邦"相当），[kiauʔ]有音无字，结构方式是CVVVC，就超出了这种限制。海南省有的方言"剪"读[tsien˞]，"仰"读[ŋiaŋʔ]，结构方式是CVVNP，喉塞音[ʔ]出现在鼻音之后，更是汉语方言中极为罕见的。此外还需要注意，闭音节中连续出现的两个元音并非真正的复合元音，其中一个是韵头，一个是韵腹，韵腹首先跟辅音韵尾组成韵基，然后才与韵头结合。

2. 声母、韵母和四呼

　　汉语音节结构简单，便于切分归纳。早在汉代，一些经学家为了给古代经书中的难字注音，已经知道把一个字的语音结构一分为二，用两个字注一个字的声音，前一个字的前一半声音和后一个字的后一半声音合起来，就是所要注的字的声音，这就是所谓"反切"。例如，"垢，古厚切"，把"古"[ku]开头的[k]和"厚"[xou]后面的[ou]合起来，就切成了"垢"[kou]的声音。

　　反切注音的办法很适用于像汉语这样音节结构简单的语言，能反映出汉语音节结构的基本特点，也符合当时作诗押韵的要求，因为反切下字相同必然能够押韵。这种办法使古人悟到了可以把一个字的音节进一步切分开的道理，后来就逐步发展成为分析汉语音节最基本的方法，一直沿用到今天。

　　这种传统方法把一个音节切分成两部分：音节开头的辅音称为"声母"，声母后面的部分统称为"韵母"。也就是说，在汉语音节结构中，开头有C-的，这个C就被称为声母，C-的后面，不管还有几个构成成分，都属于韵母。如果音节的开头没有辅音C，这个音节的声母就是零，像V、VC、VVC等音节就都是零声母音节。这种分析方法很符合汉语音节结构的特点，有了声母和韵母这两个概念，汉语音节内部的基本组合规律以及整个语音系统就可以非常简单清楚地揭示出来。

　　音节结构简单明了是汉藏语系语言的共同特点，汉语音节的结构框架（C）＋（V）V（V）＋（N，P）对汉藏语系其他一些语言来说，也是适用的。声母和韵母的分析方法不但也适用于汉藏语系的其他语言，而且便于用来对比各语言之间的关系，因此已成为研究汉藏语系语言广泛使用的方法。

　　在音节结构框架中，把声母C-分离出去以后，剩余的部分（V）V（V）＋（N，P）都是韵母，其中不带括号的V是韵母中的必要成分，也是音节的核心，称为"韵腹"，在韵母中开口度最大，也最响。韵腹前面的（V-）称为"韵头"，处在声母和韵腹之间，因此也称"介音"。韵腹后面的（-V）（-N）（-P）称为"韵尾"。充当韵头和韵尾的V，舌位都比较高，如北京话的[iɑu]，[ɑ]是韵腹，[i]是韵头，[u]是韵尾。韵母可能出现的结构方式共有七种：V、VV、VN、VP、VVV、VVN、VVP。其中 VV 既可以是前响复元音，也可以是后响复元音，也就是说，在 VV 型二合元音中韵腹既可以在前，也可以在后；在 VVV、VVN 和 VVP 中，韵腹一定居中。

根据声母和韵母的分析方法，汉语音节的结构框架可以改写为：

(C) ＋ (V) V (V，N，P)
声　　韵　韵　　韵
　　　　头　腹　　尾
母　　　　　　　
　　　　　韵　　　母

韵尾（V，N，P）是互相排斥的。有少数方言韵尾 V 可以和 N 或 P 共存，成为双韵尾的韵母，如福州话"莺"[eiŋ]、"江"[kouŋ]、"恶"[auʔ]、"十"[seiʔ]，但前面不能再出现韵头。这种双韵尾韵母在汉语方言中是很少见的。

韵头（V-）在汉语中一般只能是高元音[i][u][y]，再加上没有韵头的，一共只有四种可能性。传统所谓"四呼"是对韵母的一种分类方法，和韵头就有密切的关系。四呼的分类标准如下：

(1) 开口呼——没有韵头，韵腹又不是[i][u][y]的韵母，如[a][ou][ər]等；

(2) 齐齿呼——韵头或韵腹是[i]的韵母，如[i][ia][iou]等；

(3) 合口呼——韵头或韵腹是[u]的韵母，如[u][ua][uan]等；

(4) 撮口呼——韵头或韵腹是[y]的韵母，如[y][yɛ][yən]等。

四呼实际上是根据韵母的开头是否是[i][u][y]进行分类的，韵腹是[i][u][y]的韵母前面不可能再出现韵头，也和韵头是[i][u][y]的韵母一样，分别归入齐齿呼、合口呼和撮口呼。

韵母和声母结合在一起构成音节时，和声母直接接触的就是韵母开头的元音。哪些声母可以和哪些韵母结合有相当强的规律性，这主要是由声母的发音部位和韵母开头元音的性质决定的。传统的四呼分类非常便于说明声母和韵母的配合关系。例如，北京话的舌尖塞擦音声母只能与开口呼和合口呼配合，不能与齐齿呼和撮口呼配合，只能出现"赞"[tsan]、"苏"[su]之类的音节，不可能出现[tsin][sy]之类的音节。苏州话的舌尖音声母则只能与开口呼和齐齿呼配合，不能与合口呼和撮口呼配合，只能出现"灾"[tsE]、"心"[sin]之类的音节，不可能出现[tsuE][syn]之类的音节。不同的方言有不同的声韵母配合关系，表现出各自的方言特色。

四　普通话音节结构分析

普通话是以北京语音为标准音的，分析普通话的音节结构，实际上就是分析北京话的音节结构。由于说北京话的人年龄、性别、文化程度、环境等方面的不同，北京语音内部存在着一定程度的个人差异，但音节结构基本上是一致的，这些个人差异并不会影响我们对普通话音节结构的分析。

1. 普通话的声母

普通话的二十二个辅音中，舌根鼻音[ŋ]只能出现在音节末尾，不能充当声母；舌尖鼻音[n]既能出现在音节末尾，又能充当声母。除此以外，其余二十个辅音都只能充当声母。普通话里绝大部分音节是以辅音开头的，零声母的音节比较少。北京人读零声母音节时，在前面也会加上喉音性辅音或通音。在开口呼韵母前面往往有一个比较轻微的喉塞音[ʔ]或喉擦音[ɦ]，例如，"饿"读成[ʔɤ]，"傲"读成[ɦɑu]。在齐齿呼、合口呼和撮口呼韵母前面往往带有一个同部位的通音[j][w][ɥ]，如"鸭"[jia]、"窝"[wuo]、"约"[ɥyɛ]（参看第三章中有关通音的介绍）。由于这些音的摩擦成分或喉塞成分都比较轻微，而且是可有可无的，所以通常就不用音标标写出来。

普通话里的零声母音节一共有六类，分别以高元音[i][u][y]和非高元间[a][o][ɤ]起头。由于零声母音节前的这些辅音性的通音[j][w][ɥ]和喉音性的辅音[ʔ][ɦ]都是音节起始元音的伴随音，不是独立的发音单位，而且零声母所指的也不是同一类辅音成分，并不代表某一类有固定音值的辅音，所以一般不把它列在以发音部位、发音方法分类的声母表里。

普通话共有二十二个辅音，除舌根鼻辅音[ŋ]外，其余二十一个辅音声母可以根据发音部位和发音方法列成下表（列在国际音标之前的是汉语拼音方案）：

表 4-1　普通话辅音声母表

发音方法		发音部位 双唇音	唇齿音	舌尖 (齿龈)音	卷舌音	舌面 (硬腭)音	舌根 (软腭)音
塞音	不送气	b [p]		d [t]			g [k]
	送　气	p [p']		t [t']			k [k']
塞擦音	不送气			z [ts]	zh [tʂ]	j [tɕ]	
	送　气			c [ts']	ch [tʂ']	q [tɕ']	
擦　音			f [f]	s [s]	sh [ʂ]	x [ɕ]	h [x]
鼻　音		m [m]		n [n]			
边　音				l [l]			
通　音					r [r]①		

这个声母表可以和前面第三章第四节表 3-3 对照参看。在该节中曾经提到，有不少北京人把舌尖音分成两套来发音，[ts][ts'][s]是舌尖前音，[t][t'][n][l]是舌尖中音。但是在普通话声母里，这两个发音部位并不形成对立，没有显示这种区别，因此也可以统称为舌尖音。

与其他语言和汉语的其他方言比较起来，普通话的声母可以说有以下几方面的特点：

(1) 有三套整齐相配的塞擦音和擦音，即[ts][ts'][s]—[tʂ][tʂ'][ʂ]—[tɕ][tɕ'][ɕ]整齐相配，其中卷舌音[tʂ][tʂ'][ʂ]是许多方言所没有的，吴方言、闽方言、粤方言、客家方言都没有这套卷舌音。北方方言大多数和普通话一样分成三套，但东北话如沈阳等地区也没有这套卷舌

---

① 关于卷舌通音的国际音标符号，参见第三章第二节对该通音符号的使用说明。

音。西南方言绝大部分地区不分，只有昆明等少数地区能分。没有卷舌音的方言大都把这套声母和舌尖音声母[ts][ts'][s]合并，把"找"[tʂ-]和"早"[ts-]、"初"[tʂ'-]和"粗"[ts'-]、"诗"[ʂ-]和"思"[s-]读成同音。也有把普通话的[tʂ][tʂ'][ʂ]读成其他声母的，以在合口呼韵母前最复杂。例如（并列两音的上一行是读书音，下一行是口语音）：

	普通话	沈阳	武汉	西安	苏州	福州	厦门	梅县	广州
猪	tʂ-	ts-	tɕ-	pf-	ts-	t-	t-	ts-	tʃ-
除	tʂ'-	ts'-	tɕ-	pf'-	z-	t-	t-	ts'-	tʃ'-
书	ʂ-	s-	ɕ-	f-	s-	s-	s-	s-	ʃ-
						ts-	ts-		

闽、粤、客家方言不但没有卷舌音一套，连舌面音[tɕ][tɕ'][ɕ]也没有，普通话读舌面音声母的字分别归入了[ts][ts'][s]（粤方言一些地区如广州话读成舌叶音[tʃ][tʃ'][ʃ]）和[k][k'][x]。

（2）有卷舌通音[r]。卷舌通音[r]在各方言中的读音分歧很大，相当多的方言读成零声母，此外还有[l][n][z][v]等读法，读[r]的并不占多数。例如：

	普通话	沈阳	武汉	西安	苏州	福州	厦门	梅县	广州
人	r-	j-	n-	r-	z-	j-	l-	n-	j-
					n̥-	n-			
日	r-	i	ɯ	z-	z-		l-	n-	j-
					ə-	n-			
如	r-	y	y	v-	z-		l-	i	j-
									n-

上例中零声母的读法最多，读[r]的除普通话外只有西安"人"一例。[r]的读法在南方方言中很少见，主要只出现在北方方言中，大都和北京话一样，在强调发音时摩擦性增强，变成浊擦音[ʐ]。

（3）有唇齿擦音[f]，[f]和[xu-]不相混。除闽方言外，绝大多数汉语方言都有[f]声母，但出现的条件很不相同，主要是[f-]和[xu-]的分合问题。普通话的[f-]和[xu-]在一些方言里部分合并甚至全部合并成了一个音。例如：

	普通话	成都	长沙	福州	厦门	梅县	广州
夫	f-	f-	f-	xu- pu-	hu- p-	f-	f-
呼	xu	f-	f-	xu- k'u-	h- k'-	f-	f-
飞	f-	f-	f-	xi- pu-	hu- p-		f- p-
灰	xu-	xu-	f-	xu-	hu-	f-	f-

长沙话的[f]带有双唇摩擦性质(南昌话的[f]更接近于双唇清擦音[Φ])。一般说来,南方方言[f-]和[xu-]的分合情况都比较复杂,闽方言和粤方言处于两个极端,福州、厦门等地根本就不用[f]作声母,广州等地相反,[f]出现的频率比普通话还要高,除了把普通话里的[xu-]也读成[f-]以外,还把一部分[k'-]和少数[ɕy-]也读成[f-],如"苦、款、课、科"和"训、勋",在广州话里都是用[f]作声母的。

(4) 能分别[n]和[l]。普通话和汉语许多方言都能把声母[n]和[l]分别得十分清楚。但是也有不少方言区,如闽方言、湘方言、赣方言、西南方言以及江淮一带的方言,不能分别这一对音,西北方言也有一些地方不能分。不能分别[n]和[l]的方言估计约占汉语方言地区的一半。其中一些地区只在开口呼韵母和合口呼韵母之前不能分别,另一些地区则在所有韵母之前都不能分。混读的情形也各有不同:有的方言全读成[n],有的全读成[l],还有一些方言[n]和[l]是自由变读的。例如:

	普通话	成都	武汉	南京	扬州	兰州	南昌	长沙	厦门
南	n-	n-	n-/l-	n-/l-	l-	n-/l-	n-	n-/l-	l-
兰	l-	n-	n-/l-	n-/l-	l-	n-/l-	l-	n-/l-	l-
年	n-	n-	n-/l-	n-/l-	l-	n-/l-	n-	n-/l-	l-
连	l-	n-	n-/l-	n-/l-	l-	n-/l-	l-	n-/l-	l-

有的方言[n][l]的分合内部就有分歧,如福州话,大部分人能分,也有少数人[n][l]自由变读,不能分别。

(5) 浊音声母少。普通话和大多数汉语方言一样，浊音声母很少。除鼻音[m][n]和边音[l]在一般语言里都是浊音以外，只有一个浊通音[r]。汉语中浊音声母最丰富的是吴方言，塞音、塞擦音和擦音都有浊声母和清声母配套，形成[p, p'，b][ts, ts'，dz][f, v]相配的局面，湘语也有一些方言浊声母较多，如双峰话。这一类浊声母在普通话和其他方言一般都归入同部位的清声母，塞音和塞擦音是否送气由声调决定，例如，"定"和"同"在苏州话都读成浊声母[d-]，在普通话里"定"是去声，读[t-]，是不送气塞音，"同"是阳平声，读[t'-]，是送气塞音。

2. 普通话的韵母

普通话一共有三十八个韵母，根据韵母组成成分的特点，分成三大类。

(1) 单韵母

指由单元音 V 构成的韵母。一共有九个：a[a]、o[o]①、e[ɤ]②、i[i]、u[u]、ü[y]、i[ɿ]、i[ʅ]、ər[ɚ]。构成这些单韵母的元音已经在第二章"元音"中做过比较详细的介绍，这里不再重复。其中六个舌面单元音韵母既可以和声母相拼，也可以单独自成音节。两个舌尖元音韵母[ɿ]和[ʅ]只能出现在同部位的塞擦音和擦音声母之后，卷舌韵母[ɚ]恰恰相反，只能自成音节，不能和声母相拼。单元音中的[ə]和ê[ɛ]都不能单独充当韵母。至于韵母儿化所产生的卷舌作用，如"花儿""玩儿"里的"儿"所起的作用，属于所谓"儿化韵"，并不是单韵母。儿化韵将留到第六章专门讨论。

(2) 复韵母

指由复元音 VV 或 VVV 构成的韵母。一共有十三个，分为三组，分别举例说明如下：

① 前响复韵母（零韵头、元音韵尾）

ai [ai]　　　　例字：挨　来　改　白菜　爱戴

ei [ei]　　　　例字：碑　雷　给　北美　配备

---

① 韵母 o[o]到底算单韵母还是复韵母，学界未有定论。这里暂时从《汉语拼音方案》的归类。

② 韵母 e[ɤ]在实际发音中舌位有所变化，严式标音应该是[ɤˆ]。

ao [ɑu]　　　例字：袄　劳　搞　报告　号召
ou [ou]　　　例字：欧　楼　狗　口头　熟肉

前响复韵母一共有四个，这类韵母的共同特点是韵头为零（开口呼），韵尾是高元音-i 或-u。这些韵母中的前一个元音往往有向央元音靠拢的趋势，其中以 ai 和 ou 较明显。ai[ai]里的[a]实际舌位要比元音舌位图上的[æ]略略靠后，严格标音也可以写作[ɐ]或[ä]，一般为求符号通俗起见，就直接采用[a]。ou[ou]里的[o]实际舌位要比元音舌位图上的[o]略略靠前而且偏低，严格标音应该写作[ö]或[ö̞]；[o]的圆唇程度也比较低，有人读起来已经接近于[ə]，把 ou 标写成[əu]也是可以的。后一个元音只是用来表示整个动程的趋向，不一定必然达到音标所代表的舌位，例如，[ɑu]里的[u]往往读成[ʊ]或[o]，[ai]里的[i]往往读成[ɪ]，甚至可以读成[e]。从低到高的动程往往也不是笔直的，而是有一个向央元音靠拢的过程，从图 4-5 的舌位示意图中可以大致看出这四个前响复韵母动程的趋向。动程可长可短，在非常认真地读或是有意强调的时候，动程比较长，韵母的两端能够达到音标所记的位置。在日常随便谈话的时候，动程比较短。如果整个音节的音长很短，动程可以小到接近于一个单元音，ai[æi]有可能读成接近于单元音[ɛ]的声音。

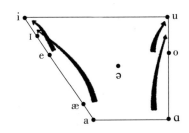

图 4-5　普通话前响复韵母舌位变化示意图

② 后响复韵母（有韵头、零韵尾）

ia [ia]　　　例字：鸦　加　霞　加价　假牙
ie [iɛ]　　　例字：爷　街　邪　结业　铁鞋
ua [ua]　　　例字：蛙　刷　华　花袜　挂画
uo [uo]　　　例字：窝　说　活　火锅　错过
üe [yɛ]　　　例字：约　薛　决　约略　雀跃

后响复韵母一共有五个，这类韵母的共性是韵尾为零，韵头为高元音 i-、u-或 ü-。这些韵母中前后两元音的舌位都比较稳定。ia[ia]和 ua[ua]里的[a]和单韵母 a[a]的舌位基本相同，都略略靠后，接近于央元音[A]。ie[iɛ]和 üe[yɛ]里的[ɛ]舌位略偏高，接近于[E]，两者音色略有不同，[yɛ]里的[ɛ]受韵头影响略有圆唇。后响复韵母的韵头都读得相当短，严格标音应该是[ĭa][ĭɛ][ŭa][ŭo][y̆ɛ]，韵头的舌位都很稳定。整个韵母的动程也比较稳定，无论是认真读还是随便读，后响复韵母的动程都不大会受到影响，不像前响复韵母，动程能够缩短到接近于单元音。

③ 中响复韵母（有韵头、元音韵尾）

iao [iau]　　　例字：腰　聊　叫　巧妙　叫嚣
iou [iou]　　　例字：优　流　旧　悠久　牛油
uai [uai]　　　例字：歪　怀　帅　摔坏　外快
uei [uei]　　　例字：微　回　睡　追随　摧毁

中响复韵母一共有四个，由三合元音 VVV 组成，实际的结构关系是 V+VV，即由韵头加前响复韵母组成。韵头读得短，但舌位很稳定。iao[iau]里的[au]和 uai[uai]里的[ai]的性质与前响复韵母完全相同，例如，[uai]里的[a]舌位略靠上接近[æ]，韵尾[i]也可以读成[ɪ]或[e]或[ɛ]，整个韵母可以缩短动程，读得接近于[uɛ]。iou[iou]里的[o]和 uei[uei]里的[e]读得比较短，在声调是阴平和阳平时尤其明显，试比较"优、油"和"有、又"，"微、围"和"伟、胃"，听起来"优"yōu、"油"yóu 和"微"wēi、"围"wéi 中的 o 和 e 要更短一些。

（3）鼻韵母

指由鼻音韵尾-N 构成的韵母。一共有十六个，分为两组，分别举例说明如下：

① 舌尖鼻韵母

an [an]　　　例字：安　单　含　谈判　灿烂
ian [iɛn]　　　例字：烟　颠　鲜　前线　片面
uan [uan]　　　例字：弯　端　欢　贯穿　转换
üan [yan]　　　例字：冤　捐　宣　全权　渊源
en [ən]　　　例字：恩　痕　身　认真　根本
in [iən]　　　例字：因　侵　新　殷勤　亲近

uen [uən]　　例字：温　昏　顺　论文　伦敦
ün [yən]　　例字：晕　群　寻　均匀　军训

舌尖鼻韵母以[-n]为韵尾，共有八个，分为两组，每组内都有开、齐、合、撮四种韵母。

第一组以/a/为韵腹，但[ian]由于韵腹前后音的舌位都很高，产生协调作用，韵腹的舌位也相应地提高了一些，一般都用[ɛ]来表示，实际上[yan]里[a]的舌位也往往因协调作用变得略高一些[①]，其实际读音应该是一个舌位偏上的次低前元音[æ]，严式标音为[yæn]。这个韵母在北京话里有内部读音差异，也有人用[yɛn]来标写。

第二组鼻韵母从汉语拼音的书写形式上看，韵腹似乎不一样，其中en和uen的韵腹都是e，而in和ün的韵腹从字面上看分别是i和ü。但是，从实际发音来说，in和ün在从i、ü到鼻音韵尾的中间都有比较短暂的[ə]，如果将这两个韵母的发音拖长，就能够觉察到[ə]的存在了。在现代北京话的押韵系统中，第二组的四个鼻韵母历来也都属于一个韵辙（"人辰"辙）。互相押韵的韵母，韵腹和韵尾在音位上来说都是相同的。从这四个韵母的儿化规律来看，它们的韵腹也应该是相同的（参见本书第六章第三节）。在《汉语拼音方案》韵母表里，en、in、uen、ün四个韵母排列在同一行，这也说明方案实际上也是认为这四个韵母的韵腹都是/e/音位。由于in和ün的韵腹在发音上比较短暂，它们的音值可以记为[iə̃n]和[yə̃n]，如果是宽式记音，也可以简单地记成[in]和[yn]。

② 舌根鼻韵母

ang [ɑŋ]　　例字：昂　郎　张　厂房　帮忙
iang [iɑŋ]　　例字：央　凉　将　响亮　想像
uang [uɑŋ]　　例字：汪　荒　庄　狂妄　状况
eng [əŋ]　　例字：烹　登　争　丰盛　更正
ing [iəŋ]　　例字：平　丁　星　命令　评定
ong [uŋ]　　例字：红　东　中　工农　从容
ueng [uəŋ]　　例字：翁　蓊　瓮

[①] 也有人认为这个韵母是一个双介音韵母，即有两个介音[yu-]。参见王福堂《普通话语音标准中声韵调音值的几个问题》，载于《语言学论丛》第35辑，北京：商务印书馆，2007年。

iong[yuŋ]　例字：拥　兄　雄　汹涌　穷凶

舌根鼻韵母以[-ŋ]为韵尾，共有八个，分为两组。

第一组以/a/为韵腹，没有撮口呼，韵腹的音值均为[ɑ]，舌位略微靠前。第二组韵母开、齐、合、撮四呼俱全，但是从拼音形式上看韵腹不同。eng 里的[ə]由于受到后鼻音韵尾的逆同化影响，舌位靠后，而且略低，大致在[ə]和[ʌ]之间，严式标音可以记为[ʌ]，比较"分"[fən]和"风"[fʌŋ]就能感觉到两者的区别。韵母 ing 的韵腹实际上也是/e/，在[i-]跟[-ŋ]之间有一个比较短暂的[e]，由于来自韵头和韵尾两方面的协同发音作用的影响，这个韵腹的发音不如开口呼 eng 中韵腹的发音那么清晰，严式标音可以记为[iəŋ]或[iʌŋ]，宽式记音也可以简单地记为[iŋ]。这两个韵母在现代北京话中也是互相押韵的。ong 从拼写形式上看是开口呼，但是字母 o 实际上表示的是音位/u/，为了手写时字形更加清晰，用字母 o 替代了字母 u，因此这个韵母实际上是合口呼。不过[u]的舌位略低，实际读音介乎[u]和[o]之间，严式标音可以记为[ʊŋ]。ueng 在分布上与 ong 形成互补关系，ong 只能与辅音声母搭配，而 ueng 只能出现在零声母条件下。因此，这两个韵母实际上可以看成是同一个韵母在不同条件下的变体，而这个韵母与 eng 形成开合相配的关系。iong 从拼音字形上看似乎是齐齿呼，但是它的实际发音是以[y]起始的，因此应该看成撮口呼，这个韵母的[y]和[-ŋ]之间有一个短暂的[u]，如果把这个[u]看成是/e/在韵头和韵尾双重协同发音下的特殊变体，我们就可以认为第二组是韵腹音位相同只是介音不同的一套韵母了。以上分析与《汉语拼音方案》的字母书写形式稍有不同，但是，《汉语拼音方案》是一套面向全体普通话使用者的拼音符号，而不是专供语音学研究之用的专业性记音符号，因此应该允许它与普通话音系之间存在一些差别。拼音符号除了要在最大程度上反映它所记录的语言的语音系统之外，还需要遵循书写俭省和阅读醒目的原则，因此完全可以在字母的选择和取舍上进行一些灵活的处理。

表 4-2 列出了普通话所有韵母的汉语拼音形式和具体音值。从表中可以看出，《汉语拼音方案》里韵母的拼写形式和实际读音基本上是相当的，但也略有差异，主要有三点不同：（1）[i][ɿ][ʅ]都写成 i；（2）

[uŋ]写成 ong，[yuŋ]写成 iong，并根据拼写形式中的字母 o 和 i 归入开口呼和齐齿呼；(3)《汉语拼音方案》韵母表不列 er。

表 4-2　普通话韵母表

		开口	齐齿	合口	撮口
零韵尾		-i [ɿ][ʅ]	i [i]	u [u]	ü [y]
		a [a]	ia [ia]	ua [ua]	
		o [o]		uo [uo]	
		e [ɤ]	ie [iɛ]		üe [yɛ]
		er [ər]			
元音韵尾	i 韵尾	ai [ai]		uai [uai]	
		ei [ei]		uei [uei]	
	u 韵尾	ao [au]	iao [iau]		
		ou [ou]	iou [iou]		
鼻音韵尾	n 韵尾	an [an]	ian [iɛn]	uan [uan]	üan [yæn]
		en [ən]	in [iən]	uen [uən]	ün [yən]
	ng 韵尾	ang [aŋ]	iang [iaŋ]	uang [uaŋ]	iong [yuŋ]
		eng [əŋ]	ing [iŋ]	ueng [uŋ]/ong [uŋ]	([yŋ])

和其他方言比较起来，普通话的韵母可以说有以下几方面的特点：

(1) 有舌尖韵母[ɿ]和[ʅ]。汉语大部分方言都有[ɿ]，只有有卷舌音声母的方言才有[ʅ]。这两个韵母一般只能和同部位的声母配合，也有少数方言例外，如合肥话"比"[pɿ]、"米"[mɿ]。没有这两个韵母的方言主要集中在粤方言和闽方言。例如：

	资	丝	知	汁	时	日
普通话	[tsɿ]	[sɿ]	[tʂʅ]	[tʂʅ]	[ʂʅ]	[rʅ]
厦　门	[tsu]	[si]	[ti]	[tsiap]	[si]	[lit]
福　州	[tsy]	[si]	[ti]	[tsaiʔ]	[si]	[niʔ]
广　州	[tʃi]	[ʃi]	[tʃi]	[tʃɐp]	[ʃi]	[jɐt]

第四章
音节和音节结构

有一些方言还有圆唇舌尖元音，如苏州话"时"[zɥ]、"猪"[tsɥ]；陕西咸阳话"苏"[sɥ]、"书"[ʂɥ]。湖北东部有一些地方甚至把全部撮口呼韵母里的[y]都读成圆唇舌尖元音[ɥ]或[ɥ]，如湖北应城"鱼"[ɥ]、"说"[sɥe]，黄陂"如"[ɥ]、"水"[ʂɥei]。

（2）有卷舌韵母[ər]。普通话里只有十来个字读[ər]，常用的只有"儿、而、耳、尔、二"等几个。北方方言绝大部分读音和普通话相同，其他方言则分歧相当大。例如：

普通话	武汉	合肥	苏州	温州	长沙	南昌	福州	厦门	梅县	广州
[ər]	[ɯ]	[a]	[l]	[ŋ]	[ɤ]	[ə]	[i]	[li]	[n̠i]	[ji]

（3）四呼俱全，合口呼韵母较多。汉语大部分方言都是四呼俱全，只有闽南方言、客家方言和西南官话云南、贵州一带没有撮口呼。闽南方言和客家方言把撮口呼分别归入齐齿呼和合口呼，西南一些方言则全部归入齐齿呼。例如：

	普通话	昆明	厦门	梅县
吕	[ly]	[li]	[lu]	[li]
靴	[ɕyɛ]	[ɕie]	[hia]	[hiɔ]
宣	[ɕyɛn]	[ɕiɛn]	[suan]	[siɛn]

普通话有一些合口呼韵母的字在一些方言里并不读合口，因此合口呼韵母就显得比较多。例如：

	普通话	武汉	苏州	长沙	南昌	福州	厦门	梅县	广州
杜	[tu]	[tou]	[dəu]	[təu]	[t'u]	[tou]	[tɔ]	[t'u]	[tou]
多	[tuo]	[to]	[təu]	[to]	[tɔ]	[tɔ]	[to]	[tɔ]	[tɔ]
			[tɑ]						
孙	[sun]	[sən]	[sən]	[sən]	[sun]	[souŋ]	[sun]	[sun]	[ʃyn]
						[sŋ̍]			

在以上三个例字中，"杜"只有两个方言读合口，"孙"只有四个方言读合口，"多"则没有一个方言读合口。这种读音不同实际只是部分韵母的

分化，并不是普通话属于这三个韵母的字在这些方言里都不再读合口，比如"斧"[fu]，在这些方言里的韵母几乎都是[u]。

（4）复韵母多。普通话的复韵母比较丰富，一共十三个，占全部韵母的三分之一。大部分汉语方言也都有比较丰富的复韵母，有的方言比普通话还要多，例如，长沙话比普通话多出[io][ya][yai][yei]四个复韵母，如"削"[ɕio]、"刷"[ɕya]、"帅"[ɕyai]、"水"[ɕyei]；粤方言和闽方言比普通话多出一个元音韵尾[-y]，如福州话"预"[øy]、广州话"虚"[hœy]。复韵母少的方言主要集中在粤方言和吴方言。粤方言后响复韵母比较少，如广州话就没有后响复韵母。比较下列这几个字的读音：

	家	花	街	多	岳	外	交
普通话	[tɕia]	[xua]	[tɕiɛ]	[tuo]	[yɛ]	[uai]	[tɕiɑu]
广 州	[ka]	[fa]	[kai]	[tɔ]	[ŋɔk]	[ŋɔi]	[kɑo]

广州话的韵母结构没有韵头，"瓜"[kwa]、"归"[kwai]、"夸"[k'wa]、"群"[k'wɐn]等音里的[w]看上去很像韵头，但[w]只与声母[k]和[k']结合，而且结合得很紧，实际是[k]和[k']的圆唇化，严格标音应该是[k_w]和[k'_w]，一般都把这两个音看成是圆唇化的声母，不把其中的[w]看作韵头。此外，广州话还有以[j]和[w]开头的音节，如"夜"[jɛ]、"幼"[jɐu]、"华"[wa]、"威"[wai]，[j]和[w]也应该看成是声母，不是韵头。吴方言和粤方言相反，前响复韵母很少，这可以说是吴方言的一大特点。苏州话就只有一个前响复韵母[ɐu]，如"多"[tɐu]、"苏"[sɐu]、"歌"[kɐu]。普通话里的前响复韵母苏州话都读成单韵母，这种单元音化的倾向在北方方言里也是存在的。试比较下列各例：

	摆	悲	包	收
普通话	[pai]	[pei]	[pɑu]	[ʂou]
苏 州	[pɒ]	[pE]	[pæ]	[sɤ]
绍 兴	[pa]	[pE]	[pɒ]	[sɤ]
扬 州	[pɛ]	[pəi]	[pɔ]	[sɤɯ]
济 南	[pɛ]	[pei]	[pɔ]	[ʂou]
西 安	[pæ]	[pei]	[pau]	[ʂou]

第四章
音节和音节结构

属于吴方言的苏州话和绍兴话都是全部变成单韵母,属于北方方言的扬州话、济南话和西安话都只是部分变成单韵母。

(5) 辅音韵尾只有[-n]和[-ŋ]。汉语辅音韵尾有塞音-p和鼻音-N两大类,普通话辅音韵尾比较少,没有塞音韵尾,鼻音韵尾也只有[-n]和[-ŋ]两个。粤方言和闽南方言塞音韵尾最丰富,如广州话"猎"[lip]、"列"[lit]、"力"[lik],厦门话"立"[lip]、"日"[lit]、"力"[lɪk]、"裂"[lɪʔ](口语音)。厦门话塞音韵尾共有四个,可能是汉语方言中塞音韵尾最多的方言。其他方言只有一个[-ʔ]的占大多数。有塞音韵尾的韵母发音一般都比较短促,传统称为"入声韵",是声调中特殊的一类,将在下一章讨论声调时再详细介绍。汉语鼻音韵尾主要有[-m][-n][-ŋ]三个,各方言分配很不相同。试看下列各字读音(带*号的是读书音,口语音未列):

	三	森	心	山	身	新	桑	生	星
普通话	[san]	[sən]	[ɕin]	[ʂan]	[ʂən]	[ɕin]	[saŋ]	[ʂəŋ]	[ɕiŋ]
太原	[sæ̃]	[səŋ]	[ɕiŋ]	[sæ̃]	[səŋ]	[ɕiŋ]	[sɒ̃]	[səŋ]	[ɕiŋ]
成都	[san]	[sən]	[ɕin]	[san]	[sən]	[ɕin]	[saŋ]	[sən]	[ɕin]
扬州	[sæ̃]	[sən]	[ɕin]	[sæ̃]	[sən]	[ɕin]	[saŋ]	[sən]	[ɕin]
苏州	[sᴇ]	[sən]	[sin]	[sᴇ]	[sən]	[sin]	[sɒŋ]	*[sən]	[sin]
长沙	[san]	[sən]	[ɕin]	[san]	[sən]	[ɕin]	[san]	[sən]	[ɕin]
南昌	[san]	[sɛn]	[ɕin]	[san]	[sən]	[ɕin]	[sɔŋ]	*[sɛn]	*[ɕin]
福州	[saŋ]	[seiŋ]	[siŋ]	[saŋ]	[siŋ]	[siŋ]	[souŋ]	*[seiŋ]	[siŋ]
厦门	*[sam]	[sim]	[sim]	*[san]	*[sin]	[sin]	*[sɔŋ]	[sɪŋ]	[sɪŋ]
梅县	[sam]	[sɛm]	[sim]	[san]	[sən]	[sin]	[sɔŋ]	[sɛn]	[sɛn]
广州	[ʃam]	[ʃɐm]	[ʃɐm]	[ʃan]	[ʃɐn]	[ʃɐn]	[ʃɔŋ]	*[ʃɐŋ]	*[ʃɪŋ]

以上所列各方言中,只有厦门话、梅县话和广州话有[-m]韵尾,第一栏这三种方言读[-m]的字其他方言都和第二栏的韵母合并了,这些方言中"心"和"新"同音,厦门等方言则是前者收[-m],后者收[-n],并不同音。大部分方言都和普通话一样,有两个鼻音韵尾,也有一些方言只有一个,如长沙话只有[-n],福州话只有[-ŋ]。有的方言部分韵母变成鼻化元音(如太原话、扬州话),有的方言部分韵母鼻韵尾脱落,变成单韵母(如苏州话),情况是相当错综复杂的。

3. 普通话声母和韵母的配合关系

汉语音节结构的系统性也表现在声母和韵母的配合关系上。普通话如果包括零声母共有 22 个声母、39 个韵母，不分四声，可能构成的基本音节数目应该有 850 个，但是实际能够出现的音节只有 410 个左右，可见声母和韵母的配合是有限制的，这种限制就体现在声母和韵母的配合关系上。

汉语声母和韵母的配合关系主要表现在声母的发音部位和韵母四呼的关系上。如果声母的发音部位相同，韵母的四呼也相同，它们的配合关系一般也相同。普通话声母和韵母的配合关系可以列成下表（零声母的音标符号用 Ø 表示）：

表 4-3 普通话声母和韵母配合关系表

声母＼四呼	开	齐	合	撮
b, p, m [p, pʻ, m]	＋	＋	(u)	
f [f]	＋		(u)	
d, t [t, tʻ]	＋	＋	＋	
n, l [n, l]	＋	＋	＋	＋
z, c, s [ts, tsʻ, s]	＋		＋	
zh, ch, sh, r [tʂ, tʂʻ, ʂ, r]	＋		＋	
j, q, x [tɕ, tɕʻ, ɕ]		＋		＋
g, k, h [k, kʻ, x]	＋		＋	
Ø	＋	＋	＋	＋

第四章
音节和音节结构

表内空格表示声韵不能配合，+号表示可以配合，（u）表示这类声母只能和合口呼中的单韵母[u]配合，例如，[p]只能和[u]配合成[pu]（布），不可能出现[puo]①[pua][pun]之类的音节，因为这类音节不表示任何字音。表4-3只能说明普通话声韵母配合关系的概貌，并不能反映出每个声母和每个韵母的配合细节。例如，[ər]虽然是开口呼韵母，但不能和任何声母配合（不包括儿化韵）；[ɿ]和[ʅ]也属于开口呼韵母，都只能和同部位的塞擦音或擦音声母配合；舌尖音[t][tʻ]和[n][l]都能和开口呼韵母配合；但能和韵母[ən]配合的实际上只有[tən]（扽）和[nən]（嫩），没有[tʻən]和[lən]；这四个舌尖音声母也都能和齐齿呼韵母配合，但能和韵母[ia]配合的只有[l]，而且只有"俩"一个字能读[lia]。这种配合细节只有从声韵母配合总表中才能反映出来。

从声母看，普通话能够和四呼都配合的只有[n][l]和零声母。从韵母看，普通话开口呼韵母的配合能力最强，除三个舌面音声母外，和其他声母都能配合。开口呼韵母的数目本来就多，因此在普通话里开口呼韵母的出现频率远远大于其他韵母，几乎达到韵母出现总频率的一半。撮口呼韵母本来就只有五个，又只能和六个声母配合，因此出现频率很低，还不到总频率的百分之五。

各方言的声母和韵母不同，配合关系也不完全相同。有的方言唇音声母可以和单韵母[u]以外的合口呼韵母配合，例如，福州"杯"[puei]、广州"般"[pun]。有的方言[f]可以和齐齿呼韵母[i]配合，例如，苏州"飞"[fi]，西安、洛阳一带的老派读音也是把普通话的[fei]读成[fi]。以上这些配合关系都是普通话不允许的。

普通话的[tɕ][tɕʻ][ɕ]只能和齐齿呼和撮口呼的韵母配合，有不少方言把其中的一部分分出来并入[ts][tsʻ][s]，也就是说，允许[ts][tsʻ][s]与齐齿呼和撮口呼韵母配合。下列这些对字在普通话都读成同音：

[tɕ]	积＝基	精＝经	聚＝巨	绝＝决
[tɕʻ]	七＝期	千＝铅	趣＝去	全＝权
[ɕ]	西＝希	小＝晓	须＝虚	迅＝训

---

① 从实际音值看，普通话音节bo[po]实际上是buo[puo]的简写形式。此处的限制是指拼音形式上的限制。

但是在那些方言里，前字读[ts][ts'][s]，后字读[tɕ][tɕ'][ɕ]。传统把前一类字称为"尖音"，后一类字称为"团音"。普通话读成同音，就是尖团不分。北方方言大部分地区都不分尖团，只有约五分之一的地方能分尖团，其中有一些地方也已有了不分尖团的倾向。河北南部、山东东部以及河南、陕西一些地方都能分尖团，但分法不尽相同，石家庄、郑州、宝鸡等地都是尖音字读舌尖音，团音字读舌面前音，山东东部如烟台则是尖音字读舌面前音[tɕ][tɕ'][ɕ]，团音字读舌面中音[c][c'][ç]。粤方言、闽方言和客家方言都没有以[tɕ][tɕ'][ɕ]作声母的音节，尖音字一般读[ts][ts'][s]，团音字一般读[k][k'][x]。

练习

1. 练习拼读下列八个汉字的北京、苏州、厦门、广州四种方言的读音（这四种方言的阴平声调读音基本相同）。

	北京	苏州	厦门	广州
车	[tʂ'ɤ]	[ts'o]	[ts'ia]	[tʃɛ]
书	[ʂu]	[sɿ]	[su]	[ʃu]
杯	[pei]	[pɛ]	[pue]	[pui]
刀	[tɑu]	[tæ]	[to]	[tou]
欢	[xuan]	[huø]	[huan]	[fun]
心	[ɕin]	[sin]	[sim]	[ʃɐm]
风	[fəŋ]	[foŋ]	[hɔŋ]	[fʊŋ]
忠	[tʂuŋ]	[tsoŋ]	[tiɔŋ]	[tʃʊŋ]

2. 给下列各英语词语划分音节，列出每个音节的结构类型（如 phonetics[fou＋nɛ＋tiks]是 CVV＋CV＋CVCC），最后练习拼读这些词语。

English [iŋgliʃ]（英语）
using [juziŋ]（用）

number [nʌmbə]（数目）
simplest [simpləst]（最简单）
transcription [trænskripʃən]（音标）
chrysanthemum [krisænθəməm]（菊花）
ice cream [ais kri:m]（冰激凌）
I scream [ais kri:m]（我喊叫）

3. 下列各对词语的音节音联不同，试举出各有哪些语音信号帮助我们划分各对词语的音节。

  西医——希 初五——楚 提要——跳
  剧院——倦 海岸——海燕 淡年——大年
  翻译——发腻 大盐——袋盐

4. 用《汉语拼音方案》拼写普通话的所有韵母，有哪几个韵母和实际读音不完全一致？请思考为什么有这些不一致的地方，并试做解释。

5. 根据117页所列普通话和十种方言鼻音韵尾异同表统计普通话 [an—ɑŋ][ən—əŋ][in—iŋ] 在各方言的分合异同情况。

6. 用国际音标标出下列各音节的普通话读音，根据这些读音列出普通话声母 b[p]、p[pʻ]、m[m]、f[f]、d[t]、t[tʻ]、n[n]、l[l] 和韵母 o[o]、uo[uo]、e[ɤ] 的配合关系表。

  得 破 多 乐 佛
  妥 特 博 挪 末
  洛 泼 拖 磨 罗

第 五 章　　声　调

一　声调的性质

1. 声调语言和非声调语言

　　一个音节除了包括由元音和辅音按时间顺序排成系列的音质单位以外，还必然包括一定的音高、音强和音长，否则这个音节就不可能成为有声语言。语音学之所以要研究音高、音强和音长这些超音质成分，固然因为它们是言语中不可缺少的物理因素，但更重要的是因为它们往往和音质成分一样有区别意义的作用。在一些语言里，音高在音节中所起的作用可以说是和元音、辅音同等重要的。汉语就是这样的语言，普通话的 ma 是由辅音和元音构成的 CV 型音节，如果不管它的音高，就很难确定它究竟代表什么意义，只有给予它一定的音高，它的意义才能确定，不同的音高代表不同的意义，如 mā "妈"、má "麻"、mǎ "马"、mà "骂"。这种能区别音节的意义的音高就是"声调"。

　　根据声调的有无可以把世界上的语言分为声调语言和非声调语言两大类。所谓非声调语言，当然并不是指音节没有高低升降的音高变化，只是这种变化只能起改变语气的作用，并不能区别意义。例如，在说英语 book[buk]这个音节的时候，音高可以逐渐下降，也可以逐渐上升，下降是陈述语气，上升就变成了疑问语气，但无论怎样变，book 所代表的词汇意义"书"丝毫没有改变，不像汉语的"书"[ʂu]，音高上升变成"熟"，音高下降就变成了"树"，词义完全不同。

第五章
声　调

世界上有许多语言是声调语言。汉藏语系语言最突出的一个特点就是有声调。南亚语系的越南语和南岛语系的菲律宾他加禄语也都是声调语言。非洲的班图语是中部和南部非洲约150种语言的统称，其中除斯瓦希里语以外，都有声调。美洲的印第安语是分布在美洲各地近千种土著语言的统称，其中大部分也是声调语言。澳大利亚和新几内亚也有一些语言有声调。印欧语系语言一般都是非声调语言，但是瑞典语、挪威语和南斯拉夫的塞尔维亚语都用音节的音高变化区别意义，也都被认为是声调语言的特殊类型[①]。声调语言实际是遍布世界各地的。

声调语言分为两种类型：一种是高低型，也叫平调型；另一种是旋律型，也叫曲拱型。

高低型声调语言只根据音的高低区分声调。非洲和美洲的声调语言大都属于高低型。最少的只分为高低两级，以班图语中的刚果语为例，[lakolo]这个词的三个音节都读低调时意思是"棕榈果"，后两个音节改读成高调，意思就变成了"驱魔符"。也有分为高、中、低三级的，以尼日利亚西部的约鲁巴语为例，[owa]这句话，前后两音节都读高调是"他来"，前高后中是"他看"，前高后低是"他在"。最多的可以分为四级甚至五级，如墨西哥印第安语中马萨特克语的声调就分为四级，[ʃka]这个词，读高调是"裤子"，读半低调是"大水兽"，读低调是"叶子"；此外还有一个半高调，如[ntʃa]，读半高调是"粥"。

旋律型声调语言除音的高低外，还根据音的升降变化区分声调。声调的音高和时间本来就是函数关系，旋律型声调的音高随着时间的推移或升，或降，或平，或高，或低，或呈拱形，或呈波形，画出来很像音乐中的旋律线，听起来也有较强的音乐性。汉藏语系语言的声调一般都是旋律型的，北京话只有四个声调，其中有升，有降，有高，有低，有平，有曲，就很具有旋律性，听起来很像是一种具有音乐性的语言。

声调除辨别词义的作用以外，在有的语言里还具有语法功能。例如，尼日利亚南部埃多语（又称比尼语）的[ima]，两音节都读低调是"我显

[①] 瑞典语等欧洲语言以及东亚的日语也被称为音高重音语言（pitch-accent language），参见 Clark & Yallop 著 *An Introduction to Phonetics and Phonology*，北京：外语教学与研究出版社，2000年，347~348页。

示"，前高后低是"我正在显示"，前低后高是"我已经显示"，前后两音节的高低变化区分了动词的不同时态。古代汉语中不同声调代表不同词类的现象相当普遍，例如，"衣"yī、"王"wáng、"雨"yǔ 都是名词，读成去声，就都变成了动词。现代汉语也还存在这种现象，北京话"墙上钉（dìng）着个钉（dīng）子""背（bèi）上背（bēi）着个包袱"，都是依靠声调来分辨动词和名词的。藏语拉萨话[nε]读升调是"睡"，读高平调是"使睡"，也是用声调区分不同的语法意义。但是在现代汉语和藏语中，这种现象并不是系统地存在的。

2. 调值和调类

声调的音高主要决定于基音的频率。从声调的最低音到最高音是基频的变化范围，也就是声调的"调域"，一般约占一个八度音。调域的高低和宽窄因人而异，男性大致在 100～200Hz 之间，女性大致在 150～300Hz 之间，即使是同一个人，由于说话时感情或语气不同，调域的高低和宽窄也会有变化。

记录声调基频的变化，得到的只是一个人在一定语言环境里声调的绝对频率值，不便于用来说明声调的本质特点。描写声调最简便有效的办法是五度制标调。五度制标调把调域分为五度，用一条四等分的竖线代表，共五个点，自下而上用 1、2、3、4、5 代表低、半低、中、半高、高五度音高，五个数字的绝对音高和各数字之间的音高差距都是相对的，并不等于音乐简谱中的 do、re、mi、fa、so。用一条线自左至右把音高随时间产生的变化按五度的标准画在竖线左边，画出来的线的高低升降就反映出声调高低升降的变化，也就是这个声调的"调值"。例如，北京话四声的调值就可以在图 5-1 中相当准确地表现出来。调值也可以用数字表示，北京话的˧也可以写成[55]，˧也可以写成[35]，˧也可以写成[214]，˥也可以写成[51]。调号要放在音节之后，用数字表示时写在右上角，如[ma ˥]或[ma^{51}]。

第五章
声 调

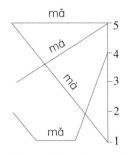

图 5-1 五度制框架下普通话四个声调的音高曲线

五度制所描写的调值是相对的，不管基频的绝对频率值是多少，也不管音域本身高低宽窄的变化有多大，一律都归并到相对的五度之中，这是符合人类对声调感知的客观实际的。一个人只要稍经训练就能凭听觉把调值的高低升降在五度的音域之中定下来，五度制标调已成为目前描写声调最通用的方法。

调值所形成的曲线是多种多样的，有平、升、降、升降、降升、升降升、降升降种种不同形式，而且高低可以不同。但是，一种语言的调值总是有限的。在目前已知的声调语言里，平调的高低不同最多不超过五种，这说明把调值分为五度是符合语言的客观实际的。汉语方言中广州话的平调可能最多，共有三个，如[fen⁵⁵]（分）、[fen³³]（训）、[fen²²]（份），另外还有一个[fen²¹]（坟），读音也很接近于低平调。有五个平调的语言比较少，除非洲和美洲的高低型声调语言偶有所见外，我国贵州东部台江县施洞口苗语和锦屏、剑河两县之间的高坝侗语也都有五个平调，如高坝侗语[ta⁵⁵]（中间）、[ta⁴⁴]（过）、[ta³³]（山林）、[ta²²]（搭）、[ta¹¹]（抓）。施洞口苗语另外还有两个升调和一个降调，高坝侗语另外还有三个升调和一个降调，这是和高低型声调语言不同的地方。

从理论上讲，在五度制标调中，可能出现的高低不同的升调或降调各可以达到十种之多，但是，在实际的语言或方言里，升调或降调一般不超过两种，高坝侗语有三种升调，如[ta⁴⁵]（鱼）、[ta²⁴]（钉子）、[ta¹³]（公的），是比较罕见的。汉语方言中有两种升调或降调的相当多，升调如广州话[fu³⁵]（苦）、[fu¹³]（妇），降调如苏州话[sʅ⁵²]（暑）、[sʅ³¹]（树）。一种语言或方言同时有高低两种升降调或降升调的很少，浙江温州话[ta³²³]（搭）、[da²¹²]（达），降升调一高一低，是不多见的。最复杂的调值曲线可以有升降升或降升降两次起伏，在语言中更是罕见，自然更不可能再分成高低两类。

调值的变化有时能对韵母音色产生影响，北京话复韵母 iou、uei 读[55]和[35]时，韵腹[o]和[e]变短，就明显是受了调值的影响。福州话韵母读降升调、升降调和升调时单元音要变成复元音，复元音韵母舌位要变低，这是福州话的一大特点。例如，"衣、姨、以"都读[i]，可是"意、异"要读成[ei]，因为"意"是降升调[213]，"异"是升降调[242]；"登、等"都读[teiŋ]，可是"凳、邓"要读成[taiŋ]，因为"凳"是降升调，"邓"是升降调；"勿"读[uʔ]，可是"屋"要读成[ouʔ]，因为"屋"是升调[23]。

把一种语言里出现的所有调值加以归类，得出的类别就是"调类"。最简单的办法是根据调值是否相同来归纳，调值相同的归为一类。但是语言中调值分布的情况往往相当错综复杂，必须通盘考虑各种调值在语言里出现的条件和环境，才能归纳出符合语言实际情况的调类。例如，北京话"马、好、写"等等，单念时是[214]，后面紧跟着其他音节时就读成了[21]（如"马车、好人、写字"）或[35]（如"马脚、好酒、写稿"），如果完全根据调值是否相同来归类，北京话的[214][21]和[35]就必须分为三类，而且[35]调值又必须和另一个读成[35]的调类（如"麻、豪、鞋"）合并在一起，这显然把北京话的调类关系弄乱了，失去了归纳调类的实际意义。

汉藏语系语言的声调一般都很丰富，是旋律型声调语言的代表语系，只有藏语安多方言、羌语麻窝方言和西藏珞巴语等极少数语言没有声调，但这些语言里的许多音节也有类似声调的习惯性音高。有声调的汉藏语系语言一般有4～8个调类。调类最少的只有两个，如云南普米语箐花话，只有[55]和[13]两个调类。目前所知调类最多的是贵州榕江县车江侗话，一共有15个调类。

二　汉语的声调

1. 平上去入和阴阳

早在公元5世纪末，南北朝时的沈约等人就已经发现了汉语有声调，

第五章 声　调

并且把当时的声调分为"平、上、去、入"四类，从此奠定了汉语声调分类的基础，为历代所沿用。现代汉语各方言的调类差别虽然很大，但都和古汉语的声调系统有着直接的继承发展关系。为了便于比较各方言之间的调类关系，也为了便于说明古今调类的演变过程，今天在称呼各方言的调类时，一般都仍沿用"平、上、去、入"的名称。

汉语调类的发展和声母的清浊有着密切的关系。传统音韵学把声母分为四类：不送气清声母称为"全清"，送气清声母称为"次清"，浊塞音、浊擦音和浊塞擦音声母称为"全浊"，鼻音、边音和通音等浊音声母称为"次浊"。声母的清浊影响到调值和调类的发展变化，所以由清声母形成的调类传统称为"阴调"，由浊声母形成的调类传统称为"阳调"。这样，"平、上、去、入"四个调类就可以根据声母的清浊进一步分为八类：阴平、阳平、阴上、阳上、阴去、阳去、阴入、阳入。传统用汉字四角加半圈的办法标明这八个调类，平声圈在左下角，上声圈在左上角，去声圈在右上角，入声圈在右下角。阴调只圈半圈，阳调在圈下加一短横。例如：₍东、₍同、ˋ董、ˎ动、冻⌐、洞⌐、督₎、独₎。现代汉语各方言的调类都是由这八个调类演变来的，都可以根据这八个调类考察调类的分合情况并给予适当的名称。

古代的全浊声母在现代汉语大多数方言里都已经变成了全清或次清声母，只有吴方言和湘方言还保存着全浊声母，可以相当清楚地看出声母清浊和调类的关系。下面是苏州话平声和去声各分阴阳两调类的例子：

阴平[44]	例字：诗[sɿ]	飞[fi]	侵[tsʻin]	标[piæ]
阳平[24]	例字：时[zɿ]	肥[vi]	琴[dʑin]	苗[miæ]
阴去[412]	例字：试[sɿ]	辈[pɛ]	栋[toŋ]	替[tʻi]
阳去[31]	例字：示[zɿ]	倍[bɛ]	动[doŋ]	例[li]

苏州话阴平[44]和阳平[24]两调类不同，声母的清浊也不一样：阴平全是全清和次清声母，阳平全是全浊和次浊声母。阴去[412]和阳去[31]两调类的情况也是这样：阴去全是全清和次清声母，阳去全是全浊和次浊声母。

在全浊声母已经清化的大多数汉语方言里，原来的阳调类有的随全浊声母的清化而合并到阴调类中去了，有的还保持独立的调类，但属于这些阳调类的声母不再都是浊声母，也包括了许多清声母，其中大多数是原来全浊声母清化的结果。各方言在全浊声母清化后阴阳调类分合的情况很不一致，这里只以北京话为例。今天的北京话平声仍分为阴平和阳平两类，但是读阳平声的字除"明、泥、来、人"等次浊声母的字以外，还包括"皮、台、极、浊、形"等一大批清声母的字，这些字中的大多数原来都属于全浊声母。北京话上声和去声都不分阴调和阳调，原来的阳上和阳去都合并到了去声，上举苏州话分属阴去和阳去两调类的"试、示""辈、倍""栋、动"在北京话都读成了同音。至于入声，在北京话里已经完全消失，阴入和阳入两类都合并到阴平、阳平、上声和去声之中去了，如"压、择、笔、目"。

苗瑶语族声调的演变过程和汉语非常相似。古代苗语的声调也可以分为平、上、去、入四大类，也可以根据声母清浊的不同进一步分为阴平、阳平、阴上、阳上、阴去、阳去、阴入、阳入八类。在现代苗语中，有不少方言整齐地保存着这八个调类；也有一些方言合并了一些调类，最少的合并成了三个调类；有的方言则进一步分化，最多的分化成了十一类。现代苗语各方言的调类数目虽然并不完全一样，但是各调类之间的对应关系十分整齐，这一点也是和现代汉语非常相似的。

2. 普通话的四声

普通话的声调根据北京话的调类和调值分为四类，举例如下：

阴平 ˥ ［55］　　例字：衣　都　锅　先　窗

阳平 ˧˥ ［35］　　例字：疑　独　国　贤　床

上声 ˨˩˦ ［214］　例字：椅　赌　果　显　闯

去声 ˥˩ ［51］　　例字：义　杜　过　现　创

以上调值是单说一个音节（即单字调）时所表现的音高变化，和其他音节连在一起说时，音高还会产生种种变化，留到下面第六章再讨论。阴平调值的主要特点是高调，也可以读成［54］或［44］；阳平调值的主要特点是升调，也可以读成［24］或［25］；上声调值的主要特点是低调，也可以读成［213］或［212］甚至［21］；去声调值的主要特点是降调，也可以读成［41］。

第五章 声调

普通话共约410个音节,并不是每个音节都四声俱备。四个声调都有意义的音节实际只有160多个。其余的音节中,只有三个调类有意义的约130多个,如 ku[kʻu](枯、○、苦、库)阳平有音无义,tou [tʻou](偷、头、○、透)上声有音无义,这种音节以阳平声有音无义的居多。只有两个调类有意义的约70个左右,如 shuo[ʂuo](说、○、○、硕)阳平和上声有音无义,min[min](○、民、敏、○)阴平和去声有音无义。只有一个调类有意义的约40个左右,如 hei[xei]只有阴平(黑),neng[nəŋ]只有阳平(能),gei[kei]只有上声(给),te[tʻə]只有去声(特)。普通话的音节总数,除一些文言专用音节(如"黁"nún、"壖"ruán 等)和方言土语专用音节(如"偢"cèi、"奀"kuǎng 等)以外,约有1250个。

和其他方言比较起来,普通话的四声可以说有以下几方面的特点:

(1) 平声分为阴平和阳平。汉语绝大多数的方言都和普通话一样,在声调的历史演变中平声分为阴平和阳平两类。阴平声是从古代清声母平声演变而来的,按说其中不应该有浊声母音节,但是在今天的普通话里,次浊音声母也可以有阴平声字,如"妈、猫、捏、妞、拉、捞、扔",这类字数量很少,都是些口语常用字,应该属于语音演变的例外。阳平声是从古代浊声母平声演变而来的,但是在今天的普通话阳平声里,也包括了一些古代清声母字,如"答、得、急、足、菊、博、阁、洁、决、袂"等等,这些字原来都是清声母入声字,入声消失后并入了阳平声,和声母的清浊无关。

(2) 全浊上声并入去声。这可以说是北方方言的共同特点。古代阳上声在这些方言里分为两类,次浊声母和清声母上声仍读上声,全浊声母上声分化出来,和去声合并成一类。普通话去声已经包括了阴去声和阳去声两类,再加上全浊上声,成为普通话四声中字数最多的声调。上声由于全浊声母已分化出去,成了字数最少的声调。("上"字现在读成 shàng,就是随着全浊声母分化到去声的,在用作调类名称"上声"时,为了名实相符,仍旧保持 shǎng 的读法。)下面分三类列出例字,这三类在普通话是读成同音的:

全浊上声：抱　　待　　受　　部　　动　　断
阴去声：报　　戴　　兽　　布　　冻　　锻
阳去声：暴　　代　　售　　步　　洞　　段

保持这三个调类区别的方言有广州话、绍兴话、温州话等，这些方言读这些字时自然不同音，如广州话"抱"[pʻou¹³]、"报"[pou³³]、"暴"[pou²²]。

（3）入声消失，分别归入阴平、阳平、上声和去声。北方方言大部分地区都没有入声，都分到其他各调类中去了。普通话的分配情况最为复杂，全浊入声字如"达、极、直、食、独、局、活、白"等归入阳平声，次浊入声字如"木、莫、纳、虐、力、列、日、肉"等归入去声，清入声字则分别归入阴平、阳平、上声和去声，并没有明显的规律。下面的例字原来都属于清入声字：

阴平：八　　吃　　屋　　缺　　黑　　屈　　插　　泼
阳平：答　　级　　竹　　决　　伯　　福　　国　　革
上声：笔　　法　　北　　渴　　雪　　属　　谷　　甲
去声：必　　式　　祝　　不　　色　　迫　　促　　刻

总起来看，在普通话里，入声的分配以归入去声的最多，占常用入声字总数的一半以上；约有三分之一归入阳平声，二者合计占常用入声字总数的六分之五以上；剩下的少数字才归入阴平和上声，其中归入上声的最少，常用的还不到二十个。东北方言也是入声分配到四声中去，但读成上声的比普通话要多得多，上面举的普通话读成阴平、阳平和去声的清入声例字中，后四个字在东北许多方言里都读成上声。

3. 汉语方言的调类

汉语各方言的调类分合差别很大。调类最少的只有三个，河北滦县、山东烟台、宁夏银川等方言在一个个字单说时都只有平声、上声和去声三类，江西井冈山一带的方言只有阴平、阳平和去声三类。目前所知调类最多的是江苏吴江县松陵镇一带的方言，当地的老派读音除了平、上、去、入四声按声母清浊分为八类以外，阴调类还要根据声母是否送气再分为全阴调和次阴调两类。声母不送气的是全阴调，送气的是次阴调，两者调值不相同。以平声为例，除分为阴平和阳平两类以外，阴平又根据

第五章
声　调

声母是否送气分为全阴平和次阴平两类，如"丁"[tin⁵⁵]、"厅"[t'in³³]。这样一共有十二个调类：全阴平、次阴平、阳平、全阴上、次阴上、阳上、全阴去、次阴去、阳去、全阴入、次阴入、阳入。但是当地的新派读音已经把次阴平并入全阴平，次阴上并入次阴去，只剩下十个调类，不过，这在汉语方言中仍旧是调类最多的。

汉语方言调类分合的总趋势是北方方言的调类少，南方方言的调类多。北方方言一般不超过五个调类，以四个调类的居多。湘方言、赣方言和客家方言略多一些，以五六个调类的居多。吴方言和闽方言一般可以有七八个调类。粤方言最多，一般有八九个，最多的可以有十个调类。各方言调类数目虽然差别相当大，但根据平、上、去、入四声是可以相当清楚地说明它们之间的分合关系的。

（1）平声：绝大多数汉语方言的平声都分为阴平和阳平两类，但是在北方，从河北东部滦县一带开始，向西经张家口、内蒙古呼和浩特、山西太原和平遥一带、甘肃天水和临洮一带，直到新疆伊宁、焉耆等地，在这狭长的地带中，有不少方言平声在单说时都不分阴阳，阴平和阳平调值相同。在这些方言里，"梯"和"题"、"方"和"房"、"天"和"田"在单说时都同音。也有一些方言阴平声和上声单说时调值相同，如山西五台一带、陕西米脂一带，"梯"和"体"、"方"和"纺"同音。另外，有些方言阳平声和上声单说时调值相同，如河北沧县一带、宁夏银川一带，"题"和"体"、"房"和"纺"同音。

（2）上声：上声分为阴上和阳上两类的汉语方言不多，比较重要的有绍兴话、温州话、潮州话和广州话，都在东南沿海一带。大多数方言只有一类上声，大都是全浊上声并入去声，次浊上声和清上声合为一类。有的方言如苏州话，连次浊上声也并入阳去声了。客家方言上声的变化最复杂，虽然大部分客家话也都只有一个上声，而且也是全浊上声并入去声，但无论是古阴上声字还是阳上声字，都有一部分改读成阴平声，其中以阳上声字居多（如"美、冷、坐、动"等），这成为客家方言的一个特点。还有一些方言不再存在上声这个调类，如江西井冈山一带的客家话，只有阴平、阳平和去声三个调类，古全浊上声字读阴平，其他上声字读去声。陕西北部的延长话所有上声字都和去声合并成一个调类，也不再单独存在一个上声调类。

(3) 去声：一般说来，北方方言去声都只有一类，不分阴去和阳去，山西南部长治和临汾一带去声分为阴阳两类，这在北方方言中是比较少见的。南方方言去声大都分为阴去和阳去两类，只有客家方言去声以不分阴阳的居多，但广东惠州和福建长汀一带的客家话也和其他南方方言一样，仍分为阴去和阳去两类；还有的客家话如赣南石城话是古阴去声分出来归入上声，粤北翁源话则是古阳去声分出来归入上声，去声也只有一类了。

(4) 入声：入声在现代汉语方言中大致可以分为两大类。一类入声已经消失，归入其他调类，主要集中在北方方言区。另一类入声仍旧保留，有种种不同情况。有的方言只有一个入声调类，如南京话；有的方言阴入和阳入分为两个调类，如苏州话；有的方言可以分为三类甚至四类，如广州话的阴入因元音音色的不同影响到调值，又分为上阴入和下阴入两类，广西博白话则阴入和阳入都一分为二，共有四个入声调类。入声调类的分合情况最为复杂，下文还将专门讨论。

以上所介绍的只是汉语方言调类分合的总趋势。下面以一些有代表性的方言为例，举出例字，列成表格（表 5-1），从中可以看出方言之间调类分合既复杂又有规律的情况。例字每类举两个，可以组成词语，为的是便于记忆；两字之间用逗号隔开，表示不要连起来读，因为有些方言两字连读时有的音节的声调的调值会发生变化。表中加括号的调类表示已经并入括号内的调类。

表 5-1 中共列出十六种方言的调类。分合的一些细节无法在表中反映出来。例如，表中列出南昌话古次浊平声读阴去声，实际上古浊擦音声母也要读阴去，"时、译"和"麻、龙"一样，都和"霸、细"等阴去声字同调。又如，井冈山客家话古次浊入声，除表中所列读去声以外，还有一部分读阴平，"绿"读阴平，"六"读去声，并不同调。

4. 入声问题

汉语大部分方言都有入声调类，没有入声的方言主要集中在北方方言区。北方方言内部也有一些地区有入声，如江淮一带和山西一带的方言，但是就大部分地区看，入声都已经消失。有没有入声可以说是北方方言和其他方言语音上最明显的区别之一。

第五章 声调

表 5-1 十六种现代汉语方言的调类与中古汉语声调的对应关系

声调	平				上				去				入				声调数目
清浊	全清	次清	次浊	全浊	全清	次清	次浊	全浊	全清	次清	次浊	全浊	全清	次清	次浊	全浊	
例字	东,方	春,天	明,年	贫,穷	短,小	土,产	老,母	舅,父	报,到	快,去	卖,弄	自,治	八,百	确,切	日,历	学,习	
江苏吴江	全阴平	次阴平	阳平	阳平	全阴上	次阴上	阳上	上	全阴去	次阴去	阳去	阳去	全阴入	次阴入	阳入	学,习	12
广西博白	阴平	阴平	阳平	阳平	阴上	阴上	阳上	上	阴去	阴去	阳去	阳去	上阴入 下阴入	上阴入 下阴入	上阳入 下阳入	阳入	10
广州	阴平	阴平	阳平	阳平	阴上	阴上	阳上	阳上	阴去	阴去	阳去	阳去	上阴入 下阴入	上阴入 下阴入	阳入	阳入	9
温州	阴平	阴平	阳平	阳平	阴上	阴上	阳上	阳上	阴去	阴去	阳去	阳去	阴入	阴入	阳入	阳入	8
苏州	阴平	阴平	阳平	阳平	阴上	上声	(阳去)	阳上	阴去	阴去	阳去	阳去	阴入	阴入	阳入	阳入	7
福州	阴平	阴平	阳平	阳平	上声	上声	上声	(阳去)	阴去	阴去	阳去	阳去	阴入	阴入	阳入	阳入	7
厦门	阴平	阴平	阳平	阳平	上声	上声	上声	(阳去)	阴去	阴去	阳去	阳去	阴入	阴入	阳入	阳入	7
梅县	阴平	阴平	阳平	阳平	上声	上声	上声	去声	去声	去声	去声	去声	阴入	阴入	阳入	阳入	6

(续表)

声调	平				上				去				入				声调数目
清浊	全清	次清	次浊	全浊	全清	次清	次浊	全浊	全清	次清	次浊	全浊	全清	次清	次浊	全浊	
例字	东,方	春,天	明,年	贫,穷	短,小	土,产	老,母	舅,父	报,到	快,去	卖,弄	自,治	八,百	确,切	日,历	学,习	
长 沙	阴平	阴平	阳平	阳平	上声	上声	上声	(阳去)	阴去	阴去	阳去	阳去	入声	入声	入声	入声	6
南 昌	阴平	阴平	(阴去)	阳平	上声	上声	上声	(阳去)	阴去	(上声)	阳去	阳去	入声	入声	入声	入声	6
扬 州	阴平	阴平	阳平	阳平	上声	上声	上声		去声	去声			入声	入声	入声	入声	5
太 原	平声				上声	上声	上声		去声	去声			入声	阴入	阳入	(阳平)	5
北 京	阴平	阴平	阳平	阳平	上声	上声	上声		去声	去声			(分入四声)				4
成 都	阴平	阴平	阳平	阳平	上声	上声	上声		去声	去声			(阳平)				4
银 川	平声				上声				去声				(阴平)			(去声)	3
井冈山	阴平	阴平	阳平	阳平	上声				去声				(阴平)			(去声)	3

第五章
声　调

有入声的方言大致可以分为两类。一类入声音节读音短促，音节末尾带有塞音韵尾，可以称为"促声调"，其他调类则可以称为"舒声调"。这种分别在其他有声调的语言中也是存在的。例如，车江侗语的十五个调类中，有六个就是促声调。促声调在汉语方言中都属于入声，韵尾可以有[-p][-t][-k]三种，如广州话"答"[tap]、"八"[pat]、"百"[pak]。梅县话和厦门话也是如此。潮州话略有不同，三种塞音韵尾是[-p][-k][-ʔ]。海南文昌话的塞音韵尾最多，除[-p][-t][-k]以外，还有一个[-ʔ]，如"纳"[nap]、"力"[lat]、"六"[lak]、"腊"[laʔ]，一共有四种塞音韵尾，这在汉语方言里是比较少见的。南昌话有[-t]和[-k]两种。大部分方言则只有一种，大都是喉塞音[-ʔ]，如苏州话、合肥话和扬州话；福州话大部分人只读[-ʔ]，也还有一些人是[-ʔ]和[-k]并存的，但[-k]很轻微，可以标写成[ᵏ]，如"叶"[ieᵏ]。另外还有少数方言的入声是以边音收尾的，如湖北通城"八"[pal]、"力"[dʻil]，安徽桐城"目"[mɤl]、"历"[liɤl]，也可以附在这一类。

这一类入声的调值有的和其他调类相同，如广州话，阳入调值和阳去相同，只是长短不同。短调值在五度制用短横表示，只写一个数字，广州话阳入是[˧2]，阳去是[˧22]，"热"[jit²]和"义"[ji²²]的分别只在音长和有无塞音韵尾，这种调类的不同实际是音长和音节结构的变化，和音高无关。有的入声调值和其他调类不同，如苏州话的阳入是短促的[23]，虽然和阳平调值[24]很相似，但毕竟是其他调类没有的调值。对这种短促的升调或降调，五度制用短斜线表示，写成数字时下加横线，苏州话阳入是[˧23]，阳去是[˧24]，"白"[bɒ˧]和"排"[bɒ˧]的分别主要仍在音长和有无塞音韵尾，[23]和[24]的分别并不是划分这两种调类的主要依据。由此可见，在这一类有入声的方言里，入声和其他调类的分类标准并不一致，其他调类主要以调值的高低升降作为分类标准，入声则主要以调值的长短和塞音韵尾的有无作为标准。在汉语方言中，有塞音韵尾的音节调值一般都是短的，因此也可以认为，在这类方言里，入声和其他调类的分别主要在于调值的长短不同。

另一类入声音节末尾不带塞音韵尾，读音也不短促，只是自成一类，并没有分化到其他调类里去。例如，长沙话和温州话都有入声调类，长沙话只有一个入声，调值是[24]，温州话阴入是[323]，阳入是[212]，读音都不短促，和其他调类的区别只在于调值不同，音长和音节结构都没有明显的差别。

没有入声的方言大致上也可以分为两类。一类是古入声整体转化，并入另一个调类。比如成都话，古入声现在全归入阳平，这可以说是西南官话的一个特点。再如银川话，入声归入去声，也是整体转化到了另一个调类。另一类是古入声分别归入不同的调类，例如，济南话古全浊入声归入阳平，次浊入声归入去声，清入声归入阴平；兰州话古全浊入声归入阳平，其余归入去声，分化条件都很清楚。北京话和另外一些北方方言入声分别归入阴平、阳平、上声和去声四个调类，其中全浊入声归入阳平，次浊入声归入去声，清入声的分配则没有明显的规律。

从上面的介绍可以看出，入声在各方言中的分合和归属有很大差异，这种差异反映了古今入声演变的不同发展阶段。古代入声读音短促，有[-p][-t][-k]三种不同塞音韵尾，这些韵尾在现代一些南方方言如广州话中仍完整地保存着。表 5-2 列举了几种方言入声字的读音情况，从中可以看出古今入声演变的大致过程：

表 5-2 汉语方言入声字读音举例

古调类	阴入	阳入	阴入	阳入
例　字	八[-t]	十[-p]	百[-k]	麦[-k]
广　州	pat^{33}	ʃɐp^2	pak^{33}	mɐk^2
南　昌	pat^5	sət^{21}	pak^5	mak^{21}
福　州	paiʔ/k23	sei$^{ʔ/k4}$	paiʔ/k23	mei$^{ʔ/k4}$
苏　州	pɔʔ^4	zəʔ^{23}	pɒʔ^4	mɒʔ^{23}
温　州	po^{323}	sei^{212}	pa^{323}	ma^{212}
长　沙	pa^{24}	sɿ^{24}	pɤ^{24}	mɤ^{24}
成　都	pa^{31}	sɿ^{31}	pe^{31}	me^{31}
北　京	pa^{55}	ʂɿ^{35}	pæi^{214}	mæi^{51}

广州话完整地保存了古入声的塞音韵尾[-p][-t][-k]。南昌话古代以[-p]收尾的入声并入了[-t]（在读书音中，[-k]也有并入[-t]的趋势，如"百"的文读音是[pɛt]，"麦"的文读音是[mɛt]），仍保存着[-t]和[-k]两个塞

第五章 声调

音韵尾。福州话[-p]和[-t]都已消失,[-k]韵尾正处于向[-?]转变的过程中,因此两音并存。苏州话则是古代的[-p][-t][-k]一律变成[-?],代表了塞音韵尾演变的最后阶段,吴方言里有入声的方言,一般也都是如此。温州话和长沙话代表入声演变的另一个阶段,即塞音韵尾已经消失,但仍自成调类,有自己的调值。到成都话和北京话,则是入声演变的最后阶段,即完全消失,并入其他调类,成都并入阳平,北京分入四声。

三 声调的感知与测量

1. 声调的感知

声调的高低升降曲直是由基频的变化导致的,但是音节的基频变化跟声调并不能完全等同。首先,基频的微弱变化我们未必能够听到,例如,一个女声所发出的240Hz的音高和250Hz的音高在汉语普通话母语者听起来都是阴平调。第二,声调是一种相对的而不是绝对的音高,一个男声所发出的150Hz的音高和一个女声所发出的240Hz的音高在普通话母语者听起来都是具有高平特征的阴平,二者之间绝对音高的差异在声调感知中会被过滤掉。这是因为人们在感知声调的时候,总是把一个声调与跟它的条件(发音人、该声调所处的语音环境等)完全相同的其他声调对比,以此来判断这个声调的高度。每个人说话时的音高变化范围都有自己的特点,也就是说,每个人都有自己的声调音域(调域),因此,不同的发音人,尤其是不同性别和年龄的发音人的绝对音高在声调感知中是没有可比性的。第三,客观的基频值与主观感知到的音高值之间并非简单的线性关系,因此,在声调研究中,人们往往使用一些相对音高的单位而不是表示绝对音高值的单位Hz,这个问题在下面"声调的测量"中还会详谈。

在声调语言中,声调的数目都比元音和辅音少得多。在汉语中,声调的数目自然也比声母和韵母少得多,声调在语音结构中的负担自然也就重得多。例如,普通话有二十一个辅音声母,可是只有四个声调,如果某一个声母读得不正确,并不一定很快就被听的人察觉出来,因为另外还有其他许多声母也在话语中不断出现,各声母的出现率都不会很高。但如果某一个声调读得不准,很快就会被人听出来,因为平均每四个音节就要出现一次这个声调,出现率非常高,自然容易被人察觉。声调可以说是语音结构中最为敏感的成分。但是,感知声调要比感知元音和辅音复杂。

声调的调域是相对的,不只每个人调域的频率范围不同,就是同一个人,说话时的调域也是有时宽,有时窄,有时高,有时低的。要求一个人永远用同样宽窄和高低的调域说话是不可能的。此外,每一个调类的调值在一定的调域范围内也并不是很稳定的。但是,我们在感知声调时,不但有能力把各种高低宽窄都不相同的调域统一起来,而且有能力把种种不同的基频频率的变化分别归入少数几个调类中去。例如,在普通话中,如果一个音节的声调接近[55]但却有微弱的上升,普通话母语者仍然会把它听成阴平。只有在升调的上升幅度足够大的时候,普通话母语者才会把它听成阳平。

与上述现象相关的是,既然不同的声调都有各自的音高变化范围,那么它们之间是否存在一个感知上的范畴边界呢?实验研究的结果表明,汉语普通话的阴平和阳平之间有范畴边界,一个上升的调子只有在上升幅度达到一定程度时才会被听成阳平,如果升幅小于某个临界线,母语者就会认为这是一个阴平调,这个临界线就是阴平和阳平的范畴边界。普通话阳平和去声的感知情况与阴平和阳平的情况相似,一个高降调如果降幅很小,普通话母语者会把它听成阴平;只有在降幅达到一定程度之后才会被听成去声。但并非所有声调的感知都是范畴性的。感知实验的结果表明,有些语言的不同平调之间就没有范畴边界,例如,泰语的不同平调之间和汉语粤方言(广州话)的不同平调之间都没有感知上的分界线。

声调感知主要依据基频的变化,但基频并不是辨认声调的唯一信息。在耳语时,气流从气声门擦出,形成一种噪音,这时声带并不振动,自然也不会产生基频。但是,只要能听见耳语所形成的这种噪音,就能理解耳语说的是什么,不但能辨认耳语中的元音和辅音,同样也能分清不同的声调,否则用耳语交流思想就将成为不可能的事。甚至用耳语单独读普通话的四个声调,辨认率也可以在一半以上。可见除基频外,还有一些信息能够帮助我们感知声调。发耳语时,只是声带最后面的气声门打开,大部分声带仍是并合的,声门基本上仍处于关闭状态(参看第一章图 1-17)。虽然耳语时声带没有振动,但使声带紧张和松弛因而产生音

第五章 声调

高变化的肌肉活动并没有因此而停止，这可能对耳语所形成的噪音频谱产生了影响，从而起到了分辨声调的作用。

声调音高的变化对音长和音强都可能产生影响。例如，普通话的四个声调在单说时，往往是去声最短、最强，上声最长、最弱，阴平和阳平居中，阳平又往往比阴平略长一些。当基频起作用时，这些都只是一些可有可无的辅助信息；当基频不起作用时，这些辅助信息都有可能成为我们感知声调的依据。

2. 声调的测量

传统语音学依靠听觉对声调的调值进行描写，如前文所述，五度的差别对于声调的理论描写基本上够用了。但是如果希望对声调进行更加精细的观察分析，或者希望用客观的物理数据来验证主观听感的可靠性，那么仍然需要对声调进行声学测量。

语音分析软件可以将语音信号的基频提取出来并根据提取结果作出音高曲线图。需要注意的是，我们所看到的基频曲线和传统语音学对声调的理论描写并不完全一致。一个声调的开始和结束阶段都可能出现与该声调调型不符的短暂的升降变化，如高平调在开始时的轻微上升以及在结束处的略微下降，这是声带振动在启动和结束时的惯性导致的，因此在声调测量中需要剔除这部分音高信息。

图 5-2 是一位男性发音人所念的普通话的四个声调。可以看到，阴平的音高曲线并非理论上的一条水平直线，开始的地方有略微上升，结尾部分略有上升之后又有所下降；阳平的音高曲线也不是直接上升的，而是稍稍下降之后再上升。音高曲线上这些与本来的调型不符的地方都不是声调的本质特征，因此在声调的测量中是应该舍弃的。测量阴平时可以用发音稳定阶段基频的平均值；阳平、上声和去声都是有曲拱的调型，因此需要测量音高曲线上发音稳定阶段的极点值（最低值、最高值、拐点的音高值）。在连续话语中进行声调的测量就更加困难些，这是因为连续话语中的某个声调总是被前面声调的终点音高和后面声调的起点音高所影响，此外语调也会对字调产生各种不同的作用，这样一来，一个音节的整体音高曲线可能会严重偏离单字调，在这种情况下，对测量点的选择就需要慎之又慎。

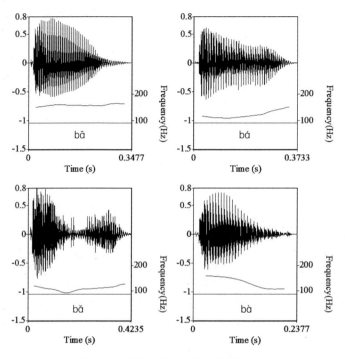

图 5-2　普通话四个声调的基频曲线

3. 从频率值到五度值的转换

用语音分析软件测量出来的音高单位通常是赫兹（Hz），这是绝对音高的单位。一些软件也可以提供相对音高数值，使用的单位有半音（semitone）、美（mel）等。如前文所述，人们在感知声调的时候会自动忽略绝对音高的个体差异，基于主观感知的五度标调法实际上就是对音高进行了归一化处理，但多数软件都无法直接消除个体差异，因此即便在测量时选择相对音高标度，仍然无法把测量到的结果与五度标调法直接联系起来。

对音高的归一化处理可以有多种方法，这里介绍两种与五度制相联系的标调法[①]。

[①]　公式（1）引自石锋《论五度值记调法》，载于石锋著《语音学探微》27—52 页，北京大学出版社，1990 年。公式（2）为中国科学院声学研究所吕士楠教授提出的建议。

第五章
声　调

$$T = 5\frac{\lg \frac{f_0}{f_{min}}}{\lg \frac{f_{max}}{f_{min}}} \quad (1) \qquad D = 1 + 4\frac{\lg \frac{f_0}{f_{min}}}{\lg \frac{f_{max}}{f_{min}}} \quad (2)$$

这两个公式里的 f_0 均表示实测基频值，f_{min} 和 f_{max} 分别表示发音人所发所有声调的最低和最高基频值。从公式（1）可以推出，当音高为最低和最高时，T 分别为 0 和 5，从 0 到 1T 都归入 1 度，大于 1T 而小于等于 2T 的为 2 度，依次类推。从公式（2）可以推出，音高为最低和最高时，D 分别为 1 和 5。小于或等于 1.5D 的都归入 1 度，大于 1.5D 而小于等于 2.5D 的为 2D，以此类推到 4 度，大于 4.5D 的为 5 度。这两个公式的差别在于：(1) 在进行音高归一时，把调域最低值设为 0，进行五度离散时，每一度所覆盖的音高空间都是 1T；(2) 在进行音高归一时把调域最低值设为 1，离散出的 1 度和 5 度所覆盖的音高空间最窄，只有 0.5D，而其他 3 度都分别覆盖了 1D 的范围。这两种算法得到的结果不会有本质的差异。例如，假设一个女性发音人所发的某方言所有声调的最低和最高值分别为 75Hz 和 250Hz，那么一个 150Hz 平调的 T 值为 2.9，D 值为 3.3，均应归入 3 度；一个 200Hz 平调的 T 值为 4.1，归入 5 度，D 值为 4.3，归入 4 度。

在声调和语调的量化研究中，为了消除发音人调域差异带来的音高变异，也可以采用统计学上的 z 分数（z-score）对声调进行音高数据的归一[①]。z 分数的计算方法是，在一组数值中，某数值 x_i 距离该组数值的平均值（μ）有多少个标准差（σ），即 $z = (x_i - \mu)/\sigma$。某声调某音高点的音高 z 分数表示了它在这个发音人所有发音样本中的相对高低位置，因此就消除了该发音人调域的个体特征所导致的音高变异。在声调和语调研究中选择什么样的音高计算方法，或者说绝对的基频数值应如何进行处理以满足理论研究的需要，要视具体的研究对象和研究目的而定。

练习

1. 以单元音[a]或[i]作为音节单位，反复练习声调发音：

   [˥ 55]—[˦ 44]—[˧ 33]—[˨ 22]—[˩ 11]
   [˥ 55]—[˥˩ 51]—[˥˧ 53]—[˧˥ 35]—[˥ 55]
   [˧ 33]—[˧˥ 35]—[˥˧ 53]—[˧ 33]
   [˩ 11]—[˩˥ 15]—[˩˧ 13]—[˧˩ 31]—[˩ 11]

---

① 采用 z 分数对声调进行归一化描写的具体方法参见朱晓农《语音学》286—288 页，商务印书馆，2010 年。

[˧˥ 35]—[˨˦ 24]—[˩˧ 13]—[˩˥ 15]

[˥˧ 53]—[˦˨ 42]—[˧˩ 31]—[˥˩ 51]

[˨˩˦ 214]—[˧˩˧ 313]—[˦˨˦ 424]—[˥˧˥ 535]

[˩˧˩ 131]—[˨˦˨ 242]—[˧˥˧ 353]—[˨˦˨ 242]

练习时，最好能同时听国际音标录音并有他人指导。如无此条件，可先选几个比较有把握的音，如普通话的[˥ 55][˧˥ 35][˨˩˦ 214][˥˩ 51]作为标准，逐步比较扩展，不一定完全按照练习所列顺序。

2. 下列八个汉字在北京、济南、太原、长沙和南昌五种方言中声母和韵母读音相同，但调类的调值不同，试按各方言的不同调值练习发音。

	北京	济南	太原	长沙	南昌
低[ti]	[˥ 55]	[˨˩˧ 213]	[˩ 11]	[˧˧ 33]	[˦˨ 42]
私[sɿ]	[˥ 55]	[˨˩˧ 213]	[˩ 11]	[˧˧ 33]	[˦˨ 42]
扶[fu]	[˧˥ 35]	[˦˨ 42]	[˩ 11]	[˩˧ 13]	[˨˦ 24]
麻[ma]	[˧˥ 35]	[˦˨ 42]	[˩ 11]	[˩˧ 13]	[˨˦ 24]
古[ku]	[˨˩˦ 214]	[˥ 55]	[˥˧ 53]	[˦˩ 41]	[˨˩˧ 213]
李[li]	[˨˩˦ 214]	[˥ 55]	[˥˧ 53]	[˦˩ 41]	[˨˩˧ 213]
怕[pʻa]	[˥˩ 51]	[˨˩ 21]	[˦˥ 45]	[˥ 55]	[˧˥ 45]
寄[tɕi]	[˥˩ 51]	[˨˩ 21]	[˦˥ 45]	[˥ 55]	[˧˥ 45]

3. 普通话虽然已经没有入声，但是从普通话声母、韵母和声调的配合关系可以看出一些音节原来是否来源于入声。比如，所有鼻音韵母的音节原来都不可能是入声。和鼻音韵母相反，以下四种情况原来都来源于入声：（1）不送气塞音和塞擦音声母音节读阳平声调；（2）卷舌音声母和韵母 uo[uo]配合；（3）舌尖音声母和韵母 e[ɤ]配合；（4）除"嗟、靴、瘸"以外所有读韵母 üe [yɛ]的字。试根据以上四种情况确定下面三十个汉字中哪些原来是入声字。

白	特	者	平	足	桌	国	多
略	若	靴	宅	及	排	说	测
条	缺	别	雪	竹	得	初	弱
凡	答	桔	月	婆	昨		

4. 假定测量某人所说普通话四声的基频频率和频率对数值如下：

	阴平	阳平	上声	去声
频率值：	310—305Hz	230—310Hz	210—160—250Hz	320—150Hz

试根据调域转换成五度制，并按五度制确定其调值。

第六章 语流音变

一 语流音变的性质

1. 不自由音变和自由音变

我们用语言进行交际的时候，总是一个音紧接着一个音说的，各个音连续不断，形成了长短不等的一段段语流。语流内的一连串音紧密连接，发音部位和发音方法不断改变，有时难免相互影响，产生明显的变化。这种语音变化就称为"语流音变"。前面已经谈到过，北京话韵母 ian 里的 a 读成[ɛ]，是受前面 i-和后面-n 高舌位影响产生的语音协调作用，这种协调作用就是语流音变的一种表现。

语流音变是共时性的，但有时能成为语言历时性音变的原因。例如，古代汉语舌根音声母[k][k'][x]是可以和齐齿呼韵母配合的（古代没有撮口呼韵母），现代闽粤一带的方言仍保存着这种配合关系，如"基、欺、希"厦门话读成[ki][k'i][hi]，"骄、桥、晓"广州话读成[kiu][k'iu][hiu]。而在其他地区的方言中，这些字大都读成舌面音声母[tɕ][tɕ'][ɕ]，这是因为舌根音[k][k'][x]受它后面前元音[i]的影响，产生协调作用，发音部位前移，读成了舌面音。这本是几百年前产生的共时性语流音变，后来成为古代声母[k][k'][x]到现代在齐齿呼和撮口呼韵母前变为[tɕ][tɕ'][ɕ]这个历时性音变的原因。

更常见的语流音变是在音节之间产生的，也称"连读音变"。例如，北京话语气词"啊"[a]前面的音节如果以[i]收尾，"啊"就要变读成"呀"[ia]（如"你呀"），如果以[n]收尾，就要变读成"哪"[na]（如

"看哪");福州话声母[p][p']前面的音节如果是鼻音韵尾,就要变读成[m],如"棉袍"[mieŋ pɔ→mieŋ mɔ]、"产品"[saŋ p'iŋ→saŋ miŋ]。英语 can not [kæn nɔt](不能)两音节连读时合成一个音节 can't[kænt],也是语流音变的结果。超音质成分也同样可以产生音节间的语流音变,其中以连读变调最为常见,北京话两上声音节相连,前一个上声音节变得和阳平调值相同,就是很典型的例子。

　　语流音变一般都有比较强的规律性,但是这种规律性只适用于特定的语言和特定的时代。各语言和方言都有自己特殊的语流音变规律,汉语方言中有韵母 ian 的很多,但并不是都和北京话一样因协调作用而变读成[iɛn]。福州话[p][p']在鼻音韵尾后变读成[m]在汉语方言中更是不多见的。有的规律具有一般性,但在各语言和方言中所表现的具体内容并不完全相同,这一点在下文还会谈到。

　　语流音变可以分为两种类型:一种是不自由的,只要音变条件出现,音变现象就必然产生。北京话的上声变调和"啊"变读成"呀、哪"以及福州话的[p][p']变读成[m]等等都属于不自由音变。另一种是自由的,音变条件虽然出现,但是音变现象并不一定必然产生,也就是说,变不变是两可的,随语言环境和个人习惯而异。例如,下文所举的"啊"在北京话中的音变就有不自由的和自由的两种情况。

　　不自由音变不受语言环境的影响,不论说话速度快还是慢,态度认真还是随便,都会产生音变。自由音变则往往要受语言环境的影响。说话快一些,随便一些,就出现音变;慢一些,认真一些,音变现象就可能消失。个人习惯也对语流音变有影响,有的音变现象对一些人是自由的,对另外一些人可能就是不自由的,这和每个人的年龄、性别、文化程度、社会地位等都有关系。

　　在语言环境中,说话速度对自由音变的影响最大。各语言说话速度并不相同,英语正常说话速度平均每秒约五个音节,汉语要慢一些,北京话的正常说话速度平均每秒约四个音节,每个音节平均 250 毫秒左右。如果说话速度较快,每秒能达到五个音节甚至更多,每个音节平均不到 200 毫秒,就会产生一些正常速度不存在的音变现象。例如,"四个"[sɿ kə]可以读成[sɿ ə],"不知道"[pu tʂɿ tau]可以读成[pu ɿ tau],第二音节声母脱落,这种现象只有在说话随便、语速较快时才会出现。

北京话语气词"啊"经常要受它前面音节韵母或韵尾的影响产生种种不同的语流音变,其中有些是不自由的,有些则是自由的,音变情况如下:

前音节韵母或韵尾	"啊"的音变	例
[-a, -i, -y]	[a→ia]	他呀,你呀,去呀
[-n]	[a→na]	看哪

(以上为不自由音变)

[-o, -ɤ, -ɛ]	[a→ia]	说呀,喝呀,写呀(啊)
[-u]	[a→ua]	哭哇(啊)
[-ɿ]	[a→za]	字啊
[-ʅ]	[a→ra]	纸啊
[-ŋ]	[a→ŋa]	听啊

(以上为自由音变)

自由音变的结果因说话速度和个人习惯而异,其中说话速度是主要的,说话速度比较快时,以上这些音变都必然会产生,不因个人习惯而有所不同。只有说话速度正常或更慢一些时,个人习惯的不同才有可能显示出来。例子中外加括号的"啊"表示汉字既可以写成"呀""哇",也可以写成"啊",是两可的,不像不自由音变那样一定要写成"呀"或"哪"。

2. 几种常见的音变现象

各语言和方言都有自己特有的语流音变规律,音变现象千差万别,产生音变的原因也多种多样。有的音变原因比较简单,例如,北京话"啊"变读成"哪",很明显是受了前面音节收尾[-n]的影响;有的音变原因相当复杂,例如,北京话两上声相连为什么前一个上声会变得和阳平调值相同,到目前还没有能够找到十分合理的解释。

最常见的语流音变是语音的同化。不相同的音在语流中相互影响变得发音相同或相似,这种音变称为同化作用。

音节内部的同化作用往往表现为各音之间发音部位的协调。例如,辅音处在圆唇元音之前时往往被同化成圆唇化辅音,北京话除唇音声母外，其他声母处在合口呼和撮口呼韵母之前时都要受[-u]和[-y]的影响圆唇化，"都"[tu]、"国"[kuo]、"去"[tɕ'y]里声母的实际读音是[t̫][k̫][tɕ'̫]；英语 do[duː]（做）、cool[kuːl]（凉），法语 du[dy]（从）、cour[kuːr]（宫廷）等音节开头的辅音也都受后面圆唇元音的影响读成[d̫][k̫]等等。舌根辅音[k][k'][x]处在元音[i][-y]之前时，发音部位受[-i][-y]的影响前移接近于舌面中音，和处在[-a][-u]等元音之前时的发音部位显然不同，这种语音上的协调也是音节内部常见的一种同化作用，比较厦门话"急"[kip]和"甲"[kap]，广州话"骄"[kiu]和"鸡"[kai]，英语 key[kiː]（钥匙）和 car[kɑː]（汽车），法语 cuve[kyːv]（桶）和 cave[kaːv]（地窖），都可以明显感到[k]发音部位的这种变化。

音节之间的同化最容易出现在两音节相连的地方，也就是说，前一音节的末尾和后一音节的开头，这个位置以辅音居多，因此，最容易产生辅音的同化作用。福州话声母[t][t'][s]前面的音节如果是鼻音韵尾，就全都会被同化成舌尖鼻音[n]，如"皇帝"[xuoŋ ta→xuoŋ na]、"甜汤"[tieŋ t'ouŋ→tieŋ nouŋ]、"精神"[tsiŋ siŋ→tsiŋ niŋ]，这种同化是前面的音影响后面的音，称为"顺同化"。广州话"今日"[kam jat→kəm mat]，英语清擦音[s]处在浊辅音之后被同化为[z]，如 cards[kɑːdz]（卡片，复数）、dogs[dɔgz]（狗，复数），也都是顺同化的例子。

后面的音影响前面的音称为"逆同化"，前面所举音节内部发音部位协调的例子都是逆同化。音节之间逆同化的例子也很多，例如，北京话[-n]韵尾后面的音节如果是双唇音声母，就可以被逆同化成双唇音[-m]，如"面包"[miɛn pau→miɛm pau]、"分配"[fən p'ei→fəm p'ei]、"门面"[mən miɛn→məm miɛn]。许多方言都有类似的逆同化现象，如上举"门面"，苏州话为[mən mɪ→məm mɪ]，广州话为[mun min→mum min]，福州话为[muoŋ mieŋ→muom mieŋ]。英语前缀 im-只用在以 b、m、p 开始的词根之前，如 imburse（偿还）、immediate（直接）、impossible（不可能）等等，这是前缀 in-受后面唇辅音影响逆同化的结果。英语中只有少数几个词如 inbeing（本质）、inmate（同住者）、input（输入）是例外，这几个词里的 in-都读重音，和一般的前缀 in-的性质并不完全相同。

音节之间元音的同化现象比辅音少，也比音节内部的元音同化少。两音节之间的元音往往被音节中的辅音隔开，不能直接接触，但同样可

第六章
语流音变

以产生同化作用。例如，北京话把"木樨"[mu ɕi]读成[mu ɕy]，[i]受前面音节[u]的影响变读成圆唇的[y]，于是菜单上出现了"木须肉""木须汤"的写法。福州话"红蚣（蜈蚣）"[øŋ kuŋ]读成[øŋ ŋøŋ]，"蚣"的声母[k]变读成[ŋ]，是受前音节韵尾[ŋ]影响产生的辅音同化；韵母[uŋ]变读成[øŋ]，则是受前音节韵母[øŋ]影响产生的元音同化。以上这两个例子都属于顺同化。云南贡山独龙语[tɯ mi]（火）、[lɯ gɹu]（鞋）等等在连读时要变读成[ti mi][lu gɹu]，[ɯ]被后面音节的元音同化，则是元音逆同化的例子。

在一些语言里，有一种让词中第一音节或重读音节的元音决定其他音节元音音色的倾向，这也是一种元音同化现象，称为"元音和谐"。元音和谐是阿尔泰语系语言的突出特点。维吾尔语词干第一音节中的元音如果是前元音，后面音节中的元音往往也是前元音，如[kelin]（儿媳）、[ødɛk]（鸭子）；第一音节中的元音如果是后元音，后面音节中的元音往往也是后元音，如[buʁɑ]（鹿）、[oruɡ]（瘦）。新疆柯尔克孜语词干第一音节是[a]或[ə]时，后面的音节一般只能是[a]或[ə]，如[ʃamal]（风）、[adər]（丘陵）、[əsɛ]（热）、[məna]（这）；第一音节是[e]或[i]时，后面的音节一般也只能是[e]或[i]，如[ene]（母亲）、[eki]（二）、[ini]（弟弟）、[itʃek]（肠子）。土耳其语名词复数附加成分在[gül-ler]（玫瑰）里是[ler]，在[at-lar]（马）里是[lar]，随词根元音的前后而改变，更能明显地看出元音和谐所起的作用。

和同化作用相对的是语音的异化作用。相同或相似的音在语流中接近时，发音容易拗口，于是产生了异化作用，使发音变得不相同或不相似。异化作用远没有同化作用普遍，往往可以从中看出历时音变的线索。例如，汉语在隋唐时期有[-m]韵尾的韵母，其中有少数字能和唇音声母配合，如"品、禀、凡、犯、范"等。到了元代，[-m]韵尾仍保留，可是这几个唇音声母的字却读成了[-n]韵尾，这显然是因为音节首尾都是唇音，产生了异化作用。现代广州话仍旧保留了这种历时音变的痕迹，古代[-m]韵尾在广州话里相当完整地保存了下来，只有这几个字要读成[-n]韵尾："品、禀"[pɐn]、"凡、犯、范"[fan]。拉丁语 marmor（大理石）到法语就变成了 marbre，第二音节的 m 被第一音节的 m 异化成了 b；传到英语，前后两个 r 又产生异化作用，变成了 marble，也是很典型的例子。

异化作用一般不出现在直接相连的音之间，这也是和同化作用不同的地方。云南普米语箐花话两个紧邻音节如果都以送气辅音开头，第二个送气辅音往往异化为不送气辅音，两个送气辅音并不相连，如[phʐi]（酒）和[thiē]（喝）连读时变为[phʐi tiē]（喝酒），[skhyɛ]（心）和[phʐə̄]（白）连读时变为[skhyɛ pʐə̄]（诚实）。两音相连的异化现象比较少，蒙古语[-ŋ]后面和舌尖鼻音[n-]紧相连时要异化成非鼻音的[-g]，如[ʃaŋ]（奖品）变读成[ʃagnan]（奖励），这样的例子是不多见的。

除同化和异化以外，比较常见的语流音变还有增音、减音、合音和换位。

语流中两个音之间增添一个音进去称为"增音"。增音的原因很多，有的是为了分清音节界限，北京话"这儿、那儿、哪儿"有人说成"这合儿、那合儿、哪合儿"，在"儿"[ər]之前增添舌根辅音[x]，使两个音节界限清楚；有的是为了发音方便，英语 athlete[æθliːt]（运动员）往往读成[æθəliːt]，在[θ]和[l]之间增添[ə]，避免了发音部位过快的变化；有的则是语音同化产生的结果，福州话"中央"[tyŋ yɔŋ]要读成[tyŋ ŋyɔŋ]，"旷野"[kʻuoŋ ia]要读成[kʻuoŋ ŋia]，原来零声母增添成[ŋ-]，显然是前面音节[-ŋ]韵尾同化的结果。

语流中某些应该有的音没有发出声音来称为"减音"。减音现象最常出现在语速较快的语言环境中。前面曾经提到，北京话"四个、五个"里的"个"、"不知道"里的"知"快读时声母[k]和[tʂ]都可以不读出来，就是一种减音现象；英语在语速较快时，asked[ɑːskt]（问，过去时）可以减去[k]读成[ɑːst]，factory[fæktəri]（工厂）可以减去[ə]读成[fæktri]，也属于减音现象。有些减音和语速已经没有直接关系，例如北京话"两个、三个"不但减去"个"的声母[k]，连[k]后面的[ə]和前面"两、三"的鼻音韵尾也都减去，"两个"读成[lia]，写成"俩"，"三个"读成[sa]，可以写成"仨"，这种读法已经不大受语速变化的影响。类似的例子如苏州话入声韵尾[ʔ]处在其他音节之前时消失，"石板"[zɒʔ pɛ]读成[zɒ pɛ]，"寂寞"[ziʔ moʔ]读成[zi moʔ]；福州话声母[k][kʻ][x]处在开尾韵音节之后时减音变成零声母，"米缸"[mi kouŋ]读成[mi ouŋ]，"机器"[ki kʻɛi]读成[ki ɛi]，"词汇"[sy xuoi]读成[sy uoi]，都是不大受语速影响的减音现象。

两个音或两个音节在语流中合成一个音或一个音节称为"合音"。北京话前响复元音 ai、ei、ao、ou 在轻音音节中可以变读成单元音[ɛ][e][ɔ][o]，就是一种合音现象。例如，"明白"的"白"读轻音，韵母 ai 可以读成[ɛ]；"木头"的"头"读轻音，韵母 ou 可以读成[o]。两音节合成一音节的合音现象在语言里很常见，一般多出现在少数常用词语中，例如，北京话"不用"búyòng 合成"甭"béng，苏州话"勿要"[fɤʔ iæ]合成"覅"[fiæ]，广州话"乜野（什么）"[mat jɛ]合成[mɛː]，英语 cannot[kæn nɔt]（不能）合成 can't[kænt]、it is[it iz]（它是）和 it has[it hæz]（它有）都合音成为 it's[its]。汉语有不少方言的"儿"音节和它前面的音节合音成为一个音节，形成一套儿化韵母，如北京话的"花儿"huār、"盘儿"pánr 等等，这种儿化合音是成系统的，将在下文专门介绍。合音往往同时包含减音现象，如北京话韵母[ou]轻读合音成[o]，实际也是减去了[u]；"两个"减音读成"俩"，也是两音节合成一个音节的合音现象。

两个音在语流中可以互换位置，这种现象称为"换位"。有一些老北京人把"言语（说话）"yányu 说成 yuányi，就是[i]和[y]的换位。麻窝羌语[thɑpkɑ]（司厨）也可以说成[thɑkpɑ]，是[p]和[k]的换位。福州话"旁边"[pouŋ pieŋ]要读成[puom mieŋ]，其中"旁"的韵尾[-ŋ]和"边"的声母[p-]都变读成[m]，是语音的同化，"旁"韵母中的[ou]变读成[uo]，则是元音的换位。英语 enmity[enmiti]（敌对）有人读成[emniti]，是[m]和[n]互换；法语 luxe[lyks]（奢侈）有人读成[lysk]，是[k]和[s]互换，这种读法虽然一般认为比较粗俗，但也反映出了换位现象。

二　连读变调

1. 连读变调的性质

声调语言两个或两个以上的音节连在一起时，音节所属调类的调值有时会发生变化，这种现象称为"连读变调"。连读变调是声调在语流中产生的音变现象，只可能发生在相连音节之间。北京话上声调类单念或处在停顿之前时调值是[˨˩˦ 214]，处在其他音节之前时调值变为[˨˩ 21]或[˧˥ 35]，就是典型的连读变调现象。[˨˩˦ 214]是分析和记录北京话上声调类的基本形式，称为"本调"或"单字调"，[˨˩ 21]和[˧˥ 35]是上声音节和其他音节连读时产生的调值变化，称为"变调"。为了和本调区别，在用五度制标写调值时，变调的调值要标在直线的右侧，如[ˌ˨˩ 21][ˌ˧˥ 35]，如果需要和本调比较，应该放在本调之后，如[˨˩˦ˌ˨˩ 21][˨˩˦ˌ˧˥ 35]。本调和变调并没有主次之分，只是调类在不同语言环境中表现出的不同语音形式而已。

　　调类相同的音节本调的调值必然相同，连读变调规律一般也应该完全一致。如果连读变调规律不一致，也就是说，本调相同而变调不同，而且不同的变调各有自己的变调规律，就有可能应该分为两个调类，这时调类划分的根据不再是本调而是变调。例如，浙江温岭话本调调值读[˧˩ 31]的音节就有两套完全不同的连读变调规律，一套处在其他音节之前基本上不变调，另一套处在任何音节之前都要变调读成升调。基本不变调的一套所包括的字和古代或现代一些方言中的阳上声字相当，变调的一套所包括的字则和古代或现代其他方言中的阳平声字相当。例如，"是"[zɿ]和"胡"[ɦu]本调都是[˧˩ 31]，在"是非"和"胡须"中都处在阴平声之前，这时"是"不变调，"胡"要变读成[˩˥ 35]；"父"[vu]和"杨"[liaŋ]本调也都是[˧˩ 31]，在"父子"和"杨柳"中都处在阴上声之前，这时"父"也不变调，"杨"要变读成[˩˧ 13]。变或不变有很强的规律性，而且和古代或现代一些方言中阳上和阳平两调类完全相当，温岭话本调读[˧˩ 31]的音节就应该根据两种不同变调规律分为阳上和阳平两个调类。

　　银川话按本调只有三个调类：平声[˧ 33]、上声[˥˧ 53]、去声[˩˧ 13]。上声处在去声之前时有两套完全不同的变调规律，一套不变调，另一套变读成[˩˥ 35]。不变调的一套所包括的字都和古代或现代其他方言中的阳平声字相当。例如，"浅"和"前"、"纺"和"防"，银川话单读时都是[˥˧ 53]，是同音字，如果后面紧跟一个去声音节，"浅"和"纺"都变读成[˩˥ 35]，"前"和"防"不变，仍旧读[˥˧ 53]，"浅近"和"前进"、"纺织"和"防治"并不同音。严格地讲，银川话的上声也应该根据这种变调分为上声和阳平两类，只是这两类除处在去声之前外已合而为一，不像温岭话那样两套变调的界限十分清楚。

连读变调有时是区分语义或语法结构的一种手段。例如，河南获嘉话上声本调是[꜔53]，"雨水""虎口"都是两上声连读，如果只是前一音节变调，读成[꜖31 ꜔53]，"雨水"指一般的雨水，"虎口"指老虎的嘴；如果前后两音节都变调，读成[꜖31 ꜖13]，"雨水"就专指雨水节气，"虎口"就专指拇指和食指相连的地方。再如，浙江舟山群岛定海话"平地"[biŋ˨˨ di˩˧]不变调指平整土地，是述宾结构，如果"地"变调读[˧˦]，就指平坦的土地，是偏正结构；同样，"生蛋"如果"蛋"[˩˧]不变调指鸡下蛋，如果变调读[˧˦]，就指不熟的生蛋了。

有的连读变调规律只适用于个别语素，分两种情况：一种是语素本身产生特殊的连读变调。例如，北京话语素"不"本调是去声，如果处在另一去声之前，就要变调读成[꜒35]，和阳平调值相同，如"不去"bú qù、"不对"bú duì。另一种是语素影响其他音节，使其他音节产生特殊的连读变调。例如，山西长治话入声调值是[꜔54]，处在词尾"子"和"底"之前时分成两套，一套变调读[꜖4]，相当于古代或现代一些方言中的阴入声字，如"瞎子""热底"；另一套不变调，相当于阳入声字，如"脖子""薄底"。长治话入声是否变调，是由后面"子"和"底"这两个语素所决定的，和其他语素以及语音环境并无关系。

2. 连读变调的类型

连读变调是声调语言中极为常见的语流音变现象，有的语言连读变调非常复杂，有的语言比较简单，也有的语言并不存在明显的连读变调现象。汉藏语系是典型的声调语言，各语族的变调情况也很不相同，苗瑶语族的连读变调一般就比侗台语族复杂得多。同一种语言的各方言也有很大差别，苗语中贵州毕节县大南山苗语连读变调规律相当复杂，湖南花垣县腊乙坪苗语就没有明显的连读变调现象。汉语方言中，东南沿海一带吴方言和闽方言的连读变调都很复杂，粤方言和客家方言则比较简单，也可以认为不存在明显的连读变调现象。北方方言中以山西一带的方言最为复杂，北京话可以说是最简单的一种。

连读变调可以发生在两音节之间，也可以发生在三音节、四音节甚至更多的音节之间，但一般都是以两音节的连读变调为基础的。两音节变调可以分为三种类型：（1）前变型。两音节相遇，前音节受后音节影响产生变调。例如，北京话"海岛""想走"等两上声音节相连，只前一音节"海""想"变调读成[ˇ35]，后一音节"岛""走"并不变调；福州话阴平[˧44]处在上声[˨˩31]之前时变调读成[˥˨52]，后一音节上声并不变调，如"工厂"[kuŋ˥˨ ʒuoŋ˨˩]、"思想"[sy˥˨ luoŋ˨˩]。（2）后变型。两音节相遇，后音节受前音节影响产生变调。例如，苏州话前一音节如果是阴平声，后一音节一律变读成低降调，如"东风"[toŋ˦ foŋ˨˩]、"工人"[koŋ˦ nin˨˩]、"空气"[kʻoŋ˦ tɕʻi˨˩]。（3）全变型。有后变型变调的方言往往同时也有前变型变调，如果前后两音节都变，就成为全变型。例如，苏州话前音节如果是阳去声[˨˩31]，后音节多数情况下变读为高平调[˦44]，前音节也变调读成低平调[˨22]，如"问题"读成[˨˨ ˦˦]，"雨伞"读成[˨˨ ˦˦]。

不同类型的变调在有的方言里可以起区分语义或语法结构的作用。前面提到的河南获嘉话"雨水""虎口"的两种意义就是用前变型和全变型的不同变调类型来区分的。山西平遥话两去声[˧˥35]相连，如果是述宾结构就用前变型，如"败兴"[pæ˨˩ ɕiŋ˧˥]，如果是并列结构或偏正结构就用后变型，如"病痛"[pi˧˥ tʻuŋ˨˩]、"慢待"[mɑŋ˧˥ tæ˨˩]；两上声[˥˧53]相连，如果是述宾结构就用全变型，如"打顶（打盹）"[tɑ˨˩ tiŋ˨˩]，如果是并列结构或偏正结构，就不变调，如"卯榫"[mɔ˥˧ suŋ˥˧]、"小米"[ɕiɔ˥˧ mi˥˧]。

三音节、四音节甚至更多音节的连读变调要比两音节复杂得多，而且往往受到语义和语法结构的影响，但多半都以两音节的变调规律为基础。以三音节为例，浙江温岭话是后两音节按两音节规律变调，第一音节基本不变，"东南"[tuŋ˦ nɛ˨˩]两音节都变调，"东南风"变成[tuŋ˦ nɛ˨˩ fuŋ˦]，"南风"按两音节规律变调，"南"由降调改为升调，"东"不再变调。厦门话则是前两音节按两音节规律变调，第三音节不变，如"好学生"[ho˨˩ hak˦ siŋ˦]、"差不多"[tsʻa˦ put˦ to˦]。厦门话四音节或更多音节也总是最后音节不变，其余都要变调，最后音节一般处在语音停顿之前，往往受构词法和句法的制约，例如，"中华人民共和国"

往往分成"中华""人民""共和国"三段来变调，并不是前六个音节都变，只有最后的"国"才不变。

有时多音节变调和两音节变调规律毫无关系。北京话阳平声处在两阴平声之间时往往产生变调，读成[˥ 55]，和阴平同调值，如"科学家""工农兵"，中间音节都可以读成[˥ 55]，这种变调就和两音节变调规律无关。这种现象产生的原因是，音节处在中间位置时产生了轻化，调型就变成了前音节声调终点和后音节声调起点之间的过渡。因此，严格说来这种音变并不是连读变调。苏州话三音节连读时有两派读音：一派前两音节按两音节规律变调，第三音节一律变成低降调，如"火车站"[həu˩ ts'o˩ ze˩]，"火车"按两音节阴平处在上声之后的变调规律变读成[˧˥ 35]；另一派读音中间音节主要由它本身的调类来决定，阴平处在中间音节并不变调，"车"仍旧读[˦ 44]，这一派的读法就和两音节变调毫无关系了。

3. 普通话的连读变调

普通话的连读变调可以说是和北京话完全一致的，变调规律非常简单，严格地讲，只有一种不自由的变调，就是前面已经提到过的上声变调。普通话上声[˨˩˦ 214]处在阴平、阳平和去声之前时变调读成[˨˩ 21]，处在另一上声之前时变调读成[˧˥ 35]。试比较：

上声＋阴平：	语音	好听	两张	买书
上声＋阳平：	语言	好人	两条	买鞋
上声＋上声：	*语法	*好笔	*两碗	*买米
上声＋去声：	语义	好看	两块	买布

直行比较上列各例，很容易感觉到上声两种变调的区别。两上声音节相连，前一音节的上声调值显然和处在其他三声之前大不相同，例中前加星号以示区别。

上声处在阴平、阳平和去声之前读成[˨˩ 21]，可以认为是只读出了上声调值[˨˩˦ 214]的前一半，因此也可以称为"半上"。半上仍保持了上声低调的特点，只是把原来的降升调变为低降调而已。

上声处在另一上声之前读成[˧˥ 35]，已经变得和阳平声同调值：

"语"和"鱼"、"好"和"毫"同音,"两碗"和"凉碗"、"买米"和"埋米"没有区别,只有在强调或对比两者的分别时才有可能把上声变调读得略低一些,成为[∨ 24],这样"两[24]碗"和"凉[35]碗"、"买[24]米"和"埋[35]米"才略略有些不同。如果需要说下列这样一句话:"北京市只有白[35]塔寺,并没有百[24]塔寺",就应该把阳平声"白"和上声"百"的变调区分开。但就一般情况看,两者的调值应该说是完全一样的。

普通话两去声音节连读,前一个去声听起来很像变读成了高降调[∨ 53],如"注意、现在、再见、放假"等等。实际上普通话两音节连读时,前一音节的调域往往比后一音节高一些、窄一些,各声调都是如此,两个阴平声音节连读,如"今天、新书",听起来就往往是前一个音节显得略略高一些。普通话去声调值[∨ 51]从最高的5到最低的1,占据了整个调域,两去声连读,实际是一个调域略高、略窄的[∨ 51]紧跟着一个调域略低、略宽的[∨ 51],和后一个[51]相比,前一个[51]听起来自然会有些像[53]。严格地讲,普通话去声和阴平、阳平一样,并不存在明显的连读变调现象。

有不少世居北京的地道北京人把两去声连读时的前一音节变读成[∕ 35],和阳平声同调值,"现在"读得和"闲在"同音,"注意"读得和"竹意"同音,这种现象遍及北京城区和近郊,主要存在于文化层次较低的人随随便便的日常谈话之中,是北京话的内部方言歧异,不能算是普通话。

普通话三音节、四音节甚至更多音节连读时,如果其中包括上声音节,一般都按两音节上声变调规律变调,试比较下列各三音节词语:

普通话 [∕∖ ⎤ ∨]   山海关 [⎤ ∕∖ ⎤]
漂白粉 [∕∖ ∕ ∕]   原子能 [∕ ∕∖ ∕]
选举权 [∨ ∕∖ ∕]   副厂长 [∨ ∨ ∨]
感谢信 [∕∖ ∨ ∨]   电影院 [∨ ∕∖ ∨]

左边四个词第一音节是上声,右边四个词第二音节是上声,都要根据后面音节的性质变调:左边的第二音节、右边的第三音节都按阴平、阳平、上声、去声的顺序排列,可以清楚地比较出不同的变调结果。处在第三

第六章
语流音变

音节的上声"粉"和"长"后面没有其他音节,并不变调。

如果三个音节都是上声,变调情况就复杂一些,往往因语言环境和个人习惯的不同而有所变化。一般情况是前两个上声音节都变调读成[ᷗ 35],例如:

展览馆[ᷗ ᷗ ᷗ]　　买手表[ᷗ ᷗ ᷗ]

"展览馆"是"展览+馆",属于"双单格";"买手表"是"买+手表",属于"单双格"。单双格如"买手表、好领导、你演讲"等等,第一个上声也可以不变读成[ᷗ 35],而是变读成半上[ᷗ 21],成为[ᷗ ᷗ ᷗ]。

四个或四个以上的音节如果都是上声,最简单的变调是除最后一个音节外,其余的都变读成[ᷗ 35],例如:

岂有此理[ᷗ ᷗ ᷗ ᷗ]
领导很了解[ᷗ ᷗ ᷗ ᷗ ᷗ]
我买五把好雨伞[ᷗ ᷗ ᷗ ᷗ ᷗ ᷗ ᷗ]

但是这种情况比较少。语流越长,语音停顿、语义重点、语法结构以及语调的变化就越多,各种因素交织在一起,可以形成非常复杂的变调局面。例如,在语音停顿前可以变读成[ᷗ 21],甚至可以不变读,仍旧读[ᷗ 214];需要强调的音节也可以变读成[ᷗ 21],同时还可以加宽调域。这些变化主要是由语法结构和语义关系决定的。

普通话里有两个语素具有特殊的连读变调规律,这就是"不"和"一"。

"不"本调是去声,处在另一去声之前时变调读阳平声,处在其他调类之前时不变调,仍读去声。试比较:

不干 bù gān 不净 bú jìng　　不闻 bùwén 不问 búwèn
不管 bùguǎn 不顾 búgù　　不上 bú shàng 不下 bú xià

"一"本调是阴平声,处在去声之前时变调读阳平声,处在其他调类之前时变调读去声。试比较:

一心 yìxīn 一意 yíyì　　一模 yìmú 一样 yíyàng
一草 yì cǎo 一木 yí mù　　一唱 yíchàng 一和 yíhè

也就是说,"一"处在任何调类之前都要变调。但是,如果作为序数或十位以上的数的个数时,"一"就不再变调,仍读阴平声,例如,"第一期、十一期""第一名、十一名""第一种、十一种"分别处在阴平、阳平、上声之前,就不能变调,仍旧读阴平声。只有在去声之前才可以变读成阳平声,如"第一(yí)次、五十一(yí)次",但是否变读是自由的,依个人习惯或语言环境而定。

三 汉语的儿化音变

1. 汉语儿化的特点

汉语许多方言都存在儿化音变现象。绝大多数儿化是语尾"儿"和前面音节合音形成的一种特殊的音变现象。例如,北京话"花儿、歌儿、本儿"等等,虽然都写成两个汉字,实际上已经读成一个音节,"儿"只表示前面音节的韵母加上卷舌作用,本身不再独立发音。由儿化音变形成的儿化韵母就是"儿化韵"。

有少数儿化音变和语尾"儿"并没有关系。例如,北京话"今儿(个)、昨儿(个)、前儿(个)、明儿(个)"里的"儿"原来应该是"日","这儿、那儿、哪儿"里的"儿"原来应该是"里",现在汉字虽然也都写成"儿",但实际是语素"日"和"里"的语素变体,和语尾"儿"并无关系。北京话三音节连读,所有读 er 的语素处在中间音节时都有可能和前面的音节合音成儿化韵,在语速较快时更是如此,如"普洱茶"可以读成 pǔrchá,"哈尔滨"可以读成 Hārbīn,"连二灶(双眼灶)"可以读成 liánrzào,这些儿化韵也和语尾"儿"完全无关。

就汉语儿化现象的语音分析来看,起儿化作用的究竟是语尾"儿"还是"日、里、洱、尔、二"或其他,关系不大。无论如何,语尾"儿"在儿化现象中占绝对多数,是最主要的,在讨论儿化时,可以只以语尾"儿"为代表。

大部分北方方言都和北京话一样,"儿"读成卷舌元音[ər],一般也都存在儿化现象,但儿化的程度和方法并不完全相同。儿化以后的韵母一般都有所合并,如北京话"汁儿"zhīr 和"针儿"zhēnr 都读成[tʂɚr],

韵母 i 和 en 儿化后合并成[ər]；"鸡儿"jīr 和"今儿（今天）"jīnr 都读成[tɕiər]，韵母 i 和 in 儿化后合并成[iər]。北京话大部分韵母在儿化后仍保持区别，合并的只是少数。有一些方言大部分都要合并，如重庆话韵母[au][ai][ən]等儿化后合并，都读成[ər]，"刀刀儿（小刀）"的"刀儿"读[tər]，"盖盖儿（小盖子）"的"盖儿"读[kər]，"书本儿"的"本儿"读[pər]；韵母[aŋ]儿化后和[an]合并，都读成[ar]，"网网儿（小网）"的"网儿"读[war]，"饭碗儿"的"碗儿"也读[war]。这些韵母在北京话的儿化韵中都是不能合并的。重庆西面的荣昌话更进一步，所有韵母儿化后都合并成[ɜr]，只保留了四呼的分别，如"杯杯儿"[pei pɜr]、"缸缸儿"（水盂）[kaŋ kɜr]、"（小）刀刀儿"[tɑu tɜr]、"橘柑儿"[tɕy kɜr]，第二音节儿化后韵母都读成[ɜr]，"电影儿"[tiɛn iɜr]、"蛋黄儿"[tan xuɜr]、"金鱼儿"[tɕin yɜr]第二音节韵母也是[ɜr]，只是四呼不同而已。

大部分方言的儿化韵只是韵母产生卷舌作用，也有一些方言儿化韵的卷舌作用不仅限于韵母。山东阳谷话老派读音"兔儿"读[t'lur]，"刀儿"读[tlaor]，"座儿"读[tsluɻr]，"嗓儿"读[slar]，卷舌作用从韵母之前就开始，声母后面紧跟着一个舌位略靠后近似滚音的辅音[l]，很像是形成了复辅音；如果是齐齿呼和撮口呼韵母儿化，还可被分解成两个音节，"碟"[tie]、"样"[iaŋ]、"卷"[tɕyan]儿化后读成"碟儿"[tiler]、"样儿"[ilar]、"卷儿"[tɕyler]。山西平定话儿化韵的韵母本身不卷舌，只是在韵母前面加上卷舌边音[ɭ]，如"豆儿"[t̺ɭʅu]、"牌儿"[p̺ɭɐ]、"今儿"[ts̺ɭʅŋ]。山东金乡话老派读音儿化韵在韵母之前也加卷舌作用，如"刀儿"[trər]、"兜儿"[trour]、"边儿"[priɐr]；如果声母是舌尖前音[ts][ts'][s]，连声母也产生卷舌作用，变成舌尖后音[tʂ][tʂ'][ʂ]，"子"[tsʅ]、"层"[ts'ə̇]、"三"[sã]儿化后读成"子儿"[tʂər]、"层儿"[tʂ'ər]、"三儿（小名）"[ʂãr]，儿化音变影响到整个音节。

有的方言"儿"并不读卷舌元音[ər]，也同样可以产生儿化音变，只是不用卷舌作用来体现。洛阳话"儿、二、耳"等读[ɯ]，韵母儿化是以[ɯ]为韵尾，三十几个韵母儿化后合并成[əɯ][iɯ][uɯ][yɯ][ɐɯ][iɐɯ][uɐɯ][yɐɯ]八个儿化韵，如"本儿"[pəɯ]、"味儿"[viɯ]、"虫儿"

[tʂ‘uɯ]、"曲儿"[tɕ‘yɯ]、"(肉)末儿"[mɤɯ]、"(一)片儿"[p‘iɐɯ]、"花儿"[xuɐɯ]、"(公)园儿"[yɐɯ]。

  吴语很多方言"儿"读鼻音[ṇ]或[ŋ̍]等，也同样可以产生儿化音变。浙江义乌话"儿"读[ṇ]，儿化时[n]成为前面音节的韵尾，同时加长前面的元音，如"兔"[t‘u]、"花"[hua]儿化后读成"兔儿"[t‘uːn]、"花儿"[huaːn]；如果前面音节原来有韵尾，则原来的韵尾失落，如"桶"[doŋ]儿化后读成"(小水)桶儿"[doːn]，"狗"[kəɯ]儿化后读成"(小)狗儿"[kəːn]。浙江平阳话和温州话"儿"都读[ŋ̍]，作语尾时可以自成音节，也可以儿化，儿化时也是[ŋ]成为前面音节的韵尾，同时加长前面的元音。如平阳话"刀儿"可以读成[tœ ŋ̍]两音节，也可以儿化读成一个音节[tœːŋ]，"兔"[t‘y]可以儿化成"兔儿"[t‘yːŋ]，"盘"[bø]可以儿化成"盘儿"[bøːŋ]，"羊"[ie]可以儿化成"(小)羊儿"[ieːŋ]。平阳话语尾"儿"自成音节时调值是[˩13]，儿化以后和前面的音节合音成一个音节，整个音节的声调也读成[˩13]或[˩24]：声母是浊音时读[˩13]，如"盘儿"[bøːŋ˩]；声母是清音时读[˩24]，如"刀儿"[tœːŋ˩]。温州话有的儿化音节合音非常紧密，[ŋ]前面的元音并不加长，如"(笑)话儿"[ɦoŋ]儿化时不读[ŋ̍oŋ]，而读[ɦoŋ]，和"红"同音，当地就经常有人把"笑话儿"写成"笑红"。

  儿化韵是表达小称的一种手段，词在儿化以后往往增加一层小、可爱或轻视的意义。汉语方言表示小称并不仅限于儿化一种方法。西南官话常用重叠的方法表示小称，有的同时儿化，如上面所举重庆话和荣昌话的一些例子；有的并不儿化，如贵阳话"篮篮、盒盒、箱箱(抽屉)"等等，只重叠，不儿化。福州话也常用重叠的方法，如"瓶瓶、柜柜、罐罐、盒盒"等也都表示小称。吴方言和粤方言有时用调值的变化表示小称，可以称为"小称变调"。浙江永康话各调类都有自己的小称调值，如"猪"[tɕi˧]在"(小)猪"中读成[tɕi˩]，阴平[44]在小称时读成[324]，"树"[ʑy˩]在"(小)树"中读成[ʑy˥]，阳去[24]在小称时读成[11]。浙江温岭话平声小称时读[˩15]，"鸡"[tɕi˧]在"(小)鸡"中读成[tɕi˩]。广州话"麻包"的"包"[pau˥]调值是[53]，"荷包"的"包"[pau˥]调值变成[55]；"热带"的"带"[tai˧]调值是[33]，"鞋带"的"带"[tai˩]调值变成[35]，都起到了小称的作用。广东信宜话小称变调比广州话要严格得多，不管原来是什么调类，小称时一律变为高升调[↗35]，而且调域提高。"杯"[puiˠ]调值是[53]，小称时读成[35]，调域还要升高一些，"狗"[tɐu]调值原来就是[35]，小称时要把[35]再提高一些，并不会混淆。如果是单元音韵母，后面还要加上[-n]韵尾，"路"[lu↓]小称时读成[lun↗]，"鱼"[ny]小称时读成[nyn↗]，[↗35]调值是调域升高了的高升调。广西容县话的小称变调和信宜话很相似，只是单元音并不加[-n]韵尾，如"碗"[un⊣]小称时读成[un↗]，"鱼"[ny↓]小称时读成[ny↗]，后面并不加[-n]。

2. 普通话的儿化韵

普通话的韵母除带调自成音节的[ə]韵母（"儿、耳、二"等）以外，全都可以儿化。儿化的卷舌作用从韵腹开始，直到韵尾，韵头并不受影响。"碴儿"chár[tʂʻar]、"兔儿"tùr[tʻur]、"（小）刀儿"dāor[tɑur]、"（小）狗儿"gǒur[kour]都是整个韵母儿化，"鸟儿"niǎor[niɑur]、"花儿"huār[xuar]、"（配）角儿"juér[tɕyer]的韵头[i][u][y]并不儿化。

有一些韵母儿化后韵母结构产生了较大的变化，分为三种情况：

（1）韵母 i[i]、ü[y]儿化时后面加上[ər]，[i]和[y]实际上由韵腹变成了韵头，如"（小）鸡儿"jīr[tɕiər]、"（小）鱼儿"yúr[yər]。韵母 i[ɿ][ʅ]也是后面加[ər]，但[ɿ][ʅ]不再发音，也可以认为是儿化后变成[ər]，如"丝儿"sīr[sər]、"（树）枝儿"zhīr[tʂər]。

（2）韵尾-i[i]、-n[n]儿化时不再发音，只是前面的韵腹产生卷舌作用，如"（小）孩儿"háir[xar]、"盘儿"pánr[pʻar]、"信儿"xìnr[ɕiər]、"（合）群儿"qúnr[tɕʻyər]。

（3）韵尾-ng[ŋ]儿化时和前面韵腹合并成鼻化元音，同时加卷舌作用，如"缸儿"gāngr[kã̃r]、"（小）虫儿"chóngr[tʂʻũr]、"（花）瓶儿"píngr[pʻĩər]、"（小）熊儿"xióngr[ɕyũr]。

儿化韵的声学特性主要表现在 F_3 频率大幅度下降，向 F_2 接近，越是接近，听感上的卷舌色彩就越重。普通话儿化韵的卷舌动作几乎是和韵腹同时产生的，F_3 在韵腹的开端一般就呈现下降的趋势，有时一开始就能下降几百赫。

普通话的儿化韵和北京话是完全一致的，除自成音节的[ər]韵母以外，三十七个韵母儿化后合并成二十六个儿化韵，合并情况如表6-1所示。

表 6-1　北京话儿化韵和本韵的对应关系

儿化韵	例词	原韵母	儿化韵	例词	原韵母	儿化韵	例词	原韵母	儿化韵	例词	原韵母
[ər]	丝儿	ĭr	[iər]	—	—	[uər]	—	—	[yər]	—	—
	枝儿	ir		鸡儿	ir		—	—		鱼儿	ür
	碑儿	eir		—	—		柜儿	uir		—	—
	根儿	enr		今儿	inr		棍儿	unr		裙儿	ünr
	—	—		—	—	[ur]	屋儿	ur		—	—
[ɤr]	歌儿	er		—	—		—	—		—	—
	—	—	[iɛr]	街儿	ier		—	—	[yɛr]	月儿	üer
[or]	沫儿	or		—	—	[uor]	活儿	uor		—	—
[ar]	把儿	ar	[iar]	芽儿	iar	[uar]	花儿	uar	[yar]	—	—
	牌儿	air		—	—		拐儿	uair		—	—
	盘儿	anr		尖儿	ianr		罐儿	uanr		院儿	üanr
[aur]	刀儿	aor	[iaur]	票儿	iaor		—	—		—	—
[our]	钩儿	our	[iour]	球儿	iur		—	—		—	—
[ãr]	缸儿	angr	[iãr]	亮儿	iangr	[uãr]	筐儿	uangr		—	—
[ə̃r]	灯儿	engr	[iə̃r]	影儿	ingr	[uə̃r]	瓮儿	uengr		—	—
						[ũr]	空儿	ongr	[yũr]	熊儿	iongr

普通话的儿化韵和北京话虽然完全一致，但是可以儿化的词少得多。表中所列例词有一些很难说已经进入普通话，只能说明普通话可以存在这类儿化韵。有的儿化韵在北京话里也是罕用的，如[uər]，只在"瓮儿"这一个词中使用，而"瓮"本身就是一个很不常用的词。

北京话的儿化韵近几十年来处在比较大的变动中，存在着相当明显的个人读音分歧。例如，有的人把 air 和 anr 读成[ɐr]，和 ar[ar]并不同音，"板儿"bǎnr[pɐr]和"把儿"bǎr[par]、"(小)罐儿"guànr[kuɐr]和"(小)褂儿"guàr[kuar]发音并不相同。有的人把 er[ɤr]也读成[ər]，和 ĭr、eir、enr 等同音，"歌儿"gēr [kər]和"根儿"gēnr[kər]毫无分别。还有的人甚至连 ier[iɛr]和 üer[yɛr]也读成[iər][yər]，"(树)叶儿"

yèr 和"(脚)印儿"yìnr 都读[iər]，变成完全同音。总起来看，北京老年人的儿化韵趋向于分，青年人则趋向于合，这些都是北京话内部的个人读音差异，并不影响普通话儿化韵的分合。

练习

1. 列出普通话语气词"啊"的各种音变，并说明产生音变的原因。

2. 练习拼读北京话、苏州话和厦门话下列各词语，注意其中的连读变调现象。

北京话

[xai ˧˥]（海）

  [xai ˨˩ tɕyn ˥]（海军）

  [xai ˨˩ jiɑŋ ˧˥]（海洋）

  [xai ˨˩˦ ʂuei ˧˥]（海水）

  [xai ˨˩ ʔan ˥˩]（海岸）

[ɕyan ˧˥]（选）

  [ɕyan ˨˩ tɕʻy ˥]（选区）

  [ɕyan ˨˩ min ˧˥]（选民）

  [ɕyan ˨˩˦ tɕy ˧˥]（选举）

  [ɕyan ˨˩ pʻiɑu ˥˩]（选票）

苏州话

[n̠in ˧˥]（人）

  [koŋ ˥ n̠in ˨˩]（工人）

  [nø ˨˩ n̠in ˨˨]（男人）

[sʮ ˥˩]（水）

  [kʻɛ ˥ sʮ ˨˩]（开水）

  [ɦy ˨˩ sʮ ˨˨]（雨水）

厦门话

[suā ˥]（山）

  [suā ˦ sai ˥]（山西）

  [suā ˦ sui ˥˩]（山水）

[he ˥˩]（火）

  [he ˥˩ tsʻĩ ˥]（火星）

  [he ˥˩ lɔ ˧˥]（火炉）

3. 福州话是语流音变最复杂的汉语方言，指出下列词语福州话读音中各有哪些音变现象，并说明产生音变的原因。

  便利[pieŋ ˧˥ lei ˧˥ → pieŋ ˧˥ nei ˧˥]

  宗教[tsuŋ ˥ kau ˧˥ → tsuŋ ˥˩ ŋau ˧˥]

  记忆[kei ˧˥ ei ˧˥ → ki ˥˩ ei ˧˥]

电影［tieŋ˨˩˦ iŋ˨˩˦ → tieŋ˧˥ ŋiŋ˨˩˦］

疑心［ŋi˧˥ siŋ˥˥ → ŋi˥˥ liŋ˥˥］

瀑布［puʔ˥ puo˥˩ → puʔ˨˩ βuo˥˩］

4. 用国际音标拼写下列各词语的普通话读音，指出有哪些语流音变现象。

  火车   电视   理想   浅薄

  很了解 新闻系 保险单

  一不做，二不休

5. 用国际音标拼写下列各儿化词的北京话读音，指出哪几个变成了同音词。

  珠儿   汁儿   印儿   鱼儿   牌儿

  针儿   盘儿   叶儿   缸儿   头儿

第七章　韵　律

韵律本来是指诗歌中的押韵和平仄规则，语音学借用来指话语中的重音、节奏和语调现象。本章将对词汇和语句层面的重音、节奏以及语调问题进行简要介绍。

一　词汇的轻重音

组成一段语流的各音节声音响亮程度并不完全相等。有的音节在语流中听起来声音比其他音节突显，就是重音音节；有的音节听起来比较微弱，就是轻音音节。在国际音标里，重音在音节前左上方加['']表示。

音节轻重的不同在词汇层面和句子层面都存在。在多音节词中，各音节的轻重位置往往是确定不变的。例如，英语 phonetics[fou'netiks]（语音学）第二音节 ne 必须读重音，北京话"明·白"míng·bai 里的"白"必须读轻音，可以说是习惯使然，不这样读，听起来就不够自然，不够标准。有些必须轻读的如果读成正常的重音，甚至有可能让人听不懂或误会成别的意思。词汇层面的这种重音或者轻音叫作词汇重音或者词汇轻音。

在表达完整意义的语句中，重音可以起强调其中某个词语的作用，例如，"我对'他说了"是强调对"他"，不是对别人；"我对他'说了"则是强调"说了"，没有隐瞒，两句的意思显然不同。这种重音表达了语气的变化，和上面介绍的多音节词语中的轻重音性质很不相同，可以称为强调重音或句重音。

1. 词汇重音

　　有些语言，如英语、法语、俄语等的多音节词里会出现明显的重读音节，这样的语言叫重音语言。重音语言的词汇重音可以分为固定重音和自由重音两种类型。有的语言重音总是放在多音节词的固定位置上，例如，法语的词重音总是放在词的末一个音节，突厥语族语言的一个特点也是词的重音位于末一个音节，土耳其语以及我国境内的维吾尔语、哈萨克语、柯尔克孜语等都是如此。波兰语和非洲斯瓦希里语重音总是处在倒数第二个音节上，芬兰语和捷克语则是把重音放在词的第一个音节上。这些语言的重音都属于固定重音。有的语言每一个词的重音位置确定不变，但不同的词重音位置可以不同，这种语言的重音就属于自由重音，英语和俄语都是如此。前面提到英语 phonetics 重音在第二音节，可是 photograph[ˈfoutəgraf]（照片）重音在第一音节，phonological [founəˈlɔdʒikəl]（音位学的）重音在第三音节。俄语 правда[ˈpravdə]（真理）重音在第一音节，дорога[daˈrogə]（路）重音在第二音节，демократ [demoˈkrat]（民主派）重音在第三音节。各个词的重音位置都不能变动，但是各个词的重音位置并不相同。当然，对自由重音的语言来说，重音的位置也并非无规可循，重音的位置其实是由语言的音系规则决定的。

　　有的语言重音可以分等级。比如在英语中，音节较多的词，除最响亮的一级重音以外，还有一个次响亮的，称为"次重音"，在音节前用低"[ˌ]"号表示。例如，sociolinguistics[ˌsousiouliŋˈgwistiks]（社会语言学）、magnification[ˌmægnifiˈkeiʃən]（放大）。

　　汉语是声调语言，多音节词是否存在词汇重音，学界有不同看法。对于含轻音音节的词来说，重音肯定是落在非轻音音节上。对于不含轻音音节的词来说，有人认为存在两种不同的重音模式，即左重式和右重式（右重式包括等重式），如"散布"（左重）和"散步"（右重）、"技术"和"计数"。也有人认为，对于不含轻音的多音节词来说，念成左重和右重是自由的，这些词并不存在固定的重音格式。还有些学者认为，在孤立词的状态下，不含轻音的多音节词一般也是最后一个音节最重。不过，孤立词最后一个音节最重可能是最后一个音节处于停顿前的延长效应导致的，因此这个"重"不一定是词汇重音层面的"重"。但是无论如何，普通话多音节词各音节的轻重程度总是不同的。

承载词汇重音的音节在音高、音长、音强以及音色方面都有不同于非重音音节的一些客观特点。不过，"重"和"轻"实际上是人们感知到的语音现象，这两个特征很难用客观的声学参数加以界定。人们需要探究的是，在语音的物理四要素，或者说声学四要素中，哪些参数与人们对音节轻重的感知关系最为密切。

大量的语音实验证明，对于多数重音语言来说，词重音最重要的声学关联物是音高和音长。例如，在对英语词重音知觉的研究中，人们首先发现强度在词重音的感知中所起的作用没有时长大，后来又发现音高是词重音感知最重要的声学关联物。

尽管普通话是否存在词汇重音是一个理论层面的问题，但是，从语音的客观实际看，无论一个多音节词处于孤立状态还是语流之中，各音节在听感上的轻重程度都有可能是不同的。近年来，对汉语词重音感知的实验结果也表明，普通话重音音节一般都是音长比较长，调域比较宽，调型也比较完整的；音强往往也有所加强，但不是主要的。

2. 汉语的轻音和轻声

轻音是与重音相对的语音现象。尽管学界对于汉语普通话的词汇重音问题有不同看法，但是多音节词中的轻音现象是得到普遍认可的，许多汉语方言也存在语词层面的轻音，因此轻音的问题得到了比较多的关注。轻音音节一般是在音节前加"·"表示。

与轻音有关的一个概念是轻声。在声调层面，失去声调的音节称为轻声音节。轻声音节又分为两种。一种是原本就不能带声调的轻音音节，例如，"桌·子""我·们""什·么"这些词中的词缀"·子""·们""·么"在现代汉语中就是不带声调的轻声音节，这些音节的声调在任何情况下都无法恢复。另一种情况是，原本带调的音节进入词语之后，由于受到词语轻重音格式的制约，变成了轻音音节，在声调层面，也就失去了原有的声调而变成了轻声。例如，"想·想"是动词"想"的重叠形式，两个语素都是上声音节，这个词的重音格式是重轻型，因此第二个"想"在口语表达中就失去了原有的声调而变成了轻声音节。

以上所说的两种不同的轻声音节在连读变调中会形成不同的变调条

件。例如，在北京话中，"椅·子"和"想·想"都是重轻式，第一个音节都是携带重音的上声音节，但是它们的实际调值并不相同。词缀"·子"与词根语素"子"的读音不同，前者是不携带声调的非上声音节，根据上声的变调规则，"椅"在非上声之前就变为半上声[21]。而在"想·想"中，由于后面的"想"原本是一个上声音节，尽管由于它出现在重轻格式的词当中而成为轻音音节，第一个"想"依然以第二个"想"的原调为条件变为[35]。

普通话的轻音音节在音高、音长、音强和音色方面都与正常重音的音节存在差别。在音高方面，轻音音节的音高由其前面音节的非轻音的音高决定。在非上声之后，轻音的音高曲线是下降的，但起点音高不同；在上声之后，轻音的音高曲线持平或者略升（参见图7-1）。如果用五度制表示的话，轻音的音高在阴平、阳平、上声和去声之后可以分别描写为[41]、[52]、[33]/[34]和[21]。不过，由于轻音音节通常比较短，音高的变化在听感上往往不容易被察觉，因此，轻音在四个声调之后的音高也可以描写为[2]、[3]、[4]和[1]。

图7-1显示了四个普通话轻音词的波形和音高曲线。从图中大致可以看到上面所描述的轻音音节的音高特征。轻音是轻重音层面的语音现象，除了音高层面的特点之外，这种音节在音长和音质方面也都有不同于重音音节的特点。在音长方面，轻音音节的长度通常比正常重音的音节短些，而且振幅也相对弱些（相同音质的音节的长度和振幅才有可比性，因为不同的元音和辅音各有其不同的固有强度和长度）。

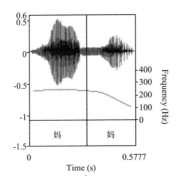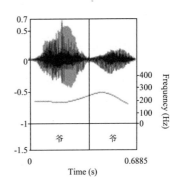

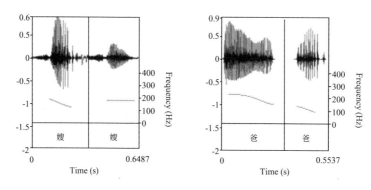

图 7-1 四个普通话轻声词的波形和音高曲线

由于音长的缩短,轻音音节在音质方面也会发生一些变化,以下几种变化较为常见:

(1) 中、低元音向央元音靠拢,前响复元音有变成单元音的倾向。例如:

头·发[fa→fə]　　棉·花[xua→xuə]
打·扮[pan→pən]　　大·方[faŋ→fəŋ]
回·来[lai→lɛ]　　妹·妹[mei→mɛ]
眉·毛[mau→mɔ]　　石·头[tou→to]
哥·哥[kɤ→kə]　　认·得[tɤ→tə]

(2) 高元音单韵母[i][u][y]如果处在擦音或送气塞擦音之后,轻读时元音往往清音化,也就是变成声带不颤动的元音。例如:

心·思[sɿ→s̥ɿ̥]　　本·事[ʂɿ→ʂ̥ɿ̥]
东·西[ɕi→ɕi̥]　　豆·腐[fu→fu̥]
出·去[tɕʻy→tɕʻy̥]

在这些轻音音节中,元音的发音实际上只留下了一些舌位或者唇形方面的特征(非唇音声母受到后接圆唇元音的逆同化作用而产生的唇化特征),甚至有时候唇形特征也脱落了,在这种情况下,也可以认为韵母已经不发音了。例如,在北京话中,"去"[tɕʻy]在非轻音的条件下,声母[tɕʻ]会因为韵母是圆唇元音而发生唇化,但"出去"中"去"的声母可以不发生唇化，这是因为圆唇的韵母已经脱落，它对前面的辅音产生的同化作用也随之消失。我们还可以比较一下"心思"[ɕins]和英语 since[sins]（由于）中的最后一个辅音，"豆腐"[touf]和英语 doff[dɔf]（丢弃）中的最后一个辅音，两种语言的[s]和[f]并没有明显的分别。

（3）不送气清塞音声母和不送气清塞擦音声母容易浊化。例如：

好·吧[pa→ba]　　他·的[ta→də]
两·个[kə→gə]　　看·见[tɕiɛn→dʑiɛn]
说·着[tʂə→dʐə]　　日·子[tsʅ→dzʅ]

以上韵母和声母的变化都比较自由，因人和语言环境而异。随随便便谈话时，这种变化比较容易出现。在地道的北京话里，变化倾向更加明显，变化范围也更加广泛，"桌子、盘子、胖子、柿子"等词里的词尾"·子"[tsʅ]也可以读成[tsə]，变成央元音，这也成为北京方言土语的一个特点。

普通话的轻音和词义、语法成分有密切关系。语法成分应该读轻音的主要有以下这几类：

（1）语气词"吧、吗、呢、啊"等。例如：走·吧、去·吗、写·呢、说·啊；

（2）后缀"们、子、头、么"等。例如：我·们、桌·子、木·头、这·么；

（3）助词"的、地、得"和"了、着、过"。例如：我·的书、认真·地写、走·得快、吃·了、唱·着、说·过；

（4）在某些"名词＋方位词"词组中出现的方位词"上、里"。例如：桌·上、书·上、屋·里、心·里；

（5）单音节动词重叠式的第二个音节。例如：说·说、看·看、想·想、谈·谈；

（6）述补结构中的趋向补语。例如：出·去、拿·来、走·出·去、站·起·来。

以上这些读轻音的语法成分都有比较强的规律性，只有少数例外，如后缀"头"在"砖头、窝头"中，方位词"上、里"在"楼上、城里"中都不读轻音。

普通话里还有一些双音词的第二个音节要读轻音，例如：

衣·服	队·伍	事·情	刺·猬	指·甲	（名词）
告·诉	喜·欢	知·会	照·应	明·白	（动词）
聪·明	热·闹	舒·服	麻·烦	漂·亮	（形容词）

这一大批双音词都只是按照习惯读成轻音，很难说其中有什么规律。北京话里读轻音的双音词更多，如"太阳、参谋、喷嚏、目的、刺激"等等，这些词在普通话里都不一定非要读成轻音。

汉语大多数方言都存在轻音现象，只是范围和数量有很大差别。成都、昆明等西南方言的轻音比普通话少得多，语气词、后缀和助词等一般都不轻读；广州话则基本上不存在轻音现象。轻音和儿化韵的频繁出现可以说是北京话语音的两大特色，这些特色在普通话里也有一定程度的体现，但地位远不如在北京话里突出。

二 句重音

一句话中在听感上突出的重音就是语句重音。当语词在语句中处于不被突出或者被弱化的位置时，本身的词汇重音往往也变得不再突出；而当语词承载了语句的重音时，词汇重音会更加突显。因此，对于语句重音来说，人们首先关心的是它的分布是否也像词汇重音一样具有某种规律。

1. 句重音的类型和分布

首先来看下面的例句，黑体字为重读音节。

（1a）今天**星期一**。

（1b）**今天**星期一。

在一般情境下，如果陈述"今天是星期一"这样一个事实，我们会将句子的重音放在最后一个词"星期一"上。但是，如果有人说"昨天是星期一"，为了表示对这个陈述的否定，我们在说这句话的时候，就会把重音放在句子的第一个词"今天"上。由此可见，句子出现的上下文发生了变化，句中重音的位置就会随之发生转移。

由于重音的分布跟句子产生的情境有关，因此学界对句子重音类型的划分不尽相同，这里介绍两种最基本的类型——常规重音和对比重音。常规重音指的是在没有具体上下文的条件下或者整句话都处于说话人要强调的范围内时，句子里出现的重音，（1a）中的重音就是说话人要表达"今天是星期一"这个事实时出现的重音，（1b）中的重音就是与"昨天是星期一"进行对比之后产生的重音。对比重音在听感上往往比常规重音来得更加突显。

常规重音的分布跟句法结构有着密切的关系。一般说来，主谓结构中的谓语、述宾结构中的宾语、偏正结构中的部分修饰性成分、一部分述补结构中的补语会被重读。例如：

（2）车**来**了。（主谓结构中的谓语重读）

（3）来**车**了。（述宾结构中的宾语重读）

（4）来了一辆**大**车。（定中结构中的形容词定语重读）

（5）车来得**很晚**。（述补结构中的补语重读）

对比重音的分布完全由表达的需要而定，在表达中需要特别强调的部分（句法学上称之为焦点）都需要重读。例如：

（6）——**哪天**是星期天？

——**昨天**是星期天。

（7）——昨天**星期几**？

——昨天**星期天**。

（8）——昨天**是**星期天吗？

——昨天**是**星期天！

如果一个合成词负载了对比重音，最终被特别强调的往往是这个词当中语义负担最重的语素。例如，（6）和（7）中最为突显的音节是"哪、昨"和"几、天"。

对比重音位置的不同可以使句子的意义发生重大的改变。例如：

（9a）这个道理孩子们**都**懂了。

（9b）这个道理**孩子们**都懂了。

（9a）的重音在"都"上，表示对"孩子们"的遍指。（9b）的重音在"孩子们"上,表示这个道理比较浅显,连孩子都懂得,大人就更应该明白了。

常规重音和对比重音的位置也有可能发生重合,例如,"今天是星期天"中"天"的重读既可能是对比重音,也可能是常规重音(当"星期天"整个词重读时,最重的重音会落在"天"上)。

2. 句重音的语音特征

跟词重音的情况相似,人们在表达语句重音时也会调用各种超音段特征,其中最为重要的当属音高和音长。图 7-2 显示的是(1a)和(1b)的波形和音高曲线。在(1a)中,句子的音高曲线基本上保持在一个恒定的位置;在(1b)中,重音音节"今"最高,紧随其后的"天"音高有较大幅度的下降。在图中我们还可以看到,获得句重音的音节在长度上未必比其他音节有明显的优势,例如,(1b)中"今"的长度并没有超过句子中所有的音节,但其音高的优势还是很突出的。

对于具有高音特征的阴平、阳平和去声音节来说,如果承载对比重音,那么它们的高音点会有较大幅度的提高,紧随其后的音节的高音点会有较大幅度的下降。不过,当语句重音落在句末时,重音音节在音高上与前面的音节相比并没有突出的升高,在这种情况下,调域在句末没有出现下降就意味着句末音节的重读,详见下文对语调结构的分析。

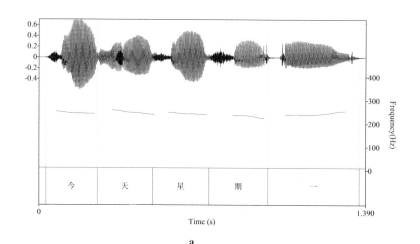

a

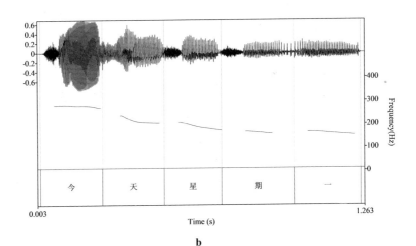

b

图 7-2　重音在语句中的不同分布

（a：句首重音　b：句末重音）

处于非句末的上声音节如果承载重音，除了自身的低音点会进一步降低之外，还会抬高其前面非上声音节的高音点。如果获得句重音的上声音节位于句末，那么该音节一定会出现上声的升尾，且升尾的高度较高。图 7-3 显示的是"今天光吃鸡""今天还吃鸡""今天总吃鸡""今天不吃鸡"的三维语图和音高曲线。

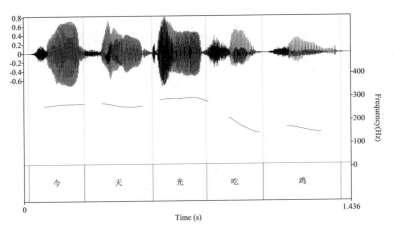

a

第七章 韵　律

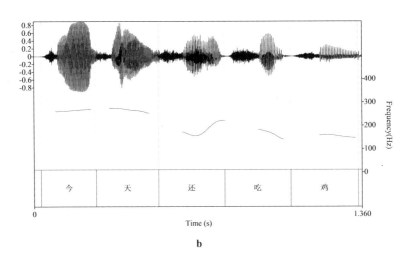

b

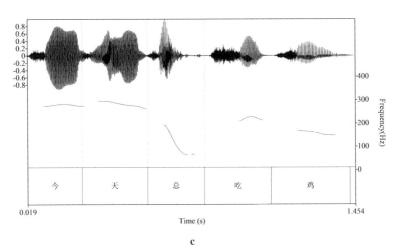

c

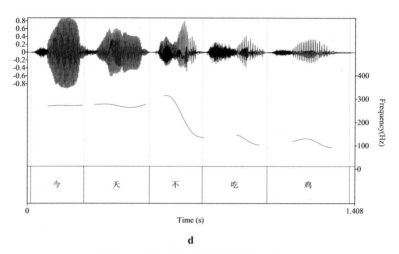

d

图 7-3 语句重音对四个声调的作用
（a：阴平 b：阳平 c：上声 d：去声）

三 节奏

无论是自然语言还是艺术语言，人们在进行语音的加工时总会出现轻重缓急的交替变化，这就形成了语音表达的节奏感。在音系学中，专门研究节奏的理论被称为"节律音系学"（metrical phonology）。在这种理论框架下，节奏的单位也被称为"节律单位"。本书仍然使用"节奏"这个术语。

节奏的单位有大有小，对于不同的语言来说，节奏单位的划分也可能是不同的。这里只介绍适用于汉语的两种单位——音步和停延段。

1. 音步

音步本来是指诗歌中的基本节奏单位，一般（但不是永远）包括两个音节，其中一个音节在听感上感觉重些。这种节奏层面的加重，突显程度虽然不如重音来得明显，但依然是可以感知到的。人们发现，不仅仅是在诗歌中，在自然的言语交际中，音节也存在轻重交替的现象，因此音步又用来指自然语言中的基本节奏单位。例如，下面这句英文童谣包含了四个节奏层面的重音：

(10a) ˈThis is the ˈhouse that ˈJack ˈbuilt.

节奏层面的每一次轻重交替就形成了一个音步。这样，（10a）就形成了四个音步（"｜"表示音步的界线）：

(10b) ｜ This is the ｜ house that ｜ Jack ｜ built.

音步这样的节奏单位在汉语当中也存在。例如，下面这个成语的语法结构是：

(11a) 人[无[远虑]]，必[有[近忧]]。

但是在节奏上，这个成语的结构却是：

(11b) 人无｜远虑，必有｜近忧。

再如下面的词，在朗诵中会形成这样的节奏：

(12) 我住｜长江头，君住｜长江尾。日日｜思君｜不见君，共饮｜长江水。[（宋）李之仪《卜算子·我住长江头》]

这样的节拍跟句法结构多数是不对应的，这说明节奏单位在很大程度上有着独立于句法的组织规则。在上面的例子中，多数节奏单位都是两音节的，如果将语速放慢或者用朗诵的风格来念这些语句，这些节奏单位的末音节都可以进行一定程度的延长。这些单位就是音步，音步是一个纯语音层面的单位，它不一定是一个词汇单位或者句法单位。现代汉语普通话的音步以两音节最为常见，句末有时会出现三音节的超长音步，只有一个音节或者包含四个音节的音步比较少见。跟英语的音步不同的是，汉语的音步往往不是通过轻重交替而是通过节奏上的疏密体现出来的。音步之内一般都不会出现停顿或者音节的延长，而音步的末尾音节是可以延长的，其后也可以出现停顿。

音步的组织当然也在一定程度上受到句法结构的制约，一个双音节词是不会被组织到不同的音步中去的，一个单音节词如果在音步的组织中"落单"，通常会通过延长其时长的方式将它处理为一个独立的音步。例如：

(13) 心｜也许｜很小｜很小，
　　　世界｜（却）很大｜很大。（舒婷《童话诗人》）

在（13）中，"心"后面是一个自成音步的双音节词，因此"心"只能通过停顿或者延长的方式自成音步。"却"前面的双音节词也自成音步，后面的"很"和"大"在句法上关系比较密切，组成一个音步[①]，"却"字落单。但是"却"不会自成音步，因为它在韵律上是一个轻读的词，因此它依附在"很大"的前面，成为一个音步的附着成分[②]。

2. 停延

我们在前面屡次提到了停顿和延长的概念。在语流中，处于停顿之前的音节在长度上有比较大的自由度，通常也会被延长；而时间上的延长在听觉上也会给人以"顿"的感觉。"停延"指的就是这种语音现象。自然语流中不是所有的地方都可以任意停延的，上文提到，音步的内部不允许出现停延，实际上，也不是所有的音步末尾处都可以出现停延。例如：

(14) 一件漂亮衣服

这个词组包含了3个音步，如果中间发生停顿（不包括加工句子时因找词出现的停顿），会出现在"一件"之后，而不会出现在"漂亮"之后。

在自然语言中，停延的出现往往有比较大的自由度，即许多停延是可出现可不出现的。但是，在不同的句法和韵律边界，停延的出现还是有着优先度的差别的。例如：

(15) 这几天心里颇不宁静。（朱自清《荷塘月色》）

这句话里如果出现停延，首先会出现在句子的主语"这几天"之后；如

[①] 关于句法与节奏组织之间的关系，参见王洪君（2008）《汉语的非线性音系学》（增订版）第十一章"普通话的韵律层级及其与语法语义语用的关联"以及初敏、王韫佳、包明真（2004）《普通话节律组织中的局部句法约束和长度约束》，载于《语言学论丛》第30辑，北京：商务印书馆。

[②] 这种成分也可以称为"韵律外成分"，参见王洪君（2002）《普通话中节律边界与节律模式、语法、语用的关联》，载于《语言学论丛》第26辑，北京：商务印书馆。

第七章 韵　律

果语速极慢，出现二次停延的话，那么最有可能出现的地方应该是"心里"（"心里颇不宁静"也是主谓结构）之后。

3. 韵律结构与句法结构

从前面的例子中我们可以看到，在词组和语句层面，韵律单位跟句法单位往往是不对应的，这说明韵律自有其相对独立的结构规则。韵律结构与句法结构的不对应体现在两个方面：一个是韵律边界与句法边界不一定是对应的，第二个是韵律层级不会像句法层级那么多。

首先来看韵律边界与句法边界的不一致性。如上文所述，一个音步未必是一个句法词，它可以是一个词，也可以是一个词组，还可以由跨越句法边界的两个没有直接句法关系的成分组成。例如：

（16）吃碗面去。

这句话的句法层级和音步组织分别是（16a）和（16b）：

（16a）吃//碗///面/去。（"/"表示句法边界，"/"的数目表示句法层级的高低，"/"的数目越小，句法层级越高）

（16b）吃碗｜面去。

显然，第一个音步内的"吃"和"碗"、第二个音步内的"面"和"去"都没有直接句法关系。

与音步的情况相似，停延与否也不是以是否出现句法边界或者句法边界的大小作为条件的。例如：

（17）这时候最热闹的‖，要数树上的蝉声‖与水里的蛙声。（朱自清《荷塘月色》）（"‖"表停延边界）

这句话中最大的停延边界与句法边界是一致的，出现在整个句子的主语和谓语之间。但是如果在谓语部分出现停延的话，则不会在助动词"要"与其宾语之间，而会出现在比述宾词组更低一层的联合词组"树上的蝉声与水里的蛙声"内部。此外，如果"要数树上的蝉声"中间还出现停延，停延段也不会出现在最高层的句法边界"要"的后面，而是会形成"要数"和"树上的蝉声"两个停延段，第一个停延段内的"要"和"数"没有直接句法关系。

再来看韵律结构与句法结构在深度上的差异。韵律结构和句法结构都存在不同的层级，但是，句法上的层级关系未必都能在韵律上得到体现，即高层句法边界处的停延未必比低层句法边界的停延强。例如：

（18）这是一件纯手工制作的绣着缠枝莲的淡灰蓝色的立领对襟长袄。

这个句子的句法层次为：

（18a）这/是//一件///纯手工制作的////绣着缠枝莲的/////淡灰蓝色的//////立领对襟///////长袄。

它的韵律结构是（只标出停延边界）：

（18b）这是一件‖纯手工制作的‖绣着缠枝莲的‖淡灰蓝色的‖立领对襟长袄。

可以看到，韵律上的停延边界同时也都是句法边界，但是句法边界的层级有所不同，而这种不同很难在停延上得到反映，即高层句法边界处的停延未必比低层的来得更强。例如，"淡灰蓝色的"之后的句法边界比"一件"之后的句法边界低了若干层，但是"淡灰蓝色的"后面的停延未必比"一件"后面的停延弱。在这个例子中我们还可以看到，有些较高层级的句法边界处没有出现韵律停延，如"这"之后和"是"之后。

韵律深度与句法深度的不一致也体现在复句中。例如：

（19）我爱热闹，也爱冷静；爱群居，也爱独处。（朱自清《荷塘月色》）

这个复句中有四个分句，从句法和语义的角度看，四个分句之间的关系并不是等列的。句子最高层的并列关系是"我爱热闹，也爱冷静"与"爱群居，也爱独处"，以逗号隔开的两个分句形成第二层的并列关系。但是，这种不同等级的并列关系在停延中未必会有体现，在口语中，出现在分号处的停顿未必比出现在逗号处的停顿来得更长。

四 语调

语调是句子层面的韵律特征，广义的语调包括句子的音高、节奏、音长和音强特征，狭义的语调仅限于句子的音高特征。本节只讨论狭义的语调内容。

1. 字调和语调

对于非声调语言来说，句子层面的音高变化就是语调。图7-4就是一个英语句子的语调。但是对于声调语言，尤其是像汉语这样的曲拱调语言来说，整句话的音高曲线上既有每个音节声调的信息，又有整句话语调的信息。例如，图7-5是两个陈述句的音高曲线，上图中的句子全部由阴平音节组成，下图中的句子全部由阳平音节组成，因此两句话的音高曲线也就不同了。鉴于这个原因，我们在分析汉语的语调时就需要找到一个合适的方法将句子音高曲线上的声调和语调信息剥离开来。

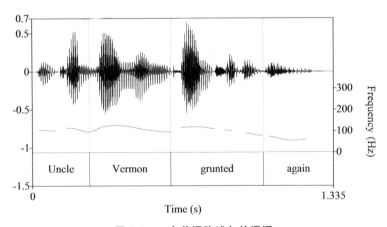

图7-4 一个英语陈述句的语调

（男性发音人，上半部分是波形图，下半部分为句子的音高曲线）

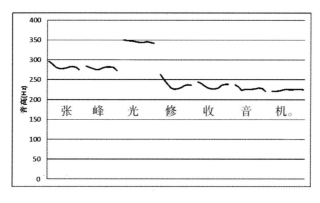

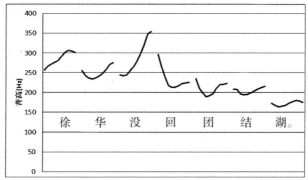

图 7-5　普通话陈述句的音高曲线

（女性发音人，本图和此后各图中的音节时长均经过归一化处理）

音节在没有被轻化的条件下，其声调核心特征不会因为携带了语调的信息而改变，例如，高调音节的音高目标依然是高调（与处于同等条件之下的其他声调相比），升调也依然会在很大程度上呈现出上升的特征。当然，声调在语句中可能会因协同发音导致音高曲线在一定程度上的变形，也就是说，音高曲线的起点会受到前面音节音高曲线终点的影响。例如，图 7-5 中"修""回""团"音高的起点都是从前面音节音高曲线的终点附近开始的，回到各自声调的起点位置后，再向该声调的目标值前进，因此这些音节声调的核心特征依然是可以观察到的。图 7-5 最值得我们注意的现象是，如果一个句子中所有音节的声调完全相同，各音节的绝对音高却不一定一样，其中有些只有细微差别，有些却相差甚远。例如，在"张峰光修收音机"中，"张""峰"两个音节的绝对音高值接近,"光"的高度突然上升,之后又有大幅度的下降。而在我们的听感中,这句话中的所有音节不管是高是低,听上去都是阴平,只不过这个句子有一个强重音,这个重音就落在特别高的音节"光"上。显然,阴平音节的这种相对音高就是语调作用的结果。

再来看图 7-5 中阳平在语调作用下的变化。由于阳平调是曲拱调,因此它的变化就比阴平来得复杂些,各音节的低音点(相当于/35/中的"3")和高音点(相当于/35/中的"5")的绝对高度也都不尽相同,而且低音点和高音点之间的距离也不相同。例如,"没"(句重音所在的位置)的低音点比它前面的"华"略高,而高音点比前面的"华"有大幅度提高,这就造成"没"的音高的上升幅度超过了句中所有音节。"没"之后的"回"音高出现骤然的回落,而且音高曲线的上升幅度也压缩得比较厉害。

从上面的分析我们已经可以初步看到,语调对于声调的作用结果主要是使声调的绝对音高产生变化,实质上也就是使声调的调域发生了变化,其中调域的上限(如阴平的音高、阳平高音点的音高)、调域下限(调域下限的变化会导致阳平低音点的变化)和调域宽度(调域宽度的变化会引起阳平上升幅度的变化)都会在语调作用下发生各种变化。因此,声调音域的变化才是汉语语调的具体体现。在下面对陈述语调和疑问语调的具体分析中,我们还会对这个问题进行进一步的阐述。调域是所有声调在相同条件之下的音高变化范围,阴平、阳平的高音点、去声高音点是与调域上限同步变化的,其中阴平和去声高音点所在的位置一般就是调域上限的位置,阳平、上声和去声这三个声调的低音点是与调域下限同步变化的,其中上声和去声低音点所在的位置往往就是调域下限所在的位置。

2. 语调的结构

自然语言中的句子长度往往相差甚远,比较长的句子在口语表达中会出现比较明显的停顿,而在每一次停顿之后,句子的音高曲线往往会出现所谓的重置,这种重置有些像一个新句子的开始,因此,在分析这种语句的语调时,就需要将整句话的语调分割成若干语调单位。学界对于语调单位有着形形色色的命名,如语调单元(tone unit)、调群(tone group)、语调短语（intonational phrase）等，对于语调单位的切分也一直有着不同的看法。图 7-4 显示的是一个中间出现停顿的句子的音高曲线，这句话的语调就可以分为两个语调单元。

　　正如音节的结构有一定的规律一样，语调单元的构造也有一定的规律性。对于语调单元的结构，不同的语调理论有不同的分析方法，这里简单介绍以调核为中心的分析方法。每一个语调单元内都有一个最为突显的重读音节，这个音节就是调核所在的位置。调核前所有正常重音的音节组成调头，调核之后的部分为调尾。图 7-6 中显示的是例（20）～（22）的语调结构，每个句子内部所有音节的声调都是一样的，分别为阴平、阳平和去声。句中的黑体字表示句子重音所在的位置。图中的矩形上下边分别表示各音节调域上限和下限的位置。

　　（20）张峰**光**修收音机。
　　（21）徐华**没**回团结湖。
　　（22）赵庆**要**去售票处。

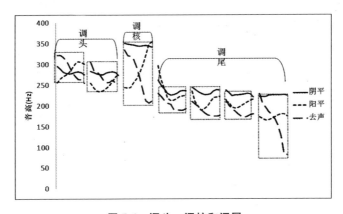

图 7-6　调头、调核和调尾

　　对于汉语普通话的语调来说，调核所在音节的调域上限会有明显的抬高，也就是说，阴平、阳平和去声的高音点会有抬高，而调核之后的调域上限会有大幅度的降落。实际上，调核也就是我们在第二节中所说的语句重音所在的位置。如果调核所在音节的声调恰好是上声，那么上声之后那个音节的调域上限也会被抬高（见图 7-2）。由于调核之后调域上限的大幅度降低，因此调核后音节如果是阳平和上声的话，它们的音高曲线会被压得较扁平,如果音节发生严重轻化的话,阳平甚至会失去原有的升调调型。

如果调核出现在句末,调核的调域上限一般不会有明显抬高,同时句子调域上限在整体上也不一定下降或者只有轻微下降。图 7-7 中是两个音节相同但调核不同的句子的音高曲线。如图中折线所示,当调核处于句首("赵庆")时,调核之后的调域有大幅度的降落;当调核处于句末("售票处")时,整个句子的调域只有轻微的下降。

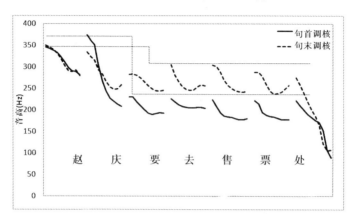

图 7-7 调核位置对句子调域上限的整体走向的影响

3. 普通话的陈述语调和疑问语调

句子语气的不同可以用疑问词或者表示疑问的句法结构来表达,也可以用语调来表达。因此,有疑问句法或者词汇标记的疑问句的语调,也有可能使用与陈述句一样的语调;没有疑问句法或词汇标记的疑问句就必须使用疑问语调来表达疑问语气。

图 7-8 是调核都处于句首的一个陈述句和一个疑问句的音高曲线。疑问句由于没有疑问词和疑问句法结构,只能通过语调来表达疑问语气。图中的实线折线和虚线折线分别表示两个句子调域上限和下限的变化轮廓。两句中的"赵庆"都处于语义焦点的位置上,不过最终的强重音落在了后面的音节"庆"之上。因此,"庆"的调域上限比"赵"有略微的抬高,调域下限向下拓展(这个拓展也跟强重音之后的略微停顿有关)。在调核之后,两句话的调域上限都出现了明显的下落,但是陈述句的下落幅度大大超过了疑问句,而且陈述句的调域上限有进一步下降的趋势,

疑问句的调域上限则有略微的上扬。这就造成疑问句在整个调尾部分的调域上限都比相应的陈述句来得高些。

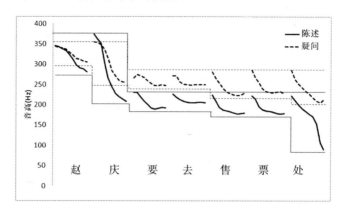

图 7-8　普通话陈述语调和疑问语调对比

调尾部分陈述句的调域下限整体上也低于疑问句，而最突出的差别是，陈述句中句末音节的调域下限与前面的音节相比有非常突出的向下拓展，疑问句句末音节的调域下限也有所扩展，但幅度非常有限。也就是说，在调尾部分，陈述语调跟疑问语调最大的差别在于句末音节调域向下拓展的程度不同，这个差别当然也就造成了句末音节音高曲线斜率的不同，陈述语调中句末音节的音高曲线斜率要更大些。

图 7-9 是无标记疑问句、带语气词"吗"和"吧"的两个疑问句与陈述句语调的对比。图中值得注意的几个地方是：首先，三种疑问句在调核之后的调域上限落差都与陈述句不同。其次，在调尾部分，带疑问语气词的两个疑问句的调域上限比无标记疑问句来得低一些。第三，三个疑问句中，最后一个非轻音音节调域下限的向下扩展幅度都比较小。第四，"吧"问句在调尾部分的调域上限和下限都低于无标记问句和"吗"问句，更加重要的是，语气词"吧"的调域下限跟陈述句句末非轻音音节的表现很像——有较大幅度的向下拓展，而语气词"吗"的调域很窄，调域下限比"吧"高出许多。以上这些特点一方面说明了即便在有疑问语气词的情况下，疑问句仍然可以使用语调这种韵律特征来表示疑问语气；另一方面也说明不同的疑问语气可以具有不同的语调模式，由于"吧"的疑问语气比"吗"弱，因此"吧"问句在语调上的疑问特征就比

"吗"弱一些,句末语气词"吧"的调域特征甚至更像陈述句句末非轻音音节的调域特征。

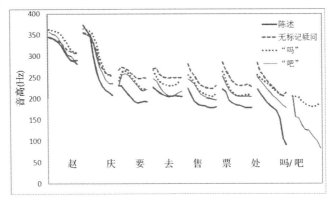

图 7-9 三种疑问句与陈述句语调的对比

从以上对普通话语调的简单介绍中可以看出,语句层面每一个音节的音高都承载了不同层面的信息。首先,每一个非轻声音节都有字调;其次,语句重音会对字调有所作用,获得强重音的音节调域扩大,尤其是调域上限会有较为明显的提升,强重音之后的音节则相对弱化,调域被压缩且出现较大幅度的下降;最后,语调也会对句中各音节尤其是调核之后各音节的调域产生影响。除了这些不同层面的韵律因素的作用,语句中相邻音节之间音高的相互作用也使得各音节的音高曲线产生了复杂的变化,有时甚至严重偏离单字调的调型,弱化音节的音高更是成为前后音节声调之间的过渡。韵律因素和声调之间的协同发音作用给我们研究自然语流中的声调变化规律带来了较大的困难,而声调的这些复杂变化正是我们能够从听感上察觉到轻重、节奏、语调等韵律信息的最重要的声学关联物之一。除了声调之外,音节的长度和停顿长度也是语句层面韵律特征的声学征兆,限于篇幅,这里就不进行专门的分析了。

练习

1. 自行录音，用语音分析软件测量下列普通话双音节词中各音节的音长和音高。

东西——东·西　　　　　　　　常常——尝·尝
老子（中国古代哲学家）——老·子　　利器——力·气

2. 试对自己母语中词汇重音的格式进行分析。

3. 朗读本章例句（6）、（7）和（8），自行录音，对答句中的每一个音节的音长和音高进行测量，并在此基础上分析语句重音的声学特征。

4. 试分析下面这个句子里各上声音节的变调格式，并说明它们的变调与节奏和句法的关系。

我很想买把好纸雨伞。

5. 根据标出的重音位置（黑体字）朗读下面的句子，并自行录音，测量每一个音节的音高，根据测量结果分析不同句型的语调特点。

今天不是星期四。
今天**不**是星期四。
今天不是星期**四**。
今天不是星期**四**？
今天不是星期**四**吗？
今天不是星期**四**吧。

第八章 语音学和音系学

一 音位和音位分析

研究语音要了解它的生理特征和物理属性，否则就无法认识语音的形成、传播和感知。但是，从语言的社会功能来看，语音不同于其他声音的最本质的一面在于它是人类表达思想、相互沟通、彼此理解最重要的交际工具，简单地说，语音是与意义结合在一起的。脱离了语音的表义功能，许多语音现象，只从生理和物理的角度是无法解释清楚的。比如送气音[t]和不送气音[t']，为什么说汉语的人对这两个音的差别极为敏感，分辨能力很强，而说日语的人对这两个音的不同分辨能力却很差，甚至于感觉不到差别？同样，清辅音[t]和浊辅音[d]的不同，说英语的人一听就知道，而说汉语普通话的人初学英语的时候，一开始很难分辨，要经过学习、训练才能加以区别。鼻音[n]和边音[l]是两个不同的音，在北京话等汉语方言里，必须加以区分，而在南京话等汉语方言里却可以不加区分……凡此种种，根据语言自身的自然特征，都是无法说明的，但是从语言的表意功能出发却很容易解释清楚：送气和不送气的不同，在汉语里是与意义的差别联系在一起的，不加区分就会在思想表达、言语交流中发生歧义，引起混乱。例如，"兔子跑了"和"肚子饱了"，这两句意思截然不同的话，从语音上分析的话，就完全是靠同一个辅音的送气与不送气加以区别的。同理，辅音清浊的不同，在英语里之所以至关重要是因为这一语音上的自然特征是英语语词中区别词义不同的一种极其重要的手段。例如：tank（坦克）—dank（阴湿的），fat（胖）—

v̱at（大桶），sa̱fe（安全）—sa̱ve（节约），p̱ark（公园）—ḇark（树皮），这些成对的意义完全不同的词语，从音系上说都是靠清浊的不同互相区别的。由此可见，从语言的表意功能看，生理上、物理上相同的语音在不同的语言里所起的作用未必是相同的，而这种音义结合的不同是由使用该语言的社会群体在历史发展中约定俗成的。所以，语音除了物理的和生理的属性之外，还有它的社会属性，从语言的交际功能看，这是语音最重要的本质特征，因为只有作为意义的载体，语音才能起到社会交际的作用。语音的生理和物理研究也只有密切结合语言的表意功能才是有意义、有价值的。

从语言的交际功能着眼，语音学家认为构成有声语言的各种各样的生理、物理特征中，最重要、最本质的是那些与语义表达直接联系在一起的语音成分。这一类语音成分能起区别意义的作用，它们之间即便是最细微的差别也是不允许混淆的，否则就会造成意义表达上的误解、混乱，而那些不与语义表达直接挂钩的语音成分，就不会直接影响语言的表意功能和交际作用。从这一基本观念出发，19世纪后期，语音学领域逐渐分化发展出了一门被称为"音位学"的新学科。

自从音位学诞生以后，语音学这个名称就有了狭义和广义两种不同的含义，前者专指以语音的生理属性、声学特征为研究对象的语音学，以区别于研究语音的表达功能和结构系统的音位学。而广义的语音学则包括一切以语音为研究对象的分支学科，其中包括音位学（后改用音系学的名称）、生理语音学、声学语音学、心理语音学等等。

音位学从传统语音学中分化出来成为独立的分支学科以后，传统语音学中用于指称最小音段发音单位的术语——音素，也有了狭义和广义两种含义。狭义的专指从生理或物理角度划分出来的语音单位，包括元音和辅音两大类，以区别于根据辨义功能划分出来的语音单位。有辨义功能的这种语音单位另用一个专门术语"音位"（phoneme）来指称。在不需要区别这两个不同概念的时候，一般就通用"音素"这一名称。

音位学起源于19世纪后期，在几十年的发展过程中，创立了一套音位学特有的分析语音、归纳音位的原则和方法，后来对语言学科中语法、词汇的研究也产生了重大影响。到了20世纪中期，音位理论在声学语音学和生理语言学研究成果的启发下进入了一个新的发展阶段，又创立了

第八章
语音学和音系学

音位的区别特征理论,它用与二进制相对应的二元分析法来分析语音,为电子计算机认读语音打开了道路。20世纪60年代中期以后,语音研究以区别特征作为最小的语音单位,进入语音实现的音系过程、音系规则的研究,创立了生成音系学。之后,音系学又突破了把语音当成随时间做线性变化的音流的观点,创立了多线性(非线性)理论,使原来的单线性自主音位学和生成音系学进入了全新的多层次非线性音系学的发展阶段,在语音的韵律特征方面,如音高和声调、轻重音和语调、语音的协同发音和连接方式等领域出现了丰富的研究成果。

20世纪80年代以后,随着音系理论研究的发展,音位学这一名称也逐渐改称为音系学(音位系统学),但是这两个名称的概念内涵并不是等同的。追溯历史,音位理论创立之初,音位学(phonemics)的研究对象仅限于对某种语言的语音系统做共时的功能分析;而后起的音系学(phonology,全译为音位系统学),其研究也可以包含语音变化的历史分析,所以从学科研究的范围来说,音位学是包含在音系学之内的。目前,国际语言学界已经通行用音系学这一名称统称早期的经典音位学和后来的生成音系学以及当代的非线性音系学,因为这些学科都是以语音的功能系统作为研究对象的。

从早期的经典音位学到当代的非线性音系学,音系理论的研究向纵深发展,一日千里,已经发生了根本性的质的不同。但是,经典音位学"音义结合"这一核心观念以及分析归纳音位的方法(被称为"将语言变为文字的技术"),仍然是语音研究以及与语音研究相关的学科必须掌握的基本观念和基础手段,特别是在为无人文研究传统的语言确立语音系统和创制文字的田野语言学中。因为早在音位学形成之前,人类就创立了拼音文字,用有限的少量的字母符号记录表达在语音上变化无穷的有声语言。这足以证明音位的直觉观念远在人类语言形成之初就已经存在了,它是包含在人类语言中的原生性的初始观念。因此,音位应该是一切语音研究最基本的观念,同时,也是语音研究、语音分析的出发点和最终归宿。

二 归纳音位的基本原则

出现在自然话语里的语音千姿百态而且变化无穷,从纯粹的生理—物理观点来看,其数量可以是无穷多的,因此在语言田野调查中用严格记录音值的"音素记音法"记录下来的语音,在总体上一定是纷繁复杂、数量很多的,只有根据语言的表意功能进行分析,加以归纳和整理,从形形色色数目繁多的语音中把有区别意义作用的语音单位,也就是音位提取出来,才能用为数有限的语音单位(音位)提纲挈领地显示这种语言的语音系统和结构关系,纲举目张,语音的整体面貌也就清楚地展现出来了。如果不经过语言的音位分析和音位归纳这一步骤,那么这种语言里词汇和语法的面貌也是不可能得到全面清晰的展现的。简而言之,音素记音是音位分析的基础,而只有经过音位分析,才能清楚地展现一种语言的语音系统。

在音位学形成的历史上,从音位的直觉观念到成为一门有科学体系的学科,经历了半个多世纪的时间。正如一切具有初始意义的概念总是很难下定义那样(如几何学上的点和线),音位概念在最初也没有一个得到大家一致认同的、科学的、精确的定义,在音位学的发展过程中,各个学派分别从心理、物理、功能以及音位的抽象属性等各个方面对音位做出了不同的解释,据此形成了不尽相同的分析音位和归纳音位的原则和方法。但是,大家的目标是一致的,都是要把自然语言里数目繁多的各种音素(音段)归并为数目有限的音类,也就是可以分辨不同意义、具有区别作用的音位,所以归纳分析音位的原则和方法以及归纳的结果,往往是同多于异的。这里只介绍一些大家一致认同和普遍遵循的分析音位、归纳音位的原则和方法。

在调查一种语言或方言的语音系统时,通常总是采用国际音标严格细致地记录语音事实,包括发音部位、发音方法以及舌位高低、前后和唇形圆展等所有细微的差别,乃至一切音变的初兆或残迹。这种严格细致的记音称为严式记音或音素记音。它是对一种语言,尤其是还没有文字、无人文基础的语言进行音位分析所必须具备的先决条件。从理论上说,任何音系分析总是在音素记音的基础上建立起来的。

第八章
语音学和音系学

用严式记音记录下来的语音，音素一定非常之多。因为出现在自然话语中的语音成分，受紧密结合连续不断的发音动作的支配，为了协同发音必然会发生各种变化。例如，北京话里"滇"和"端"这两个字，前一个字的声母受后边[i]介音的影响会变成一个腭化的[tʲ]，同时主要元音因为夹在舌位最高的[i]介音和前鼻音[n]之间，成为一个舌位偏高的元音[ɛ]；而第二个字"端"，声母和主要元音因为所处的语音环境不同，分别是一个圆唇化的[tʷ]和一个舌位偏低的[a]。声调的不同，有时也会产生不同的影响，例如，"雷"和"累"的主要元音在严式记音中前一个是[e]，后一个是[ɛ]。因协同发音的影响，语音的变化有时会非常之大，例如，英语单词seven（七），在快速的话语中，末两个音素的实际发音，由于融合同化的作用，往往由[sevn]变成[sebm]。

那么，音位分析是怎样从形形色色、听起来无穷多的语音中，找出那些具有辨义作用的语音单位，把它们确定为不同的音位的呢？又是怎样把那些没有辨义作用的语音作为一组同位音归为同一个音位的呢？

对于音位的分析和归纳，大家普遍遵循采纳的原则有以下三条：

（1）对立

两个语音成分（音质的或非音质的）如果可以在相同的语音环境中出现并且起区别意义的作用，那么它们就是互相对立的。音位分析就把它们作为两个彼此独立的语音单位，也就是两个音位，分别配置不同的书面符号（音标或字母），以便互相区别。某种语音成分是否有分辨意义的功能一定要在只有一个音差的最小对比体中来鉴别。比如说，根据[san⁵⁵]（三）和[ʂan⁵⁵]（山）、[xɤ³⁵ nan³⁵]（河南）和[xɤ³⁵ lan³⁵]（荷兰）的对比，就可以确定[s]和[ʂ]、[n]和[l]在普通话里是有区别作用的音位。[ʂan⁵⁵ ɕi⁵⁵]（山西）和[ʂan²¹⁴ ɕi⁵⁵]（陕西）也可以用来证明，声调的不同在汉语里是有区别作用的音位性的语音成分（调位）。但是，[sɿ⁵⁵]（丝）和[ʂuaŋ⁵⁵]（霜）、[ɕin⁵⁵ niɛn³⁵]（新年）和[ɕin⁵⁵ laŋ³⁵]（新郎）就不能用来证明这里的[s]和[ʂ]、[n]和[l]是不同的音位。因为它们不是只有一个音差的最小对立体，我们无法把它们之间意义上的对立仅仅归结为声母的不同。严格地说，即便是[su⁵⁵]（苏）和[ʂu⁵¹]（树）这样的对比体也不能用来证明声调或声母的音位功能，因为这也不是只有最小音差的对比体。

最小对立体（minimal pair）不仅可以用来提取语言里的音位，而且可以用来测定音位区别功能的大小、强弱。比如说，英语里很多词语都是以[f]和[v]作为最小音差来分辨意义的。例如：

  ferry　[feri]　（渡船）　——　very　[veri]　（非常）
  fine　[fain]　（美好）　——　vine　[vain]　（葡萄树）
  fast　[fa:st]　（迅速的）　——　vast　[va:st]　（广阔的）
  fat　[fæt]　（肥胖的）　——　vat　[væt]　（大桶）
  leaf　[li:f]　（树叶）　——　leave　[li:v]　（离开）
  safe　[seif]　（安全的）　——　save　[seiv]　（节约）
  rifle　[raifl]　（步枪）　——　rival　[raivl]　（对手）

由英语里靠[f]和[v]构成最小对立辨别词义的词语数量很大，因此它们音位负荷很重。但是，同为擦音的清舌齿音[θ]和浊舌齿音[ð]，音位负担就很轻，因为靠这两个音作为最小音差互相区别的词语非常之少，只有个别的一两对，而且还是极少用到的生僻词。如果连这一两对最小的对立体也找不到，那么这两个音就没有资格成为各自独立的音位了。

  语言里音位负担接近于零、分布上处于对立边缘的语音，是否要作为一个单独的音位处理，这要放在该语言的语音系统中做全面的分析考察。在英语里，[θ]和[ð]虽然只在极其有限的一两个例子中起音位对立作用，但是它们符合英语辅音系统中清浊对立的普遍模式，所以还是把[θ]和[ð]跟其他清浊配对的擦音一样（如[f]—[v]、[s]—[z]、[ʃ]—[ʒ]），作为两个独立的音位处理为好。如果这种边缘音位只见于个别的极少使用的词语里，而且与该语言的音位系统是不相适应的，那么就不宜处理为独立的音位。

  音位负担的概念有其实用的意义，因为它引导我们区别不同性质的对立，不要把普遍的、成系统的语音现象跟偶然的、孤立的特例等量齐观。比如说，在拼音字母的拼写设计中，那种只在极个别的词语里起对立作用的语音，也可以不像其他音位负担较重的语音那样，单独为它设计、配置一个字母。例如，普通话里的中元音[ɤ]和[ə]各有自己的分布环境，不会形成对立，但是也有个别例子，如自成音节的"儿"[ər]跟儿化词"蛾儿"[ɤr]构成了音位对立。但《汉语拼音方案》在拼写设计中却不加区别，都用 er 来拼写。这符合音位学中对边缘音位的处理原则。即便是在英语里，虽然在音位分析中把[θ]和[ð]处理为两个独立的音位，但在字母拼写中也仍然用相同的拼写 th 来表示。因为边缘音位只出现在极个别的例子里，其音位负担接近于零，所以在文字系统中采用相同的字母符号拼写，发生音义混淆的可能性也是微乎其微的。

（2）互补

音位分析根据对立原则确定哪些语音是有区别作用的独立的音位；根据互补原则来确定哪些是没有区别作用、可以归并在一个音类，也就是一个音位之内的。所谓互补指的就是这两个语音成分各有自己出现的语音环境，它们的分布条件是互相补充的。由于不会出现在相同的语音环境里，所以互补的语音不可能构成最小对立体，因而也就不具备音位的辨义功能。凡是互补关系的语音就可以归并为一个音位。举例来说，在普通话里，元音[a][ɑ][ɒ][ɛ][æ]等各有自己特定的语音环境，从来不在相同的语音环境中出现，是互补分布的关系。音位分析中就把这几个元音归纳为一个音位，并选择其中的[a]作为代表这个音位的符号。凡音位性的音标，一般都夹在双斜线之内，以区别于该音位内的音位成员。归纳在同一个音位内的音位成员叫作音位变体，外加方括号[ ]表示。所以/a/≠[a]，前一个是代表一个音类的音位性的音标，后一个是有固定音值的音素性的音标。音位性的音标也可以是一个与具体音值毫无关联的虚拟的音标，但为了便于称呼，通常总是从归纳在一个音位内的音位变体中选择一个较为常用的，作为该音位所有成员共同的代表符号。

为了对语言系统中音位和音位变体的关系有一个更为全面深入的了解，还应该通晓以下几点：其一，一种语言中音位与音位之间通常是对立关系，而归纳在一个音位之内的各个音位成员，即音位变体，它们之间总是互补关系。有时为了适应某种目的，互补的语音也可以处理为单独的音位（参看普通话舌面音[tɕ][tɕʻ][ɕ]的音位分析），但是，包括在一个音位之内的若干音位变体，它们之间只能是互补关系，决不允许出现对立关系。这是音位分析不能违反的基本原则。否则，就会在用同一个音位符号表示该音位内部各个音位变体的时候，发生音义表达上的混乱。其二，一种语言中的音位，各有自己的分布范围，各有自己的音位变体，但有时候也会发生两个不同的音位却有同样的音位变体的现象，这种现象叫作音位的部分叠交,但是这两个音位变体出现的语境是不相同的。例如,普通话/a/音位有一个音位变体是[ɛ],而/e/音位也有这样一个音位变体,但两者出现的语境并不相同,所以各自归纳在不同的音位里。其三,语言里可以起辨义作用的语音成分,除了音质成分——元音和辅音之外,超音质成分,如音高、音强和音长等,也都可以起音位的区别作用,只要使用该语言的社会群体赋予了它这种社会功能。所以,同样也可以根据对立互补原则,对它们进行音位分析,把它们归纳成不同的音位,如"调位""时位""量位"等,统称为超音质音位。所以,音位所指的不一定是一个可以独立发音的音素,也可以是跨越于几个音素之上的语音单位,如声调,甚至也可以是小于一个音素的语音成分(参看后面的"过度分析法")。其四,音位指的是形成互补关系的一类音,"音位"在概念上是一个抽象的虚体,"音位变体"才是一个个的语音实体。音位在语流中通过不同的语音组合环境体现为不同读音的音位变体,音位总是以不同的变体存在于具体言语中的。这也可以反过来说,音位变体是音位的"实现"。所以,在音位分析中一定要根据语音的出现环境给出音位的读音规则,否则就不便于人们学习这种语言,也不便于用语言事实检验音位分析的合理性和科学性。

近几年来,随着语音学和音系学的发展,有些术语的译名和使用发生了一些变化。例如,用"音子"(phone)、"音段"(segment)替换传统语音学中使用已久的"音素"(phone),由此也把一个音位的音位变体(allophones)称为音子,认为音子是音位的物理实现;还有用"音段音位""超音段音位"替换"音质音位"和"超音质音位"的等等。但"音素""音位变体""音质""超音质"等术语,在现代语音学中沿用已久,在许多语音学著作中,特别是在语音学教科书中仍然普遍通行,所以本书也还是保留了传统的用法。

(3) 语音近似

音位分析把对立的语音划分为不同的音位,把互补的语音归并在同一个音位中。语音系统中用于对立的语音数量总是有限的,大量的语音都处于错综复杂的互补关系中,比如普通话的舌面清擦音[ɕ]跟[h][s][ʂ][z][g][ŋ]都是互补的,那么它应该跟哪个音一起归并为同一个音位的变体呢?舌根鼻辅音[ŋ],除了[n]以外,跟所有的辅音都处于互补分布,该归入哪个音位呢？可见，单凭互补原则还是难以完全解决音位的归并取舍问题，所以在音位分析中为互补原则又添加了一条语音近似原则，即：归纳在一个音位中的各个音位变体在音质上应该是相近相似的。比如说，英语里的辅音音位/t/在不同的语音环境里可以表现为：不送气的[t]，如 stone（石头）；送气的[tʻ]，如 table（桌子）；卷舌的[t]，如 train（火车）；圆唇化的[tʷ]，如 twice（两头）；齿化的[t̪]，如 eight（第八）；不破裂的[t]，如 apartment（公寓）；舌边爆破的[tˡ]，如 little（小）；鼻腔爆破的[tⁿ]，如 certain（一定）等等。从语音学的角度说，这是八个不同的音，但是在说英语的普通人听起来显然非常相似，甚至可能连不送气的[t]和送气的[tʻ]都不能加以区别，认为都是一个音。但是，[b]和[p]的区别，他们却一听就能分辨出来，这就是所谓本能的音位直觉观念。因而也有一种音位观认为，音位实质上就是通过互补分布和语音相似性联系在一起的一组音。

由此可见，归纳为一个音位的各个音位变体，必须符合两个条件：互补分布和语音近似，前一个是必要条件，后一个是充分条件。音值相差太远，即使是互补的，也不能归纳为同音位的音位变体。例如，英语里喉门擦音[h]跟舌根鼻音[ŋ]从不出现在相同的语音环境里，在分布上是互补的，但音值相差较远，说英语的本国人一听就是两个音。因为语音不相似，所以在音位分析中，从来都不会把这两个音归并在一个音位里。同理，普通话里的元音[ɤ]跟[ɑ][æ]在分布上也是互补的，但是不具备语音近似这一条件，所以也不能加以归并。

三　音位和音位变体

音位里所包括的虽然相近但又有差别的各种音位变体，都是从实际语言里归纳出来的。音位变体千差万别，音位学里通常把它们区别为两大类：条件变体和自由变体，然后再区分为更小的类。

（1）条件变体

由语音环境制约的音位变体，受到一定的语音条件的制约，称为条件变体。这一类音位变体的语音特征往往跟它所处的语境有联系，所以又可以叫作语境变体。了解语境变体产生的原因，对我们识别变体、归纳音位和了解历时音变，以及语音教学和言语工程中的语音合成都是有帮助的。

常见的条件变体有以下几种：

① 协同音变

受前后邻接语音影响，为了协同发音而产生的音位变体叫作协同音变。由逆同化而产生的预先音变如：

苏州话"金"/tɕiən/ —— "金榜"[tɕiəm paŋ]
　　　　　　　　 —— "金箍"[tɕiəŋ ku]
　　　　　　　　 —— "金鸡"[tɕiɲ tɕi]

苏州话"金"的单字音韵尾是舌尖鼻音[n]，在双音节词中受后接语音发音动作的影响，/n/产生了读音变异，分别变成了双唇鼻音[m]、舌根鼻音[ŋ]、舌面中鼻音[ɲ]，它们都是/n/音位的语境变体。

由顺同化而产生的移后音变如：

福州话：单字音"帝"/ta/ —— "皇帝"[xuoŋ na]
　　　　单字音"汤"/tʻouŋ/ —— "甜汤"[tʻeŋ nouŋ]
　　　　单字音"神"/siŋ/ —— "精神"[tsiŋ niŋ]

在上述例子里，"帝""汤""神"三个字的声母[t][tʻ][s]受前一个字舌根鼻辅音[ŋ]的读音影响，都产生了一个条件变体——舌尖鼻音[n]。

② 随位音变

由于音位所处位置的不同而产生的变体叫作随位音变。如英语处于词首位置的清塞辅音/p/、/t/、/k/，一般都是送气的，在擦音/s/之后都是不送气的，而在词末的位置上则送气与否是两可的。例如，table[tʻeibl]（桌子）、star[staː]（星星）、mat[mætʻ]（席子）。再如，粤方言里音节末尾充当韵尾的/p/、/t/、/k/总是塞而不发（不除阻）的唯闭音，这一类音位变体的语音特征与邻接语音无关，不是因协同发音而产生的。

③ 韵律音变

由于韵律成分的影响而产生的条件变体叫作韵律音变。如普通话里因声调不同而引起的语音变体："雷"[lei^{35}]和"累"[lɛi^{51}]、"而"[ər^{35}]和"二"[ɐr^{51}]；在轻声中出现的语音变体："芝麻"[tʂʅ^{55} mə]、"哥哥"

[kɤ⁵⁵ kə]、"热闹"[ẓɤ⁵¹ nɔ]①；英语里因音节重音而引起的语音变体：'object['ɔbdʒekt]（目的）—ob'ject[əb'dʒekt]（反对）。

（2）自由变体

在相同的语音环境里可以无条件变读且对意义不产生任何影响的语音变体称为自由变体。如傣语西双版纳话，[x]和[kʻ]、[j]和[ẓ]在同一个词里可任意变读：

	[x] ↔ [kʻ]			[j] ↔ [ẓ]	
杀	[xa¹³]	[kʻa¹³]	住	[ju³⁵]	[ẓu³⁵]
桥	[xo⁵⁵]	[kʻo⁵⁵]	药	[ja⁵⁵]	[ẓa⁵⁵]

如果这一类语音变体的出现完全不受语音环境的制约，那就叫完全自由变体；如果是受一定语音条件制约的，那就叫部分自由变体。有一些汉语方言如兰州话里，[n]和[l]可以任意混读，不受限制，属于完全自由变体。但在湖北孝感话里，[n]和[l]在开、合二呼前可任意变读，"脑""老"同音，而在齐、撮二呼前只能读[n]，不能读[l]，"泥"和"黎"虽然也同音，但只能读[ni]，所以在孝感话里，[n]和[l]属于部分自由变体。普通话里，圆唇元音[u]在零声母音节韵头的位置时，也可以读成唇齿通音[ʋ]，因人而异。例如，"外文"可以读[uai uən]或[ʋai ʋən]，"新闻、文化、娃娃"等也是如此。但[u]在唇齿音声母[f]之后只能读[ʋ]，如"豆腐"[tou fʋ]；而在圆唇元音之前又只能读[u]，如"窝棚"[uo pʻəŋ]。所以严格地说，[u]和[ʋ]在普通话里也属于部分自由变体。

自由变体在多数情况下指的都是在同一个位置上可以自由出现但对意义不产生任何影响的音位变体，如英语里处于词末的/t/，在自然话语里可以出现送气的[tʻ]或不送气的[t]、声门化的[ʔt]或不除阻的[t]等自由变异，在英语里这些语音变体都是不起区别作用的非音位性的语音成分。但是，在少数情况下，出现在某些词同一个位置上的自由变体，在该语言里是音位性的语音成分，如英语词 economics（经济学）、evolution（发展）里的字母 e，作为词首元音可以读作[iː]，也可以读作

---

① 本书前七章将普通话的声母 r 描写为卷舌通音，后三章为照顾国内多数《现代汉语》教材的习惯，描写为浊擦音。

[e]，对意义不产生任何影响。普通话里也有这样的例子，如送气和不送气在普通话里是有区别作用的语音成分，但在有些词里却变成了自由变体。例如，"波浪、波及、波折"这些词里，"波"的声母也常常读成送气的[pʻ]，"耳朵"也可以读成[er tʻuo]。"咖啡"在较早的时期也有不少人读作[tɕʻia fei]，"恩赐"里的"赐"也有[tsʻɿ]和[sɿ]两种读法。这些词的自由变体在普通话的语音系统里当然都是可以起区别作用的音位，但在这里所举的例词里都是一种自由变体。如果要为语言建立一种标准音的话，这一类自由变异都应该加以规范。普通话就是这么处理的，由普通话异读词审音委员会根据一定的原则加以审订，确定一个规范的读音，淘汰其中的一个。

条件变体和自由变体都是从语音学的角度对音位变体所做的分类，其实自然语言的语音变体是生动的、丰富多彩的，有些变体的产生和使用是由地区、职业、文化教养、性别等非语言因素决定的。常见的有：（1）地区变体。例如，普通话/u/音位在零声母音节韵头的位置上有好几种读音上略有差异的自由变体，北京远郊地区读双唇半元音[w]的居多，城区和近郊地区则大多读成唇齿通音[ʋ]，还有少数人读作唇齿浊擦音[v]。这种自由变体受地区条件的制约。（2）选择变体。这种变体往往是从事某种职业的社会人士出于表达的需要而有意做出的变动。例如，法语辅音音位系统中有一个小舌颤音[R]，通用于日常生活，但在舞台语言中往往被发成舌尖颤音。因为后一个辅音比较响亮，送得远，听得清楚。这种语音变体是出于职业需要有意做出的选择。普通话里有一个使用频率较高的数词"二"，原本读 er，现在开口度变大，听感上接近于[ar]了。这种读法在播音用语中出现得较多，也可以说是一种因职业工作需要而产生的选择变体。（3）性别变体。最典型的例子就是过去推行国语时，北京出现过一种"女国音"，即把舌面音[tɕ][tɕʻ][ɕ]的发音部位挪前，读得近似于[ts][tsʻ][s]的舌尖音。当时这种读法只见于十六七岁的女学生中，至今也还没有完全消失。从语言规范化的角度看，这当然不是一种标准音。

语音的社会变体是社会语言学的课题；而研究语音的社会变体对于计算机语音识别、民族共同语语音标准的制定也有着重要的意义。共时层面的语音变体在一定程度上能够反映语音的历史变化，因此这个问题也一直得到历史语言学家和方言学家的关注。

四　音位的聚合和组合

通常所说的语言的语音系统，实际上指的都是该语言的音位系统。一种语言的音位系统应该体现四方面的内容：

（1）该语言中起对立辨义作用的全部音位，包括音质音位和超音质音位；

（2）音位的主要变体及其读音规则；

（3）音位的聚合关系；

（4）音位的组合关系。

不同语言各有自己的语音特点，经过音位的分析和归纳在上述各个方面都会清晰地显示出来。有的语言元音音位和辅音音位加在一起，总共只有十来个，有的语言却多到一百多个；有的语言有复杂的声调系统，有的语言有长短音系统，印欧语系里很多语言都可以用重音分辨词义，汉语却用轻声区别词义。这些特点在上述（1）、（2）两个方面都会显示出来，但音位的结构规律和相互关系却要从音位的聚合和组合中去探索。

从语流中听起来无穷多的语音中，经过音位分析把全部音位提取出来以后，必须根据音位之间共同的语音特征和不同的语音特征把音位聚合并区分为不同的类。音位的聚合关系可以凸显一种语言系统性的语音特点，也有助于人们学习掌握这种语言。例如，普通话辅音音位系统中，/p/和/pʻ/、/t/和/tʻ/、/k/和/kʻ/，以及/tɕ/和/tɕʻ/、/tʂ/和/tʂʻ/、/ts/和/tsʻ/这六对音位都属于同一类型的对立关系，只靠送气和不送气这一单项特征互相区别，彼此之间形成一种平行性的对立。单项平行对立最容易显示一种语言音位系统的特点及其内部关系。因为语音差异与意义之间的联系在单项对立中显示得最为清楚，而这种对立的平行性又显示了它在该语言中具有普遍性，不是一种孤立的特点。例如，对比汉语、英语和韩语，汉语辅音音位系统里有这套由"送气"和"不送气"构成的单项平行性的音位对立群，英语却没有；英语有一系列由清浊对立构成的辅音音位，汉语里就没有；韩语里有一套由松紧对立构成的辅音音位，英语和汉语都没有。音位的聚合关系及其分类，分别凸显了这三种语言各自的成系统的语音特点。

分析音位的聚合关系还有助于我们了解语音演变和音系形成的关系。因为语言的全部音位一方面彼此对立，各有自己的分布范围，另一方面又是相互关联，构成一个系统的，而音位系统受社会群体使用的支配，常有一种追求平衡、匀整的发展趋向，所以音位的演化往往不是个别行动，而是集体演变。例如，中古汉语的音韵系统有一个时期存在整套与清辅音对立的全浊辅音音位，如/b d g∶/p t k/，后来在语言发展的历史进程中，浊辅音音位发生了音位分裂现象，以声调平仄为条件分别并入相应的清辅音音位，如/b/音位平声字声母归入/p'/音位，而仄声字的声母归入/p/音位。这种音位分化合并的现象不是孤立的，是全浊音共同的变化，其结果是导致现代大部分汉语方言音系里失去清浊对立，全浊音整套消失，而在少数方言里，如吴方言，则成套地保留了中古汉语的浊音系统。

音位聚合的规整性也会促使语音系统中衍生新的音位，以填补音位模式中的空缺。例如，古英语辅音音位系统里有三对单项平行对立的音位——/p/∶/b/、/t/∶/d/、/k/∶/g/。前两对都分别有一个同部位的鼻辅音/m/和/n/与之相配，唯独最后一对清浊对立的舌根音却没有同部位的鼻辅音音位与之相配，使音位的聚合系统内出现了明显的不对称。为求整匀称，后来/n/音位中一个只出现在舌根音之前的音位变体[ŋ]在言语的使用中逐渐演化为一个独立的/ŋ/音位，与/k/∶/g/相配，填补了音位聚合系统中模式上的空缺。英语中与舌叶清擦音/ʃ/相配的浊擦音/ʒ/，也是由于同样的原因产生的。因为在英语的擦音系统中都是清浊配对的，如/f/∶/v/、/θ/∶/ð/、/s/∶/z/，唯独/ʃ/没有相配的浊音，结果也是音位聚合要求平行、对称的潜在倾向使英语在从古代向现代发展的过程中，从法语的借词中吸收了一个浊擦音[ʒ]，衍生了一个与/ʃ/清浊相配的音位，满足了音位聚合高度规整的要求。

音位之间的关系除了从聚合角度加以描写外，还要从组合关系上进行描写。聚合的研究，根据音位语音特征的异同，把音位归纳成不同的类，各种不同的类聚又可以进一步构成更大的类，显示一种语言具有类型意义的语音特点；而组合所研究的则是各个音位彼此之间的结合关系。

例如，哪些音位是不能互相结合的，哪些又是可以互相结合的，它们的组合方式有什么不同，有没有语音条件的限制，等等。音位的组合规律通常是在最小的语音结构单位——音节这一范围内进行研究的，音位组合特点集中表现在音节的构造上。当然也可以根据语言特点选择其他适合于研究音位组合特点的语言单位。

在本书第四章"音节和音节结构"中，我们已经阐明发音时肌肉每张弛一次，就形成一个音节。根据发音生理学，通常把处在肌肉紧张最高点的音叫作领音（包括元音和充当音节核心的浊辅音——一般是乐音成分占优势的鼻辅音），领音前后的音处于音节高峰的起点和结尾，分别叫作起音和收音。充当领音的以元音最为常见，我们以字母 V 代表元音（vowel），字母 C 代表辅音（consonant），这样在音位结构系统最基本的单位——音节中，音位之间的组合方式不外乎以下四种：

(1) V　　(2) C—V　　(3) V—C　　(4) C—V—C

也就是：(1) 领音；(2) 起音＋领音；(3) 领音＋收音；(4) 起音＋领音＋收音。由于充当领音、起音、收音的语音成分都可以是由二至三个语音成分结合在一起的元音群（复元音）或辅音群（复辅音），因此以上四种基本的音节结构类型中，V 或 C 都是可以扩展的。例如，英语单词 strange[streindʒ]（陌生）就是由 C—V—C 型扩展成 CCC—VV—CC 的。

以音节为单位研究音位的组合关系就要围绕音节构成方式回答以下几个基本问题：

(1) 在音节构成的各个位置上允许出现什么音位，不允许出现什么音位？

例如，普通话的各类音节一般只允许元音出现在领音的位置上，而有些汉语方言里却允许辅音单独充当领音，如上海话"鱼"[ŋ̍]、苏州话"亩"[m̍]、厦门话"煤"[hm̍]、"饭"[pŋ̍]，这一类音节中的鼻辅音都要作为声化韵列在韵母表里，而不作为辅音声母看待。有的语言里，在音节收尾的位置，只能是元音（开音节），而有的语言则也可以是以辅音收尾的闭音节。汉语普通话虽然既有开音节也有闭音节，但出现在音节末尾位置上的辅音限制很严，而维吾尔语在音节末尾位置可以出现的辅音却相当自由。

（2）在音节里，音位的组合关系有什么限制？

如汉语和英语都允许元音和元音直接组合在一起，但英语只能有二合元音，汉语可以有三合元音，而法语则根本不允许出现这样的音位组合形式。日语、汉语都不允许辅音在音节里直接组合在一起，而俄语、英语却允许多至三四个辅音直接结合在一起，如英语 glimpse[glimps]（瞥见）、俄语 встреча[fstretʃa]（遇见）。

（3）音位组合的排列顺序有什么规律？

以英语为例，如果三个辅音在音节开首的位置上连续出现，第一个音位必定是/s/，第二个音位必定是/p/、/t/、/k/中的一个，第三个音位则必定是/l/、/r/、/j/中的一个。普通话三个元音成分结合在一起，第一个必定是/i/、/u/、/y/中的一个，第二个则限于/a/、/o/或/e/，第三个音位则限于/i/或/u/。另外，在音位组合中，如果韵头位置上出现了/i/或/u/，就可预测在韵尾位置不可能再重现相同的音位/i/或/u/。如果在韵头的位置上出现了/y/音位，则韵尾的位置就不可能出现任何元音成分了。这些都是音位组合的规律。

音位系统的全面描写必须包括音位之间的聚合关系和组合关系，否则这种语言的语音特点以及音位之间的结构关系就难以充分地显示出来。对汉语普通话来说，因为音节结构简单，所以一张声韵调音节配合总表（表 8-1）就展现了全部音位成员及其结构规律，以及音位之间的结合关系。在这张"配合总表"中，纵轴竖行所列的声母显示了声母发音部位的类聚关系，横轴按"开、齐、合、撮"四呼顺序排列的韵母则体现以韵头为标准的韵母的类聚关系。普通话里的声韵组合规律就是由声母的发音部位和韵母的四呼分类支配的。同一个类聚中，发音部位相同的声母跟韵母四呼的配合关系一定相同；同理，韵母四呼分类相同，则与声母的配合关系也一定相同。不仅如此，"配合总表"还显示了每个声母和每个韵母相互之间的声韵组合关系，凡是不能配合成字的声韵交叉点都会以空缺显示出来。而由于每个韵母之下又分列了四个调位，所以，声韵相拼在哪一类声调里是可以成字的，在哪一类声调里是不能成字的，也都可以显示出来。根据"声韵调配合总表"就可以全面掌握普通话的音位以及它们之间的分布关系和组合规则。这对学习掌握一种语言，以及自然语言的计算机处理都是十分有用的。表 8-1 是普通话声韵配合音节

第八章
语音学和音系学

表，它全面反映了普通话声母和韵母的类聚关系和组合关系，以及元音音位和辅音音位在普通话里的语境分布关系和音节结构规律。普通话千言万语，从语音上说就是由这四百多个基本音节和四个声调组合而成的。

五 音位归纳的多种可能性

曾经被称为在语言学中引起一次思想革命的音位学（后来也称为早期经典音系学），在长达半个多世纪的传播发展过程中，形成了好几种学派。不同学派对音位这一概念的理解各有侧重，归纳音位的原则和方法也并不完全相同，这就使得音位归纳的结果必然会出现多种可能性。对此，我们应该有一个充分的了解，否则面对看似差异甚大的音位分析结果，也许就会莫衷一是。

音位归纳的多种可能性源于音位分析自身就包含许多不确定的因素。下面就几个主要方面扼要地说一说对于一种语言的音位分析可以形成不同答案的原因。

（1）音位对立的分析应该从哪个层面入手？

音位分析根据对立原则确定两个音是不是各自独立的不同音位，根据互补分布确定两个音是否可以作为两个音位变体一起归入同一个音位。对立或互补都是在一定的语音环境里分析的，而这个语音环境必须是一个音义结合体，否则就无法鉴别它有无区别意义的功能。语言里最小的音义结合体是语素，向上分别是词、词组和句子。这四种语言单位都可以构成只有一个音差的最小对比体（对立体）。例如，从语素"巩"和"恐"、词"主力"和"阻力"、词组"大棒子"和"大胖子"、句子"大家都饱了"和"大家都跑了"的对比中，都可以分别提取起对立作用的辅音音位。那么，音位对立的分析究竟应该从语言的哪个层面入手？音位定义和分布分析法本身都没有做出明确的规定。

在不同语言单位的语音环境中考察语音的对立或互补，对音位归纳的结果显然是有影响的。例如，在苏门答腊北部的某一种语言（Toba-Batak语）里，有两个元音——[o]和[ɔ]，在词的平面上它们是不同的音位，因为有以这两个元音构成的最小对立体——[jolo]（前面）和[jolɔ]

(表敬助词)。① 但是，在句子层面却找不到仅仅依靠[o]和[ɔ]构成最小音差的对立体，所以如果从句子平面归纳音位，这两个元音就没有可能成为两个独立的音位。在普通话里则有相反的例子，在句子层面的严式记音中，由于语流音变的作用，可以看到前[a]和中[ᴀ]构成最小的对立体的例子，还有央元音[ə]和后高不圆唇元音[ɤ]构成对立的例子（参看第九章有关普通话元音音位的分析）。由于音位分析没有规定对立或互补应该在什么样的分布范围内进行考察，这些构成对立关系的语音算不算一个独立的音位，就可以有不同意见，从而形成不同的音位答案。

　　从描写语言学的角度说，语言分析应该是从话语开始的，同时语音分析又应该在语法描写之前。音位分析从理论上说确实应该从言语交际最自然的单位——句子入手，句子是没有经过语法分析和解读的最原始的语料。但是实际上，如果音位的分析和归纳必须从还没有经过语法分析的语句入手，那么采用严式记音的语音必然是极为纷繁复杂的，因为语句中的语音处于各种因素的交互影响下，几乎是千变万化的，由此归纳出来的音位，也必然种类繁多，十分复杂，反而会掩盖这种语言的语音面貌和音系特征。

　　法国功能学派语言学家马丁内曾经说过，进行音位分析最理想的语言单位是由简单词干形成的单音节词。它的语音构成比较简单，而且内部结合紧密，不会包含可能影响音位分析的潜在停顿。他的意见很有参考价值，但是这一类单音节词在西方的许多语言里数量有限，所以欧美语言学家的音位分析大多是从多音节词入手的。而汉语是单音节语言，音节结构比较简单，每个音节又是表义音节，可以独立成词，也可以是构词的语素，因此正好是可以用于音位分析的最理想的语言单位。

　　(2) 互补分布应该在多大的语境范围内考察？

　　音位分析根据互补分布，把不同的语音变体归在一个音位里，用同一个音位符号标写，归纳在一个音位里的各个音位变体的实际读音根据不同的语境去辨认。但是，互补分布同样也有一个应该在哪一级语言单位里考察的问题：以语素为单位，语境范围就比较小；以句子为单位，

---

① 此例引自[美]颇西沃《不同的音位归纳法的取舍问题》，金有景译，载于《语言学资料》(内部刊物)，1964年第1期（总第19号），《中国语文》编辑部编，第25页。

语境范围显然就大多了。而语境范围的大小跟音位内部包括哪些变体、多少变体，是否包括音节之间的连音变化等等都有直接关联。这些都会影响整个音位系统的面貌。举例来说，有人认为普通话里舌根鼻音音位/ŋ/有两个音位变体：一个是韵尾[ŋ]，持阻、除阻都不发音，如"当"[taŋ]、"江"[tɕiaŋ]，[ŋ]都是塞而不发的；另一个是声母[ŋ]，有鼻音发音的三个阶段，但只出现在语气词"啊"之前，因连读的同化作用，而成为后一个音节的声母，如"唱啊"[tʂʻaŋ ŋa]。显然，后一个音位变体是在语流音变中出现的增音现象。这种连读音变也确实是存在的，如"嫦娥"[tʂʻaŋ ŋɤ]、"名额"[miŋ ŋɤ]、"平安"[pʻiŋ ŋan]等等。而音位学并没有给考察互补分布的语境范围做出明确的规定，所以认为/ŋ/音位有一个出现在音节开首，充当声母的音位变体，对此也难以评论是非。但问题是：诸如此类的语流音变是否都可以这样处理呢？例如，"芝麻"的严式记音是[tʂʅ mə]，"妈妈"也是[mA·mə]；"难免""关门""面包""店铺"，前一个字的韵尾[-n]在自然语言的连读中，实际读音也确实由[-n]变为了[-m]，但却没有人在/a/音位中列入一个音位变体[ə]，在/n/音位中列入一个变体[m]。为什么同样都是音节之间的语音变化，却不统一处理呢？由此可见，考察互补分布的语境范围的大小，如果没有明确的规定，可以随意处置，那么在音位归纳中就一定会引起混乱，造成矛盾，影响音位归纳的结果。

语言的类型各不相同，就汉语来说，它最大的一个特点就是"语素—音节—文字"三位一体。前面说过，考察音位对立应该选择最小的音义结合体——语素，那么互补分布的考察显然也应该选择语境范围最小的单位——音节。这对普通话音位的归纳和整理显然都是有利的。

首先，这可以避免包含在一个音位之内的音位变体过于繁杂，面貌不清。音位变体大多是在语流中受连读音变的影响而产生的。但是，在音节范围内的连音变化和音节之间的连音变化性质是不同的。前一种是强制性的音变，因为音节是语言中自然的发音单位，是发音机制在肌肉一次张弛中发出来的。组合在一个音节内的语音成分紧密结合成一个整体，其中因协同发音而产生的连音变化是受发音生理制约而自然产生的。所以这类连音变化又称为"音位的必然变体"。但是，后一种音节之间的连音变化是一种自由音变，音变现象不一定必然产生，因为音节之间可以有停顿，连音变化随语速、情景和个人习惯而异，不像音节内部的语流音变那样有较强的规律性，只要音变条件出现，音变现象就一定出现。另一方面，这类音节之外的连音变化又非常复杂，如果都根据互补分析归纳在一个音位内，那么音位变体的数量和内容一定非常烦琐庞杂，而且有时会难以操作，无从下手。例如，如果把出现在语气词"啊"之前的词首增音[ŋ]归入/ŋ/音位，作为一个充当声母的音位变体看待，那么在"（写）字啊"[tsʅ za]、"（快）吃啊"[tʂʻʅ ʐa]、"（快）去呀"[tɕʻy ia]这一类例子里，因连读音变而产生的[z][ʐ][i]，又应该归入哪个音位呢？在"热闹"[ʐɤ nɔ]、"明白"[miŋ pɛ]这一类轻声词里的[ɔ]和[ɛ]，又是哪一个音位的语音变体呢？

其次，在普通话里把互补分布的考察限制在语境范围较小的单音节内，还可以避免在音位归纳中产生大量的音位交叠现象。例如，如果把"芝麻"[tʂʅ mə]、"妈·妈"[mA·mə]里的央元音[ə]归入/a/音位，那么就会使不同的音位，即低元音音位/a/和中元音音位/e/，有了共同的音位变体[ə]；如果把"木樨肉"（单字音[mu ɕi ʐou]）连读音变[mu ɕy ʐou]里的[y]作为音位变体归入/i/音位，把"白石桥"（单字音[pai ʂʅ tɕʻiau]）连读音变[pai ʐʅ tɕʻiau]里的[ʐ]作为音位变体，归入/ʂ/音位，那么也会使原本是音位性的语音成分[y]和[ʐ]，又分别变成另外两个音位/i/和/ʂ/的音位变体。同理，如果把"难免"[nam mian]、"面包"[mian pau]这一类在连音变化中形成的[m]韵尾归入/n/音位，也会产生同样的音位交叠结果。音位系统中如果大量出现这类音位变体和音位之间的交叉、叠合现象，那么这样的音位分析就是不理想的，因为它不符合音位归纳要求简明经济、系统整齐的最终目的。

总起来说，音位内部包括哪些变体、多少变体以及音位系统是否简明、经济，都跟考察音位互补的语境范围的大小直接相关。语境范围越大，归纳在一个音位里的变体就越多，音位和音位变体的读音关系也就越复杂；反之，语境范围越小，归纳在一个音位里的变体就越少，音位和音位变体之间的读音关系也就越简单。就汉语普通话来说，明确这一点，把音位变体的归纳限制在音节—语素这一语境范围内，对音位分析显然是有利的。至于音节外部、音节之间因连音变化而形成的各种语音变体，都属于音位在音节连读中的变化现象，应该另立一类"语流音变"

给予充分的描写。

（3）语音近似有没有客观标准？与互补分布如何协调？

前面已经提到，互补分布是语音变体归纳在同一个音位里的必要条件，但不是充分条件，是否应该归并为一类，还要看语音是否相近，也就是要同时满足两个条件：互补和音近。但仔细分析起来，这是两个不同性质的标准：分布标准和语音同一性的标准，前者依据客观的语音环境，后者却根据个人主观的心理听觉反映。而每个人总是以自己母语的"音位直觉"来判断语音是否相近的。比如，说英语的人认为，cool[k'ul]（凉）和school[sku:l]（学校）里的送气音[k']和不送气音[k]，分布上互补，语音也十分近似，但说汉语的人听起来，这两个音却差别很大，比如"苦"[k'u]和"鼓"[ku]，就是靠送气和不送气区别的；相反，说英语的人认为seal[si:l]（图章）和zeal[zi:l]（热心）里的[s]和[z]差别很大，而不懂英语的中国人也许就听不出什么区别来。因此，又有人认为，语音是否相近要根据本地人的"音感"。但是本地人的听感也未必总是一致的。例如，在普通话里的舌面元音[i]和两个舌尖元音[ɿ][ʅ]是否应该归并为一个音位的讨论中，两个世居北京的本地人意见却截然相反：一个认为这三个音听感和谐，语音近似，应该归并为一个音位；而另一个却认为"鸡"[tɕi]、"滋"[tsɿ]、"枝"[tʂʅ]押韵，"谁都觉得不好听"，语音不相近，不宜作为同一个音位的三个变体。

可见，语音是否互补，有客观的分布作为依据，不会引起争论；语音是否相近，没有客观标准，各人都可以有自己的主观判断，有分歧，有争论，也不好解决。从纯粹的语音学观点来看，归在同一个音位里的变体，有些确实只是一些语音上的小差异，而有些则彼此的差异已大到足可以称为不同的音。差异大到什么程度就是语音不相近，原则本身没有任何规定。因此，语言学家不得不坦然承认："我们无法真正确切地规定语音相似的程度，所以如何恰如其分地应用这条原则并不总是清楚的。"

语音相近原则在音位分析中的另一个问题是：它与互补原则如何协调？这两个原则的标准和性质完全不同，在音位分析的操作中又可以各行其是。有人非常重视语音近似原则，甚至把它看作音位分析的主要原则，认为"主要应当根据'音感'来确定音位……本地人自然地把一类音认为是一个单位（即音位），这就是音位的音感特征"。而另一派学者却认为，归纳音位不是根据语音上的异同或语音差别的大小，而是根据它们的分布关系和区别作用，应该力求把互补的语音尽可能地归入一个音位。音位总数以少为贵，这符合音位归纳的简明经济原则。但对此观点，主张根据语音的音感特征来确定音位的人却有不同的看法：音位系统自然应该力求简明经济，从这个角度看，音位总数应以少为贵，但是音位系统的简明，同样也应该表现在音位和音位变体的关系上，音位总数和音位变体的数量总是成反比的：音位总数少，被归纳到每个音位里的变体就一定多，音位和变体之间的读音关系也就随之复杂化；反之，音位总数多，每个音位里包含的变体也就一定少，音位与音位变体之间的关系也就会随之简单化。只求音位总数少，不管音位和音位变体之间读音关系的复杂化，那是片面地理解了音位系统的简明经济原则。这种看法显然也是言之成理的。

总之，在音位分析中偏重语音近似或强调互补分布都会导致音位归纳答案的不同。语音近似原则如果弃之不管，只从互补分布角度来归并音位，那会使归入同一音位的各个变体在语音分类上失去内部联系，这无论在理论上还是实用上都是不可取的。但如果过于看重语音近似原则，要求音位与变体之间处处能"读音知位，见位得音"，那也会对音位归并的取舍产生负面影响。如何恰如其分地协调音近和互补这两个音位分析原则，恐怕还要从语音系统的其他方面来深入考虑。即便是同时具备了这两个条件，也未必就一定能把这两个音归并在一个音位内。例如，普通话里的[m]和[ŋ]，一个只能出现在音节开首，一个只能出现在音节末尾，在分布上是互补的，同时在音值上也都有鼻音这一共同的音感特征，但在音位分析中谁也没有把它们归并在一起，而是分为两个独立的音位。因为从普通话音节结构和语音历史演变等角度全面权衡，[m]和[ŋ]都是不宜归并在一个音位中的（参看第九章有关普通话辅音音位的分析）。这个例子说明，音位分析除了对立、互补和语音近似这些基本原则之外，也还有其他一些因素必须予以考虑，而这又是导致音位归纳结果多样化的一个原因。

第八章
语音学和音系学

（4）音位的单位应该是多大？

在前面的章节里已经说过，音位和音素是两个不同的概念。语音学把从语流里切分出来的最小的音质音段，即音素，分为元音和辅音。又根据发音和音质是否保持不变、前后一致，把它们分为单纯音和复合音两大类，后者是动态的由几个元音成分组成的复元音，或由几个辅音组成的复辅音。而在音位分析中，音位单位的切分与语音学里的最小音段并不总是一致的。音位之间的对立可以是静音素与动音素的对立，如[t]或[s]与[ts]构成对立，[ts]从语音学的角度说，是塞音和擦音两种语音成分的结合，是一种复辅音，所以用两个字母音标的组合来表示。送气音和不送气音的对立，比如[p]和[pʰ]或[pʻ]，其实也是动音素与静音素构成的对立，因为送气音中的送气成分就是在塞音除阻之后紧跟着送出来的一种气流音，在语音学里也是动态辅音，语图可以证明它是由爆破音和送气音组成的。

在音位分析中，同一个动态音，比如英语中的清塞擦音[tʃ]或浊塞擦音[dʒ]，有的语言学家把它们分别处理为音位系统中两个独立的单音位：/tʃ/和/dʒ/，把它们跟/t/、/d/、/ʃ/、/ʒ/并列在一起；但有的语言学家却把这两个塞擦音分析为分别由单音位/t/和/ʃ/、/d/和/ʒ/组成的复合音位，不把/tʃ/和/dʒ/列入由各个单音位总合在一起的辅音音位表中。这两种不同的音位分析，前一种把音位单位切分得大一些，后一种把音位单位切分得小一些。在音位分析中，把一个由几种语音成分结合在一起的动态音（如塞擦音）作为一个音位单位看待，叫作不充分分析法（under-analysis）；把一个动态音分析为更小的音位单位，叫作过度分析法（over-analysis）。过度分析法甚至可以把一个只能结合在一起发音的动音素分析为两个音位。例如，美国英语中的卷舌元音[ɚ][ɑ˞]（即卷舌的[ɑ]）等，都是在发音过程中同时加上卷舌作用形成的动态元音，如果采取过度分析法，就可以分析为两个音位，也就是/ə/或/ɑ/跟/r/一起组成的复合音位，用两个音标符号来表示就是/ər/和/ɑr/。长元音[iː]也可以用过度分析法分为/i/和/j/两个音位。

音位学并没有规定从语流中切分出来的音段音位本身应该是一个多大的单位，也没有规定音位分析什么时候应该用过度分析法，什么时候应该用不充分分析法。所以出于对音位的不同理解而采用不同的分析法，对同一种语言的音位分析得出不同的答案，也是不足为怪的。例如，美国的语言学家在分析英语元音音位时，有人得出了六个元音音位的结论：/i e a o ə u/（布洛赫《语言分析纲要》），而有人却得出了英语有二十个元音音位的结论：/æ ɑ: e i i: ɑ ɔ: u u: ʌ ə: ei ai ɔi au əu ɛə/（霍凯特《现代语言学教程》）。前一种结论中的六个元音音位全是单元音，后一种结论中的二十个元音音位有单元音也有复合元音。这两种不同的音位答案适用于各自的音位体系，也各自适用于不同的分析目的。

在汉语普通话里也可以看到，由于音位分析方法的不同和音位切分单位大小的不同，研究者得出了不同的音位答案。比如，过去国语注音符号中的八个基本韵母：ㄞ（ai）、ㄟ（ei）、ㄠ（ao）、ㄡ（ou）、ㄢ（an）、ㄣ（en）、ㄤ（ang）、ㄥ（eng），就是用不充分分析法切分出来的音位单位（可以叫作"韵位"），其实这八个韵母都是可以用过度分析法分解为两个音位的。但是在用独体古汉字作为音标的注音符号中，必须把它们处理成一个音位，并为之单独设计一个语音符号，然后就可以分别与单韵母ㄧ（i）、ㄨ（u）、ㄩ（ü）组成一系列结合韵母，如ㄧㄠ（iao）、ㄧㄢ（ian）等等，这样就形成一个以四呼为框架的音韵系统。但是在采用拉丁字母的拼音方案中，这八个韵母却必须用过度分析法拆成更小的音位单位，否则就不能达到设计一个音素（音位）化拼音方案的目的。

总之，在音位分析中，音位系统中最小的音位单位不一定是语音学中的一个元音或辅音。在大多数情况下，音位的切分与最小音段的切分是一致的，但音位和音位成员，也可以大于或小于一个最小音段。什么时候应该把两个甚至更多的连续的最小音段看成一个音位，什么时候应该把一个最小音段分解为两个甚至更多的音位组合，要根据音位分析的目的、语音的特点和音位系统的格局来确定。例如，为求整个音位系统的简单化，英语的舌叶塞擦音[tʃ]和[dʒ]完全可以分析为两个音位：/t/和/ʃ/组成/tʃ/，/d/和/ʒ/组成/dʒ/，而西班牙语里的[tʃ]就不能这么处理，因为[ʃ]在西班牙语里是不能单独出现的，不同语言各有自己的语音特点和音系格局。另外，言语中最小的发音单位，即元音和辅音本身也是不同的，在音位的实际切分中通常是动态辅音从合，而动态元音则从分（赵元任语），因为把动态辅音（如塞擦音、送气音）处理为单个音位比较方便、实用，而把动态元音（二合元音或三个元音）处理为单音位，配置单个音标符号就不一定那么自由、方便了。音位分析无法对不同的语言或同一种语言的元音和辅音统一规定使用过度分析法还是不充分分析法，音位切分单位的大小也就无法明确规定了。

使音位分析产生不同结论、不同答案的因素还有很多，所以不能强求一致，也不可能要求得出唯一正确的结论。不同的结论也许能够适用于不同的目的，不必用单一的标准去互相绳墨，评论是非。蜚声海内外的中国著名语言学家赵元任先生曾在20世纪30年代一篇经典的音位学论文中说过：

> 哪些音归为一个音位，这问题是跟着许多因子变的。（a）音质准确度，（b）全系统简单或对称的要求，（c）音位总数减少的要求，（d）本地人对音类的见解，（e）字源的顾及，（f）音位与音位间局部重复的避免，（g）读音知位，见位得音互指可能的要求。这些要求往往互相冲突，对这上对那上轻重的不同，就会得出不同的答案。
>
> 得出不同的系统或答案不是简单的对错问题，而可以只看成适用于各种目的的好坏问题。（《音位标音法的多能性》）

这一段在早期音位学中的经典论述，至今对学习和了解音位理论和音位分析法仍然具有深刻的指导意义。它指明了音位归纳的多样性源于音位归纳原则自身的不确定性和多重性，以及音位归纳的不同目标和不同需要。

六 音系学与区别特征理论

1. 从音位到区别特征

就在20世纪30年代音位理论蓬勃发展的时期，有的语言学家已经看到了音位并不是语言中能起区别意义的最小结构单位。如果对音位进一步加以分析，就可以发现担负区别功能的实际上是一些更小的单位——语音特征。例如，[pɑu²¹⁴]（饱）和[pʻɑu²¹⁴]（跑）是通过[p]和[pʻ]的对立形成/p/和/pʻ/两个音位来区分的，而[p]和[pʻ]的不同实际上只是通过"送气"和"不送气"这两个语音特征来体现的。这两个音位的其他特征——双唇、闭塞、清音都是相同的。当然，两个音位的不同也可以同时体现在几个发音特征上，例如，/p/和/z/、/i/和/o/等等。由此可见，一种语言的全部音位都可以分解和归纳为数目更少的若干语音特征的对立。这种具有区别音位作用的语音特征就是区别特征。

不同语言虽然各有自己的一套音位，但是用以区别音位的语音特征总是有限的。例如，许多语言都普遍利用清和浊、塞和擦的不同构成音位对立。有些语音特征的对立甚至是绝大多数语言里都有的，例如，鼻辅音和口腔塞音的对立、唇音和齿音的对立、开元音和闭元音的对立。由此，区别特征理论的创始人雅可布逊（R. Jakobson）和方特（G. Fant）、哈勒（M. Hall）在考察了上百种语言材料之后，根据语音的声学特征，同时参照发音生理特征，建立了一套用以分析人类语言中各种音位对立的十二对区别特征：（1）元音性/非元音性；（2）辅音性/非辅音性；（3）突发性/延续性；（4）急煞性/非急煞性；（5）粗糙性/柔润性；（6）带音（浊）/不带音（清）；（7）集聚性/分散性；（8）沉钝性/尖锐性；（9）降音性/平音性；（10）升音性/平音性；（11）紧张性/松弛性；（12）鼻音性/口音性。这十二对区别特征可以分为三大类：（一）声源特征：（1）至（2）；（二）次要的辅音声源特征：（3）至（6）；（三）共鸣特征——音位特征的进一步分类：（7）至（12）。

这十二对区别特征是从人类语言中概括出来的，区别特征理论认为，它们可以用来解释语言中一切可能出现的音位对立。但是，没有一种语言的音位系统会包括这十二对全部区别特征，语言里哪些语音特征是起辨义作用的区别特征，各种语言并不相同。例如，在英语辅音系统里，带音/不带音是一对区别特征，送气/不送气（属紧张性/松弛性）就不是区别特征，而在汉语普通话里则恰恰相反。不起辨义作用的语音特征就是非区别性特征，也可称为多余特征。这些特征也是语音中必要的发音特征，不是可有可无的，只是不传递起区别作用的信息。

一种语言里哪些特征是区别性的，一个音位由多少个区别特征组成，要通过音位之间的通盘分析才能确定。例如，普通话里/p/通过双唇这一特征可以跟舌尖、舌面和唇齿等其他辅音区别开，而在双唇这一类辅音中，又可以通过不送气（松弛性）和口腔闭塞（口音性）这两个特征，分别跟送气的/pʻ/和鼻音/m/区别开。这样，总括起来，/p/可以认为是由双唇、闭塞、不送气三个区别特征组成的。通过这些特征，/p/就与普

第八章
语音学和音系学

通话辅音音位系统中其他音位一个个互相区别开了。音位之间经过这样通盘的对比和分析，每个音位的区别特征就可以一一确定下来，并进一步概括出该语言整个音位系统一共是由多少区别特征组成的。通过区别特征的分析和概括，音位对立进一步分解为区别特征的对立，音位系统化解为区别特征系统，一种语言的全部音位就可以大大简化。例如，英语的全部音位就是由九对区别特征组成的，如果根据统计概率的蕴含，舍弃其中可以被推导出来的特征，英语的全部音位仅仅是由六对区别特征组成的。

2. 区别特征理论的核心——二元对立

区别特征与语音学的发音特征不同，它是通过音位之间的通盘分析确定的，所以是一种音系学特征。它用于解决语言里的音位对立，并不解释每个音所有的语音学细节。传统语音学以发音生理作为标准描写和区分各类音素，元音的定性描写要依据舌位的前、央、后和舌位的高低度（高、半高、半低、低），以及唇形的圆展；辅音的区分和描写更为复杂，分类标准涉及二三十种发音特征。但是，从音位对立的全局来看，一种语言里用于构成音位对立的发音特征总是有限的，而发音特征无论从声学特征看还是从发音生理角度看，元音和辅音之间也是有相通的共同属性的，因此用来描写和区分音素的几十种语音特征，显然可以在更高的层次上，用一套统一的标准，概括归并成数目更少的音系学特征，即区别性特征，并用以分析描写所有的语音对立。例如，擦音[x ʃ f s]和元音[a ə e i o u]，从传统语音学角度看，这两套音是没有什么联系的。但是在区别特征系统中，[x ʃ a e o]是一类，共同的特征是集聚性；而[f s i ə u]是另一类，共同的特征是分散性。也就是说，可以用一对区别性特征——集聚性/分散性来描写这两类音之间的音位对立。所以，区别性特征不能等同于语音学特征，它是一种音系学特征。

区别特征理论的核心观念是：语音是一种偶分结构的信息系统，也就是把音位对立进一步分解为区别特征的对立，而区别特征总是以二项对立的形式组成的。例如，[元音性/非元音性]、[辅音性/非辅音性]、[浊音性/非浊音性（又称"清音性"）]、[鼻音性/非鼻音性（又称"口音性"）]、[延续性/非延续性（又称"突发性"）]、[粗糙性/非粗糙性（又称"圆润性")]，等等。全部区别特征都是"偶值特征"，构成一个二元系统，每对特征只有"正"（有）和"负"（无）两种值，具有二项对立中的前一项特征以"＋"号表示，具有后一项特征以"－"号表示。一切语音区别都是二元对立的，通过一系列的二元选择就可以进行语音识别，确定它是由哪些区别特征组成的。例如，以[i a l m p b s z]这几个音为例，把它们排在横座标上，以前面所举的六对区别特征为例，把它们排在纵座标上；然后，对每个音用区别特征依次加以分析，用正号"＋"或负号"－"表示具有前一项或后一项特征，这样就可以构成一张区别特征矩阵表，见表 8-2：

表 8-2　若干元音和辅音的区别性特征矩阵

	i	a	l	m	p	b	s	z
元音性/非元音性	＋	＋	＋	－	－	－	－	－
辅音性/非辅音性	－	－	＋	＋	＋	＋	＋	＋
鼻音性/非鼻音性				＋				
延续性/非延续性	＋	＋	＋	＋	－	－	＋	＋
粗糙性/非粗糙性	－	－	－	－	－	－	＋	＋

从表 8-2 中可以看到，用区别特征进行二元分析，简单地说就是一种逐层排除法，一次选择就排除一种可能，通过区别特征的逐层二元选择，分析的范围越来越小，直到最后使该语言中所有的语音对立彼此都有自己独特的区别特征，能够互相加以区别。

一种语言的区别特征矩阵对描写该语言的音系是否充分而又必要，应该从矩阵表的纵列对比和横列对比中去检查。如果通过纵列之间的逐一检查发现有两行正负值的对比完全相同，那么就说明横列上的这两个音位是不能相互区别的。这反映出所选定的用以区别语音系统中一切音位对立的区别特征是不充分的，特征的个数少了。根据这一点，上面的表 8-2 就是有缺陷的，因为这六对特征不能把元音[i]和[a]区分开，这两个音的纵列对比显示，它们正负值完全相同。要把它们区分开，还要补充特征个数，必须做到纵列之间[i]和[a]至少有一对二元值是正负相反的，这样，表 8-2 中各个音位之间才都能形成最小对立，互相区别。

矩阵中的特征也不应该有冗余，这要通过矩阵中的横列对比来检查。首先，如果某一对特征的横列中，所有的正负值符号都是相同的，那么这一对特征就没有起到区别作用,因为它对所有的音都是共同的;其次,要检查横列之间各对区别特征的正负值有没有可以从其他特征中推导出来的。如果矩阵表中的区别特征系统,甲乙两对特征彼此可以从对方推导出来,那么必定有一对是冗余的。

区别特征理论认为一切语音区别都是二元对立的,可以根据一系列的二元选择来进行语音识别,这种偶值选择特点正好与计算机用二进制编码,以逐层排除法不断缩小范围,最后做出判断的原理是相同的。比如说,根据某语言的音系分析所制定的区别特征矩阵表,以"＋"号为1,"－"号为0,其中/p/的编码为0101010,/t/的编码为0100010,那么两者的区别为第四位码。如果/a/的编码为10110,而[o]的相应编码为10111,那么两者的区别在第五位码。依此类推,该矩阵表内所有的语音都可以根据区别特征制定二进制编码,并以此为依据进行信息处理,或设计语音模式识别程序。

区别特征理论使语音研究与当代科学技术结合了起来,为语音研究开辟了新的研究道路和领域。

3. 区别特征与当代音系学

早期的区别特征理论是从音位对立观念中发展建立起来的,它以声学分析为主,发音生理为辅,制定了十二对区别特征,用以区分、解释人类语言中的一切语音对立,使音位分析进入到在传统语音学中历来被称为最小语音单位的元音和辅音的内部,在特征层上用正负二元值揭示了一种音系全部音位之间的对立关系,而且还显示了音位之间（包括元音和辅音）的聚合关系,也就是它们之间受共同语音规则支配的相关性。这为在区别特征理论之后发展起来的生成音系学开辟了道路。

20世纪60年代前后,取代描写语言学的生成语言学派创立了生成音系学,他们把语言的各组成部分——句法、语义和语音等都理解为一套规则系统。作为生成语法学组成部分的生成音系学,它要研究的内容就是拟定一套语音规则,使人能通过规则的运用从音位序列推导出（即生成）句子的实际读音,其中包括每个音位的发音、词的重音,甚至整个句子的语调升降曲线。为此,美国语言学家乔姆斯基等提出了一套新的区别特征系统,其不同之处主要在于:（1）过去,雅柯布逊的区别特征主要是从声学方面来定义的，而乔姆斯基基本上都从发音生理方面来定义；（2）增加了区别特征的个数，有二十对区别特征，在具体特征的选用上也做了改动；（3）所有的特征都以有无对立的形式出现，如：＋/－音节性、＋/－辅音性、＋/－高位性、＋/－后位性、＋/－舌面前、＋/－延续性、＋/－粗糙性，等等。他们明确宣称，早期的区别特征音位理论只表述音位对立，生成音系学不仅要表述音位对立，还要表述音位变体，即音位的实体，也就是音位的实际读音。

　　生成音系学是怎样界定音位的具体音值的呢？以普通话音系中的若干音位为例，见表 8-3：

表 8-3　普通话音位的区别性特征[①]

	i	y	u	ɤ	A	p	pʰ	m	f	t	l	k	x	ts	s	tʂ	ʂ	ʐ	tɕ	ɕ	m	n	ŋ
1. 音节性	+	+	+	+	+																		
2. 辅音性	-	-	-	-	-	+	+	+	+	+	+	+	+	+	+	+	+	+	+	+	+	+	+
3. 高	+	+	+	-	-																		+
4. 后	-	-	+	+	+																		+
5. 低	-	-	-	-	+																		
6. 圆唇	-	+	+	-	-																		
7. 舌面前								+	+	+				+	+				+		+		
8. 发散						+	+	+						+	+				+				
9. 延续								+			+		+		+		+	+		+			
10. 鼻音								+													+	+	+
11. 浊音								+			+							+			+	+	+
12. 送气						-	+			-		-		-		-			-				

表 8-3 中，竖栏列出了描写普通话音位层（即生成音系学所说的底层表达）全部音段音位所需要的区别特征，横栏顶端所列举的音位，包括了全部元音音位，但辅音只是举例性的，如只举/p/和/pʰ/说明它们在区别特征上的不同，其他送气与不送气音没有一一列举。从这个矩阵表上可以看到，语音中最小的单位是区别特征，音段是由若干个区别特征组成的。普通话全部音段音位由十二对区别特征组成，如果某区别特征描写横栏上的音类互不相关就用空位表示。矩阵中的区别特征贯彻了偶分法则，都是用二元对立建立起来的。从整体上看，矩阵是一个层级系统，

[①] 取自陆致极《试论普通话音位的区别特征》，《语文研究》1987 年第 4 期。

例如，先用[1. 音节性]和[2. 辅音性]两对特征区别元音音位和辅音音位，然后加上[3. 高]、[4. 后]、[5. 低]、[6. 圆唇]这四对特征，把全部元音音位的区别特征组成以及彼此的对立关系都刻画清楚。而[3. 高]和[4. 后]这两对特征再加上[7. 舌面前]、[8. 发散]、[9. 延续]这三对特征，又对辅音依次进行了二元选择，逐层分类，最后用[10. 鼻音]把/m n ŋ/划分出来，用[11. 浊音]把/ʂ/和/ʐ/区别开，用[12. 送气]这一特征把六对送气音彼此区别开。由此，矩阵就把普通话全部音段音位之间的对立关系及其内在联系都展示出来了。

生成音系学通过语音规则来实现由底层音位到表层音位变体的转换，表达言语的实际发音。因为这些区别特征是根据发音生理拟定的，都有语音学上的依据。例如，/ɤ/音位在唇音/p pʻ m f/之后的音位变体是圆唇的[o]，那么根据上面的区别特征矩阵就可以设定以下的语音规则：

$$/ɤ/\begin{bmatrix}+音节性\\-高元音\\-低元音\end{bmatrix} \to [+圆唇][o] / p\ pʻ\ m\ f / \begin{bmatrix}+辅音性\\-舌面前\\-高\end{bmatrix}\underline{\quad}+$$

上面的语音规则表示：/ɤ/音在唇辅音之后实现为圆唇的[o]。

生成音系学中语音规则的表达方式跟电子计算机处理信息的基本模式"输入→输出/程序"是一样的，为便于应用，生成音系学将语音规则的表达方式形式化为：

$$A \to B / X \underline{\quad} Y$$

A代表要发生变化的语音（输入），B表示所发生的变化（输出），符号"→"表示"变为"或"转换为"，斜线后面的部分表示转换的条件，也就是语境条件，"X__Y"中的下画线"__"就表示音段A所处的位置。整个表达式就表示"A处在X和Y之间读作B"。例如，"/ʌ/→[ɛ]/i__n"就是：/ʌ/音位在[i]和[n]之间变为[ɛ]。如果语境条件中的Y是空项，可以用符号"#"作为音节界符表示，如"/i/→[ɿ]/ts__#"。X也可以是空项，如"/ʌ/→[ɑ]/__ŋ"。

生成音系学里的语音规则与早期经典音位学里的读音规则完全不同。因为后者只是就单个音位及其所属的各个音位变体拟定的，而前者则从音系全局出发，要求把相同类型的语音变化放到一条规则里去表示，所以不同音位的同一类语音变化可以概括在一起，用一条规则去表示，而一个音位的某个变体如果需要也可以用两条规则去表示。例如，普通话的基本韵母/ei/在儿化韵里的变化就要用两条规则才能得出它的实际读音：

（1）韵尾失落规则　　ei→e/V＿＿r

（2）元音央化规则　　e→ə/V＿＿r

V代表元音，r代表卷舌韵尾。根据规则（1），"味儿"/ueir/→[uer]；根据规则（2），[uer]→[uər]。所以，生成音系学里的有些语音规则，在使用时还要依据一定的顺序，否则就无法生成正确的读音。

　　生成音系学在早期的音系学著作中以音位作为底层形式的语音单位，以音素作为表层形式的语音单位。但是后来则宣称传统的音位在生成音系学中是多余的，应该直接采用区别特征作为语音描写的基本单位。因为传统的音位单位是以字母音标表达的，音标本身一方面不能直接显示语音属性，另一方面还包含了与语音规则中所涉及的语音变化并不相关的发音特征。用区别特征替换字母音标就可以只列出相关特征，而且可以把同类的语音变化概括在一起，放在一条语音规则里，显示语音之间内在的共同变化，这更符合语音描写的自然性。

　　总之，在后期的生成音系学著作里，语言中的全部音位及其音位变体都被分解为一簇区别特征，直接用区别特征来表达，早期经典音位学中的音位实际上已经无须存在了。当然，这一观点即使在生成学派内部也还有人持不同意见，因为语流音变里也有一些语音变化，如音段换位、融合同化、增音脱落等，总是涉及整个音位而不是某个特征。描写这一类语音变化的过程，显然以整个音位作为表达单位要自然简洁得多，如果逐项列出区别特征，反而显得烦琐了。在生成音系学和非线性音系学之后发展起来的一系列新学说中，如认知音系学也仍然认为音位平面是音系结构三个基本平面中最基本的必要的组成部分，它是语音平面和词素平面的中介平面。从语音学所涉及的实践领域看也是如此，在语言和方言的田野调查中，在语言拼音方案的创制和语言教学领域中，乃至当代言语工程的研究中，音位学的理论和方法仍然是不可或缺的基础性概念和语言调查、音系分析的基本手段。音位学的核心观念是和人类语言中的语义表达系统紧密联系在一起的，因而在实质上是一切语音研究的出发点和最终归宿。

第八章
语音学和音系学

生成音系学在20世纪70年代前后的新发展主要表现为音系分析的方向进入了超音段领域，研究方法和语音规律的表达方式由线性转向了非线性、多线性，形成了奇彩缤纷的各类非线性音系学。例如，采用多音层排列来研究声调以及与声调变化有关的语音现象，由此产生了"自主音段音系学"（autosegemental phonology）；采用二分的树形结构的表达方式来研究重音、诗律等韵律特征，由此产生了"韵律音系学"（metrical phonology）；以音节为基本单位来研究音系和各种语音变化，由此产生了"以音节为基础的音系学"（syllable based phonology）；此外，还有学者把生成音系学的理论和方法应用到词汇研究领域中去，由此产生了"词汇音系学"（lexical phonology），凡此种种，不一而足。总之，当代音系学的研究主要集中在超音段方面，追求的目标是圆满解决声调、重音、语调、节律等语音变化如何与音段变化和谐地连接在一起的问题，与言语工程的研究关系也越来越密切了。

练习

1. 从生理—物理角度划分出来的语音单位——音素，与从语义区别功能角度划分出来的语音单位——音位，两者有什么区别？

2. 音位分析是通过什么办法鉴别一种语言中，哪些语音是有区别作用的，哪些又是没有区别作用的？

3. 怎样区分条件变体和自由变体？

4. 为什么说音位系统的全面描写必须包括音位之间的聚合关系和组合关系？

5. 举例说明"过度分析法"和"不充分分析法"的不同。

6. 区别特征理论是怎样分析语音和描写语音的？

第九章　普通话音位系统的分析和讨论

一　普通话韵母的严式记音

第八章说过,用国际音标记录语音有两种不同性质的记音方法,一种叫严式记音,一种叫宽式记音。两种方法各自适用于不同的目标、不同的需要。但是从初始的语言分析程序来说,语言的严式记音在前,宽式记音在后,前者是后者的基础。严式记音要求精细地记录自然语言中由于语音紧密结合在一起因协同发音而发生的不同变化。例如,舌尖齿龈鼻音[n](拿)因受元音[i]的影响而腭化,变成了舌面前硬腭鼻音[ȵ](泥);而在"站长"(zhanzhang)一词里,作为韵尾,受后续音节声母发音部位的影响,[n]又变成了舌尖后鼻音(又称卷舌鼻音)[ŋ]。再如,元音[a]夹在高元音[i]和前鼻音之间,如"烟"(ian),前元音[a]就会变成舌位较高的[ɛ],而在"汪"(wang)这个音节里,它又会读成舌位靠后而且圆唇化的后[ɒ]。诸如此类的语音变化,在严式记音中,都应该按照实际音值细致地用不同的音标和附加符号——记录下来。

严式标音要求尽可能细致地描写语音的实际面貌,但是从音位学、音系学的观点看,这些大大小小各有差别数目繁多的语音,都必须根据它们与普通话里的语义表达关系和语音的分布关系(即"对立"和"互补")加以整理和归纳,归并为少数不同的音类(即"音位")。同一个音位的不同语音变体,都用一个音标表示,这样才能清晰明了地反映普通话语音系统的面貌、特点，才便于应用。根据音位学原则加以整理归纳的语音系统，称为"宽式记音"或"宽式标音"。严式记音所用的音标叫"严式音标"，外加方括号[　]表示，"宽式音标"外加双斜线/　/表示。但是，在无须加以区别的场合（如外语词典里的单词标音），通常也就只用方括号[　]来表示。

宽式音标用一个音标兼表几个没有区别意义作用的语音，用为数不多的音标表述了严式记音各种各样的语音变体，显示了一种语言基本的语音结构单位及其语音系统的特点，这对于了解和掌握一种语言是十分方便的。但是，具体细致地反映语音自然面貌的严式音标也并非毫无意义，尤其是对于从事语音研究（如言语工程）和语音教学的人更是如此。因为在宽式的音位标音中，许多细微的甚至重大的语音差异在字面上是看不出来的，它隐含在宽式音标内，这些实际语音差别对于指导别人准确地掌握一种语言的语音或比较两种不同语言的语音差别是不可或缺的基本知识。

普通话韵母的严式记音，由于北京话内部的读音差异、发音人发音习惯的个性差异，以及记音人对客观音值的感知认识不同和音标选择的不同考虑，在各类语音学专著中，严式标音并不完全相同。下面根据本书前面章节对普通话韵母读音所做的描写以及目前大多数语音学著作中所采用的标音，把出现在普通话韵母严式记音中主要的语音变体集中标记在元音生理舌位图上：

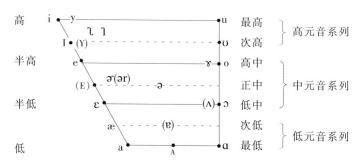

图 9-1　普通话元音在元音舌位图上的分布

按照舌位的高低，图 9-1 中的元音横向分为三组：

（1）高元音系列共有七个元音：[ɿ]、[ʅ]、[i]、[I]、[y]([Y])、[u]、

[ʊ]（包括最高至次高），其中舌尖元音[ɿ]和[ʅ]是按声学元音图上的位置标的，按舌体的最高点，舌尖后元音的位置应该在前。外加圆括号的[ʏ]是供参考的次高圆唇前元音。

（2）中元音系列共有七个元音：[e]、[ɛ]([E])、[ə]、[o]、[ɤ]、[ʌ]、[ɚ]([ər])（包括高中、正中、低中），其中[E]或[ɛ]算一个，因为"夜"和"燕"，有的书上韵腹分别用[E]和[ɛ]来标注，有的书上则统一用[ɛ]标注。

（3）低元音系列共有七个元音：[a][A][ɑ][ɐ][æ][ɜ][ɔ]（包括次低至最低），其中[ɐ][ɔ]两个语音变体一般只出现在儿化韵母或轻声音节里（如"花儿""桃儿""热闹"），不出现在音位与音位变体的归纳中，因为这两个语音变体都不是本韵系统的语音单位，列出来供参考。

图 9-1 高元音系列、中元音系列、低元音系列三个音区的划分是以音位与音位变体以及音位之间的相关性为依据的。除了个别语音变体，各音区的音位归纳中，其音位变体一般都不会跨区发生交叉、叠合的情况。下面在韵母严式记音的基础上对普通话元音音位归纳中的一些主要问题展开讨论，并对普通话辅音音位系统和调位系统简明扼要地进行阐述。

二　普通话的高元音音位

1. [ɿ][ʅ][i]的音位分合问题

在高元音系列的七个元音中，次高不圆唇前元音[ɪ]和次高不圆唇元音[ʊ]都只能出现在韵尾的位置上，音位分析中分别与/i/音位和/u/音位归并在一起，历来均无不同意见。舌尖前元音[ɿ]和舌尖后元音[ʅ]归并为一个音位一般也没有什么争论。但是[ɿ][ʅ]和[i]是否应该进一步归并为一个音位，还是分别独立为两个音位，却有尖锐的对立意见，至今也没有统一的认识。从音位归纳的互补原则来说，这三个元音确实可以归并为一类；但不加以归并，把[ɿ][ʅ]与[i]分为两个音位的意见，也言之成理，十分有力。这种不同的音位归纳，可以表示如下：

第九章
普通话音位系统的分析和讨论

表 9-1　单韵母 i 的两种音位归纳法

音位归纳（甲）	ts-、tsʻ、s-	tʂ-、tʂʻ、ʂ-、ʐ-	其他声母	音位归纳（乙）
/i/ [i]	−	−	+	[i]——/i/
/i/ [ɿ]	+	−	−	[ɿ] }/ɿ/
/i/ [ʅ]	−	+	−	[ʅ]

　　在普通话的语音系统内，这三个元音分布上的互补关系是显而易见的。舌尖元音[ɿ]只出前在声母[ts][tsʻ][s]之后，[ʅ]只出现在声母[tʂ][tʂʻ][ʂ][ʐ]之后，而舌面元音[i]则绝不出现在这两组声母之后。所以，音位归纳的甲方案把[ɿ][ʅ][i]作为三个语音变体归纳在一个音位里，其理由总括起来主要有三条：

　　（1）这三个元音在分布上是互补的，在语音上也是近似的。曲韵十三辙就把它们都归在"一七"辙里，可以互相押韵，这说明本地人的语感认为这三个音是和谐的，符合音位归并的语音近似原则。

　　（2）归并为一个音位可以使元音音位的数目更经济一些，符合音位总数简明经济、以少为贵的原则。

　　（3）从语音发展演变的角度说，舌尖元音[ɿ][ʅ]本来就是从[i]韵中因声母条件的不同而分化发展出来的，把它们归并为一个音位，有归纳音位兼顾历史音韵的优点，同时对于解释诗歌押韵和掌握语音演变规律等方面也有帮助。

　　这三条主张把这三个元音归并为一个音位的理由可谓相当充分有力。但是，主张[ɿ][ʅ]和[i]分为/ɿ/和/i/两个音位的方案也针锋相对地提出了令人难以驳倒的理由：

　　（1）[ɿ][ʅ]和[i]在语音上不近似。曲韵十三辙把它们归入"一七"辙，并不能成为支持它们应该归并为一个音位的理由。韵类归辙和音位归纳不是一回事，比如"一七"辙还包括一个在音位上跟[i]完全对立的单元音韵母[y]，[y]和[i]在曲韵里可以归在一个韵辙里互相押韵，但在音位上绝不能加以归并。可见民间曲韵十三辙的音类押韵与归纳音位的原则是不相通的。

　　（2）音位归纳是音系的共时分析，不宜强调语音发展的历史。与其着眼于过去的分化演变，不如着眼于今后的发展趋向。而音位的简明经济也不应该只是从总数多少着眼，也应该从音位与音位变化之间的关系来看。如果这两者之间的关系过于烦琐复杂，那也未必符合简明经济的原则。

(3) [ɿ][ʅ]和[i]在韵母四呼系统中地位不同，[ɿ][ʅ]属开口呼，[i]属齐齿呼。儿化音变方式也不同，[ɿ][ʅ]由基本韵母变为儿化韵母时，原韵母失落变为[ər]，仍属开口呼，如"丝儿"[sɿ→sər]；而[i]韵母儿化时原韵母保留，后接[ər]，如"（小）鸡儿"[tɕi→tɕiər]。倘若[ɿ][ʅ]和[i]归并在同一个音位内，那么一个音位要对应两条儿化规则，同时在音位与韵类的四呼关系上也会出现内部混乱。

这三条主张把[ɿ][ʅ]和[i]分为两个音位的理由，应该说同样也极具说服力，第三条着眼于本音和变音之间音系上的相关性，尤其是慧眼独到。

上述两种意见各自言之成理，旗鼓相当，也都符合音位分析的原则。这正如前一章音位分析中所说的，它反映了音位归纳原则和分析方法本身的不确定性及多面性。所以对这三个元音音位分合上的不同意见，也不应用是非对错或哪一种更正确去评述，应该说它们各自适用于不同的目的和需要。从纯粹的音系分析全局着眼，分为两个音位的意见是比较可取的，因为这有利于保持韵母四呼分类的系统，有利于说明普通话的声韵配合规律，以及音系内部儿化韵与非儿化韵的对应关系。但如果从为普通话设计一个采用拉丁字母的拼音方案的角度来说，则舌尖元音和舌面元音归纳为一个音位的方案，无疑更为可取。因为这可以提高为数有限的拉丁字母的利用率，可以避免为[ɿ][ʅ]单独配置字母或采用带附加符号的字母或为之设计最不受人欢迎的新字母等一连串麻烦。从字母与语音配置关系的经济原则上看，[ɿ][ʅ]和[i]在音位上合二为一的方案，其优越性显而易见。

/i/音位还有一个音位变体，那就是出现在零声母音节起始位置上的舌面硬腭通音[j]（也叫半元音），这是一个带有轻微摩擦成分的[i]。在有的语言里，这个带摩擦成分的通音[j]跟不带摩擦成分的纯元音[i]，可以构成音位对立，起区别意义的作用，如英语 east [iːst]（东方）—yeast [jiːst]（发酵）。同样，带摩擦成分的双唇通音[w]，也可以跟元音[u]构成音位对立，如 ooze[uːz]（过滤）—woos[wuːz]（追求）。普通话零声母音节起始位置上的[i][u][y]，往往带有轻微的摩擦成分，所以在严式的语音学标音中就作为通音看待，"移""吴""鱼"的严式标音就分别是[ji][wu][ɥy]。但在普通话以及其他汉语方言里，带摩擦成分的通音[j][w][ɥ]与不带摩擦成

第九章
普通话音位系统的分析和讨论

分的高元音[i][u][y]均不构成音位对立，所以在音位分析中都可以作为相应的元音音位变体看待。因此这里就把出现在零声母音节起始位置上的通音[j]作为音位变体，归入/i/音位。

根据上面的分析讨论，高元音系列中的/i/音位及其变体可以列表如下（为便于与《汉语拼音方案》字母和语音的配置取得一致，下表采用[i][ɿ][ʅ]归并为一个音位的方案）：

表 9-2　/i/的音位变体和出现条件

音位归并与音位变体		出现条件	标音举例
/i/	[ɿ]	舌尖前音声母之后	思[sɿ]/si/
	[ʅ]	舌尖后音声母之后	支[tʂʅ]/tʂi/
	[j]	齐齿呼零声母音节起始位置	盐[jɛn]/ian/
	[ɪ]	作韵尾	代[taɪ]/tai/
	[i]	其他条件	低[ti]/ti/

2. 高元音音位归纳的其他问题

（1）/u/音位的音位变体

/u/音位除了出现在韵尾位置上的次高元音[ʊ]这一音位变体之外，还有一个较为常见的音位变体——唇齿通音[ʋ]。它通常在两种语音条件下出现：一个是在唇齿音声母[f]之后，如"豆腐"[təu fʋ]；另一个出现在合口呼零声母音节的起始位置上，如"慰劳"[ʋeɪ lɑʊ]。后一个是一种自由变体，因为零声母音节起始位置的/u/，也有人读作双唇元音[u]，如"慰问"也可以读作[uei uən]或[ʋeɪ ʋən]。

在合口呼零声母音节的起始位置上还可能出现一个语音变体，就是在讨论/i/音位变体时已经提到过的双唇通音[w]。这是一个与元音[u]对应的带有轻微摩擦成分的通音，跟/i/音位中的舌面—硬腭通音[j]是同样性质的自由变体，因为带不带摩擦成分不是必然的。

/u/音位的音位变体及其出现条件，列表如下：

表 9-3 /u/的音位变体和出现条件

音位归并与音位变体		出现条件	标音举例
/u/	[ʊ]	作韵尾	高[kɑʊ]/kau/
	[w]	合口呼零声母音节起始位置	弯[wan]/uan/
	[ʋ]	同上，以及唇齿音声母/f/之后	讣闻[fʋ ʋən]/fu uen/
	[u]	其他分布条件	古怪[ku kuei]/ku kuei/

(2) 关于/y/音位的讨论

在国内有关普通话语音系统的音位分析中，/y/音位的有无从来没有引起过争论，因为把韵母分成开、齐、合、撮四呼的格局，是分析汉语音韵悠久的历史传统。但是，不通晓或者不考虑这一学术传统的西方语言学家，在音位分析中对普通话的[y]韵母就采用了另外的处理方法。例如，20 世纪 40 年代音位学处于发展顶峰时期，美国描写语言学家哈忒门（1947）和霍凯特（1947）发表的有关北京话音位分析的论文中都没有/y/音位。他们把/y/音位分析为/i/音位和/u/音位组成的复合单位，因而在音位的基本单位中就无须设立一个单音位/y/了。

从国外语言学家的学术背景看，这是可以理解的。因为音位学研究的鼎盛时期，西方语言学家汇集了丰富的语言资料。据他们对 208 种语言资料的统计分析，不管哪一种语言都有元音音位/a/，它的出现频率高居首位；其次是/i/和/u/，如果一种语言只有三个元音音位，那么通常就是/i u a/；如果只有四个元音音位，通常就是/i u a o/。而大多数语言的元音系统都为三角形的五元音体系：/i u/（最高层），/e o/（次高层），/a/（最低层）。他们认为这是世界语言音位模式的一般规律。但是，在这 208 种语言里，有/y/音位的却只有八种，所以在他们对北京话成段音位的分析中，把/y/音位分析为由/i/音位和/u/音位结合在一起的复合音位，他们认为这符合语言音位模式的一般规律。

应该说，这样的分析，无论是从语音事实还是从音位分析理论上说都是可以成立的：

(1) 北京话的[y]确实是一个唇形由展到圆，动程很短的复合元音。在早期的国语发音学中，就有人认为[y]是由平唇向圆唇过渡的"复韵"，不是一个单纯韵母。在国语发音学兴起之前的汉语拼音运动中，用复合拉丁字母 iu 来表示[y]元音的拼音方案也不在少数。语图上的共振峰走向也显示出它是一个由[i]迅速过渡为[y]的动态元音。

(2) 在音位分析中，采用过度分析法把[y]分解为[i]和[u]两个语音单位，从而减少一个独立的/y/音位，这符合音位系统应力求简明、经济，音位总数以少为贵的原则。

但是，取消/y/音位，把它处理为/i/和/u/组成的复合音位，在中国语言学家中几乎无人接受，主要原因是：

(1) 这会使字音的音节结构复杂化。例如，如果"捐"的音位标音形式由/tɕyan/变为/tɕiuan/，那么就会在音节结构系统中出现许多由五个音位组成的音节结构。可见，音位总数减少了一个，但在音节结构层面上，音位组合关系却更复杂了。

(2) 不利于保持韵母的四呼分类系统。字音结构中声母以后的韵母部分，最多只有三个成分，依次为韵头、韵腹、韵尾，而开、齐、合、撮的四呼分类是以韵母的起始成分为依据的。凡以[i]起始的韵母都属于齐齿呼韵母，以[u]起始的韵母均属合口呼韵母。如果把[y]分解为由[i]和[u]组成的复合音位/iu/，那么诸如"雪"/ɕiue/、"元"/iuan/这一类字音结构的分析就会陷于混乱。

(3) 这会打乱语音系统中的声韵配合规律，并且破坏历史音韵和汉语方言之间的语音对应关系。韵母的四呼系统是在语音的历史演变中形成的，在继承同一个"祖语"发展下来的汉语方言之间也都有四呼对应关系。因此，从北京话语音系统的全局以及它与历史音韵和汉语各方言之间的语音对应关系来看，在高元音系列的音位分析中，/i/、/u/、/y/这三个音位都是不可或缺的。

与高元音系列中的/i/、/u/这两个音位相比，/y/音位的音位负荷量比较小，这表现在撮口呼韵母在四呼系统中数目最少，只有五个。同时它在音节组成中也不能出现在韵尾的位置上。/y/音位常见的变体，严格地说并不是和[i]完全对应的前高圆唇元音，而是舌位略低，跟常出现在韵尾位置上的[ɪ]相应的次高圆唇音[ʏ]，圆唇度也不很高。但是为了音标符号通俗常见起见，在有定性描写说明之后，仍以采用音标[y]为宜。

/y/音位常见的变体除[y]之外，还有一个圆唇的舌面—硬腭通音[ɥ]。跟[j]和[w]一样，它只出现在零声母音节的起始位置，如"鱼"的严式语音学标音应为[ɥy]，宽式音位学标音则为/y/。同理，"语言"应为[ɥy jɛn]/y ian/，"遥远"应为[jɑʊ ɥɑn]/iau yan/，"冤枉"应为[ɥan waŋ]/yan uaŋ/。

表 9-4 /y/的音位变体和出现条件

音位归并与音位变体	出现条件	标音举例
/y/ { [ɥ] [y]([Y]) }	撮口呼零声母音节起始位置 其他条件	越狱[ɥɛ ɥy]/ye y/ 捐躯[tɕyæn tɕʻy]/tɕyan tɕʻy/

三 普通话的中元音音位

根据本章第一节普通话韵母的严式记音，普通话中元音系列共有七个元音：[e]、[ɛ]([E])、[ə]、[o]、[ɤ]、[ʌ]、[ɚ]([ər])。下面把前六个元音分为一组，先讨论它们的音位归并问题，然后单独讨论最后一个卷舌元音的音位归纳问题。

1. [e]、[ɛ]([E])、[ə]、[ʌ]、[ɤ]、[o]的音位归纳讨论

上述第一组六个元音都出现在元音舌位图高中—正中—低中（半高至半低）这一区域内，各自分布在不同的语境里，形成互补的局面，如表 9-5 所示：

表 9-5 中元音在普通话中的分布

分布关系 出现条件 音位变体	声母后零韵尾前		韵头后零韵尾前		韵尾前			语境列举
	唇音	非唇音	i-	u-	y-	-i	-u	-n	-ŋ	
e						+				ei/uei
ɛ (E)			+		+					iɛ/yɛ
ə							+	+		nəu/uei/ən/uə
ʌ									+	ʌŋ/uʌŋ
ɤ		+								ø/ɤ
o	+			+						-o/uo

上表以基本韵母（不包括儿化韵母）全面地显示了各音位变体在语

第九章
普通话音位系统的分析和讨论

音系统中的不同分布关系：元音[e]只出现在[i]韵尾前，[ɛ]（[E]）只出现在韵头[i]或[y]之后、零韵尾之前，央元音[ə]只出现在[u]韵尾和[n]韵尾之前，[ʌ]只出现在舌根鼻辅音韵尾之前，[o]只出现在唇音声母或[u]韵头之后，而与它相对的不圆唇元音[ɤ]则只出现在非唇音之后或零声母音节中。

由于这六个元音在分布关系上是互补的，完全没有对立关系。因此，在音位的归并取舍上，从不同的角度出发就可以有不同的音位答案。这里只举几种主要的加以分析讨论。

在国外的文献资料中，如前面提到的美国描写语言学家哈武门、霍凯特等，他们都把这六个各自出现在不同语境中的元音统统归纳在一个音位中，也就是作为一个音位的六个音位变体看待，在音位标音中采用同一个音标符号/e/或/ə/来标注，让不同的语境来显示不同的音位变体，即语音实体。例如，"北"/pei/、"街"/tɕie/、"豆"/teu/、"国"/kue/、"风"/feŋ/、"博"/be/、德/te/，等等。这种归纳方案反映出西方语言学家非常重视音位分析中的互补原则和简明经济原则，但是并不看重甚至完全不顾语音近似原则。

在国内的文献资料中，恰恰相反，很少有人把这六个中元音归纳为一个音位，往往分为两个或三个音位。例如：

（1）把[e][ɛ]（[E]）归并为一个音位，[ə][ɤ][ʌ]归并为一个音位，而[o]则单独作为一个音位。过去通行了好几十年的国语注音符号就是这样处理的，它分别用"ㄝ、ㄜ、ㄛ"三个字母来表示这三个音位。这样处理既遵守了互补原则，又符合音位变体归纳中的语音近似原则。但是把可以归并在一个音位里的六个互补分布的元音分为三个元音音位，从音位总数以少为贵的原则来看，那当然并不是很理想。

（2）把[e]、[ɛ]（[E]）、[ə]、[ɤ]、[ʌ]归并为一个音位，用/e/作为音位符号；把[o]分出来单独作为一个音位/o/。《汉语拼音方案》大体上就是这样处理的。但是出于字音拼写形式应彼此有较强的区别力，阅读上不易互相混淆的考虑，在有些韵母中做了调整。例如，为阅读醒目起见，"欧"[əu]的拼音形式写成ou，没有写成eu，以避免与en相混。这些调整都是出于拉丁字母拼写设计上的考虑，与音位的分析和归纳无关。当然，这并不违反对立互补原则。这一点在下面的章节中还会详细说明。

（3）把[ə][e][ʌ]归纳为一个音位，以/e/作为音标符号；把[ɛ]([E])、[ɤ]、[o]归纳为一个音位，以/o/作为音标符号。从音位归纳系统性的角度说，这个两音位的方案很值得重视，因为在音位变体的安排上，它是从语音系统内部的相关性着眼的。从[ɛ]([E])、[ɤ]、[o]这三个音位变体的音韵地位看，[o]和[ɤ]都是开口呼韵母，前一个出现在唇音声母之后，后一个出现在非唇音声母之后；而[ɛ]([E])只能与作为韵头的[i]和[y]组成复合韵母[iɛ]和[yɛ]，分别为齐齿呼韵母和撮口呼韵母，再加一个与[u]结合在一起的[uo]，那么这几个韵母开、齐、合、撮四呼相配，岂非加强了基本韵母内部的语音系统性？

把[ə][e][ʌ]和[ɛ]([E])、[ɤ]、[o]分配在两个音位里的另一个好处是，它可以显示语音系统中本音与变音之间的内在联系。因为在由基本韵母跟后缀"儿"[ə]结合而派生出来的儿化韵母中，[ə][e][ʌ]是一组，凡是以这几个元音为韵腹的韵母儿化音变时，都是丢掉韵尾，加上卷舌成分[-r]，使原韵母变成儿化韵，如"门儿"[mən→mər]、"（小）辈儿"[pei→pər]、"味儿"[uei→uər]。而[ɛ(E) ɤ o]这一组音位变体，儿化时都是在原韵母之后直接附加卷舌成分，如"歌儿"[kɤ→kɤr]、"沫儿"[mo→mor]、"锅儿"[kuo→kuor]、"（半）截儿"[tɕiɛ→tɕiɛr]。

当然，从经典音位学音位归纳的基本原则来说，把音感极为相近的[e]和[ɛ]([E])、[ə]和[ɤ]各自分开，作为两个音位的音位变体，显然与语音近似原则相悖。从语音系统内部的相关性来考虑音位变体的归纳，这是在区别特征以后发展起的生成音系学才会考虑的问题。从音系学的角度看，第三个方案要优于前两个方案，但是从制定拉丁字母的汉语拼音方案来说，无疑应该选择第二个方案。

2. 卷舌元音[ɚ]([ər])的音位分析

在普通话的基本韵母中，有一个独立的卷舌韵母 er，它是一个卷舌元音，其音韵地位很特殊，特立独行，既不跟任何声母相拼，也不跟任何元音结合。例如，"婴儿"里的"儿"[ər]跟"（豆腐）丝儿"[sər]里的"儿"[ər]，虽然都是卷舌元音，但不是一回事，前一个是卷舌韵母，后一个是儿化韵母，也就是儿化韵。这里要分析的是作为卷舌韵母的卷舌元音，但在讨论分析中也会涉及儿化韵，因为它们之间有本音和变音

第九章
普通话音位系统的分析和讨论

的关系。

充当卷舌韵母的卷舌元音[ɚ]，简单地说是一个卷舌的央元音。如果要做严格的、精细的定性描写，则是一个由略开到略闭，舌面和舌尖同时起作用的、动程很小的复合元音，严式标音应该写作[ᵊɚ]，也就是[ᵊər]。因为动程比较小（在上声字和去声字中较为明显），为音标符号简省方便起见，通常也就写成[ɚ]或[ər]，在音韵系统中也作为单元音、单韵母看待。

卷舌元音[ɚ]（er），跟其他舌面元音可以构成最小的对立体，如[ɚ]（二）—[ɤ]（饿）—[u]（雾）—[y]（遇）—[i]（亿），所以[ɚ]([ər])完全有资格独立成为一个音位，过去许多拼音方案都为它单独设计了字母。这个元音在语言系统中的音位负荷量极小，就常用字而论，只有五六个字，如"儿、而、耳、尔、饵、二"等。其中有一个作为构词后缀的"儿"（er）比较特殊，它在语音上可以和基本韵母一起在融合同化中构成一连串儿化韵，如"花儿"[xua+ər→xuar]、"锅儿"[kuo+ər→kuor]、"歌儿"[kɤ+ər→kɤr]、"字儿"[tsɿ+ər→tsər]、"珠儿"[tʂu+ər→tʂur]，等等。儿化在语言中可以起构词别义的作用，因此在语音系统的音位分析中，儿化韵是不能弃之不管的。但是，如果把本音系统和变音系统中出现在儿化韵中的一连串卷舌元音（如[ar][or][ər][ur]等）放在同一层面上，都作为独立的音位处理，那么普通话的元音音位系统显然会大大地复杂化。因此，对儿化韵中的卷舌元音[ɚ]([ər])的音位分析，应该与自成音节作为基本韵母的卷舌元音[ɚ]分开讨论。

作为单韵母的卷舌元音[ɚ]，对它的另一种音位处理方案，就是用过度分析法把[ɚ]分解为两个语音成分：[ɚ]→[ə]+[r]，也就是[ɚ]由央元音[ə]和卷舌成分[r]组成。这样就可以把[ə]跟中元音系列中/e/音位的音位变体[ə]归并在一起处理，即/e/音位在舌尖鼻音韵尾[-n]和卷舌韵尾[-r]之前都代表音位变体[ə]，如"恩"/en/、"而"/er/。而卷舌韵尾[-r]则可以作为一个音位变体归入辅音音位/r/，也就是辅音音位/r/有两个音位变体：一个是舌尖后浊擦音[ʐ]（或卷舌通音[ɻ]），出现在音节起始位置，作声母，如"软"[ʐuan]，音位标音/ruan/；另一个是卷舌韵尾[-r]，出现在音节末尾，表示与前面元音共时的卷舌成分，如"二"[ər]，音位标音则为/er/。《汉语拼音方案》用字母 r 兼表充当声母的[ʐ]（[ɻ]）和儿韵尾[-r]，就是以这种音位分析法为依据的。

　　把[ɚ]分解为元音[ə]和卷舌成分[-r]，在音位分析中是完全允许的。早在音位学创立之初，音位理论就明确宣示音位分析中的最小单位与语音学的最小单位不一定是完全重合的，音位及其音位变体也可以大于一个音素或小于一个音素，甚至可以为语流中没有任何语音实质的停顿也设置一个音位，因为有无停顿、停顿的长短和方式（如本书第四章第二节中所说"音联"或"音渡"），也是与语义的表达有关的。音系学把这种没有任何语音实质但有音位区别功能的零形式称为"零音位"（zero phoneme）。其后，在音位的区别特征理论中，音位的切分和音位的分析从音位层面进入音位组成的特征层面，把小于一个音素的语音成分作为一个音位变体看待，更是不足为怪了。

　　把[ɚ]分解为两个组成成分[ə]和[-r]，其实在音理上也是可以成立的。因为作为卷舌韵尾的[-r]，跟鼻音韵母中的韵尾[-n]在发音上是相当的。[-n]在音节末尾作韵尾时，是一个只有成阻没有除阻的唯闭音，而[-r]同样也就是在发舌面元音[ə]时的一个卷舌动作。所以也有人（如赵元任）把这个卷舌成分作为辅音韵尾看待，跟[-n]和[-ŋ]一样。

　　在音位分析中这样处理卷舌元音[ɚ]([ər])，不仅可以在中元音系列中减少一个音位，而且可以解决由基本韵母加后缀"儿"派生出来的儿化韵中一连串卷舌元音的音位分析问题。如"把儿"[(p)ar]分析为/a/＋/r/，同样，"盆儿"[(p')ər]在音位上分析为/e/＋/r/，"歌儿"[(k)ɤr]分析为/e/＋/r/，"沫儿"[(m)or]分析为/o/＋/r/。由儿化音变产生的鼻化卷舌元音也这样处理："帮儿"[(p)ãr]中的卷舌成分[-r]作为音位变体归入辅音音位/r/，鼻化成分[~]归入辅音音位/ŋ/，后[ɑ]归入低元音音位/a/，所以"帮儿"的音位标音是/paŋr/；同样，"缝儿"的音位标音是/feŋr/。依此类推，儿化韵中所有的卷舌元音都可以这样进行音位分析归纳。其实，《汉语拼音方案》也正是这么处理的，如"然而"ran'er、"（瓜）瓢儿"rangr、"（门）缝儿"fengr、"（小）框儿"kuangr、"（唱）歌儿"ger，等等。

　　根据上面的分析，如果采用与《汉语拼音方案》字母和语音配置关系相对应的音位归纳方案，那么普通话中元音音位及其音位变体可以列表如下：

第九章 普通话音位系统的分析和讨论

表 9-6　/e/音位和/o/音位的音位变体及其出现条件

音位归并与音位变体		出现条件	音位标音举例
/e/	[e]	[i]韵尾前	ei/uei
	[ɛ]（[E]）	韵头[i][y]后	ie/ye
	[ə]	[-n][-u][-r]之前	en/eu/er
	[ʌ]	[ŋ]韵尾前	eŋ/ieŋ
	[ɤ]	非唇音声母后	ke/e
/o/——[o]		唇音声母和[u]韵头后	po/uo

前面在中元音音位分析中已经说过，普通话里出现在高中至低中（即半高至半低）这一音区里的各个语音变体，都有各自出现的语境，处于互补分布中，可以有好几种音位归纳方案，从音系内部本音和变音的相关性说，[e ə ʌ]和[ɛ(E) ɤ o]分开，归并为两个音位，较为适宜。这里为了适应大家在使用中已经习惯了的《汉语拼音方案》中字母和语音的配置关系，在列表中，采用让[o]单独自成音位，而把其他中元音归并在一个音位中的方案。此外，还有几点需要说明：一是《汉语拼音方案》中把"欧""优"这一类字拼写为 ou 和 you，这是为了字音拼写形式清楚醒目，避免 eu 和 en 在阅读和书写中相混，与音位变体的归纳无关。二是[ɛ][E]这两个音标同时出现，那是因为在韵母的严式标音中，也有人采用更细致的音标，把"椰""约"这一类字的韵腹用一个舌位偏下的[E̞]来标写，所以表中采用[ɛ]（[E]）的形式，把这两种标法并列出来，提供参考。最后，关于自成音位的/o/，这个音位的语音实体是一个舌位偏下的[o̞]，其实在唇音声母之后充当单韵母的[o]，在字音中的实际读音也是一个复韵母[uo]，只不过因为这个[u]夹在唇音声母和圆唇元音[o]的中间，受同化作用的影响而变为一个模糊的过渡音了，在拼音方案和音位标音中为书写简便起见，就予以省略了。

四　普通话的低元音音位

根据韵母的严式记音，普通话低元音系列共有[a ᴀ ɑ ɛ æ (ɐ)]等六个低元音（[ɐ]只出现在轻声音节，这里不予讨论），其中的前、半低、不圆唇元音[ɛ]，既出现在"叠雪"韵[iɛ]（夜）和[yɛ]（月）这两个韵母中，也出现在"言前"韵齐齿呼韵母[iɛn]（烟）中，所以[ɛ]既是/e/音位的音位变体，也是低元音/a/的音位变体，两个音位在音位变体的分布中出现了部分交叉叠合的现象，但如采用[iE]（夜）、[yE]（月）的标音形式，这一音位部分交叠的现象就会消除。低元音音区中加括号的次低、不圆唇元音[ɐ]，只出现在儿化韵和中元音/e/音位的个别字音中（只有"二"一个字），所以在下面的低元音音位分析中，[ɐ]不予讨论。

[a ʌ ɑ ɛ æ]这五个低元音中，[a ʌ ɑ]三个元音各有自己的出现条件。前[a]出现在元音韵尾[i]和鼻音韵尾[n]之前；中[ʌ]出现在零韵尾之前，如果不求精细的定性描写，不区分前[a]和中[ʌ]，合二为一，都采用一个音标也未尝不可；但后[ɑ]与前[a]则必须加以区别，因为只出现在[u]韵尾和[ŋ]韵尾之前的后[ɑ]，音感上差别比较明显，不加区分会影响读音规范。

上述三个处于互补分布的低元音，它们的音位归纳在国内的文献资料中几乎没有什么分歧的意见，一般都认同应该归纳为一个音位。所以，低元音系列中[a ʌ ɑ]的音位归纳就不需要再做讨论了。但是，有关"烟"韵和"冤"韵这两个齐齿呼和撮口呼韵母的严式记音倒是有做进一步研讨的必要。因为这跟/a/音位包括哪些音位变体有关，也跟作为民族共同语的普通话读音规范和建立标准音有关。

"烟"韵和"冤"韵，在传统的音韵系统（如十三辙）里，跟"安"韵和"弯"韵在一起构成四呼相配的一套韵类（"言前"韵）。这四个韵母主要元音音值的严式记音，在不同的专著、教材中并不完全一致，反映了北京话的内部读音差异。"安"[an]和"弯"[uan]没有分歧，韵腹都用前、低不圆唇元音[a]来标写，但是"烟"韵、"冤"韵的标音就有分歧，主要有三种反映不同音值的严式标音：

        "烟"韵   "冤"韵
（1）[iɛn]   [yɛn]
（2）[iæn]   [yæn]
（3）[iɛn]   [yæn]/[yan]

在宽式的音位标音中，[ɛ][æ]归纳在同一个音位里，用同一个音标/a/或

第九章
普通话音位系统的分析和讨论

字母 a 来标写，但音位变体中的读音分歧就显示不出来了，这会在语音教学中起误导作用，因为上面（1）和（2）两种标音形式都显示"烟"韵和"冤"韵的主要元音读音是一样的，（1）都用[ε]，（2）都用[æ]，而第（3）种标音形式却显示这两个韵的主要元音是不同的，分别是[ε]和[æ]（或[a]）。那么这两个韵母的韵基（韵腹和韵尾），其实际读音究竟有无不同？普通话"以北京语音为标准音"，所以北京话内部的读音分歧最好有一个明确的规范，否则语音标准就难以确立，教和学两方面都无所适从。

要讨论这一问题，当然要从语言事实出发。首先要肯定的是，在"言前"韵中，作为齐齿呼的"烟"韵，它的主要元音的读音是一个前、半低、不圆唇元音[ε]，确实跟归在同一个韵辙中的其他三个韵母有明显差异。所以在 19 世纪中期，凡是外国人设计的汉语拼音方案中，"烟"韵的拼音形式几乎都是 ien，而其他三个韵母的主要元音用的字母却是相同的，都是一个 a。从实际读音出发，"烟"韵的主要元音跟"耶"韵的主要元音几乎完全相同。因为先念"耶"，然后舌尖上翘往齿龈发 n 的部位一顶，自然就会得到一个"烟"字的读音。但如果用同样的方法，先念"约"üe，再加一个 n，就很难得到一个十分贴近"冤"的自然读音。所以西方学者根据语言中的实际读音，用相同的字母 e 去标写"烟"韵和"耶"韵的主要元音，完全符合根据读音配置字母的原则。而凡是中国人自己设计的拼音方案，几乎无一例外地都把"烟"韵主要元音的字母改为 a，使 an、ian、uan、üan 四呼相承，配合成套。从汉语音韵四呼相配的理论来看，属于同一个韵类的韵母，主要元音采用相同的字母，当然也是完全恰当的。但是，不能因此忽略"烟"韵与"冤"韵实际读音有所不同的语言事实。其次，要肯定的另一个语言事实是，在北京话里，"烟"韵的读音并无内部分歧，也就是从来就只有一个读音，至于用[ε]还是[æ]，那倒并不是问题的关键，因为在严式音标中用前一个音标时，往往会加一个舌位偏下的符号；用后一个音标时，又往往会加一个舌位偏上的符号，这说明用这两个不同的音标，并不表明实际读音有多大的差别，只是个人使用音标的习惯稍有不同。问题的关键是，如果在"冤"韵严式标音的定性描写和音标使用中，采用了与"烟"韵相同的音标[ε]或[æ]，那就一定会抹煞"烟"韵与"冤"韵读音不同的事实。所以，上面一、二两种对"烟"韵和"冤"韵的严式标音是需要讨论的。而第三种则用不同的音标反映了北京话"烟"韵和"冤"韵主要元音读音有差别的语言事实。我们在第四章第四节中"普通话的韵母"里，就是用[ɛ]和[a]（或[æ]）加以区别的。

"冤"韵与"烟"韵主要元音读音不同的事实，除了在早期拼音设计资料中可以得到证明外，在后来一些语音学专著中也有明确的反映。对"言前"韵的四个韵母，有人标为[an iɛn uan yæn]（李荣：《汉语方言调查手册》，1957）；有人标为[an iɛn uan yan]（赵元任：《现代吴语的研究》，1928/1956；《汉语口语语法》，1979）。在两套标音中，"冤"韵主要元音[æ]和[a]的不同，只是个人音标选择的问题，实际上并不反映音值上的差别。要注意的倒是语音学、方言学专著中"言前"韵这一套韵母的标音都说明，齐齿呼"烟"韵和撮口呼"冤"韵里的主要元音，其实际读音是不同的。

"言前"韵的韵基是[an]，"烟"韵里主要元音夹在前、高元音[i]介音和前鼻音[n]韵尾的中间，因协同发音的影响高化为[ɛ]，那么"冤"韵中的主要元音同样处在前元音和前鼻音的条件下，为什么没有高化为[ɛ]呢？这是因为[y]与[i]虽然同为前元音，但[y]有两点不同，首先是前面已经说过，实际上它的舌位比[i]要低，是一个次高前元音[ʏ]，其次它是一个圆唇元音。所以，"冤"韵的发音动程跟"烟"韵实际上并不完全相同。有人描写过在介音[y]发完以后，先有一个舌位向[u]后退的动作，紧接着再迅速滑向主要元音，在过渡音[u]的影响下，主要元音的舌位高低变化跟"烟"韵也就有所不同了，不是由[a]高化为[ɛ]，而是变为一个次低的，而且有点偏央的前元音[æ]，所以如果根据实际的发音动程充分地展现出来，"冤"韵的严式记音应该是[yᵘæn]①。语音实验可以证实这种描写是符合实际发音动程的，因为在三维语图上，表征舌位前后的第二共振峰，在由[y]走向主要元音的过程中，可以看到有一个先降后升的

---

① 参见王福堂《普通话语音标准中声韵调音值的几个问题》，载于《语言学论丛》第35辑，北京：商务印书馆，2007年。

拐点，表明确实存在一个接近后元音[u]的过渡音①。所以，"冤"韵主要元音的读音与"烟"韵并不相同，这在音理上和实验上都是可以得到解答和证实的。

根据上面的论述，普通话低元音音位的音位变体应该有[a ʌ ɑ ɛ æ]五个，为学习方便起见，下表把常见于儿化韵中的次低央元音[ɐ]也排列其间。

表9-7 /a/的音位变体和出现条件

音位归并与音位变体		出现条件	音位标音举例
/a/	[a]	[i]韵尾和开口呼、合口呼的[n]韵尾之前	ai/uai/an/uan
	[ʌ]	零韵尾之前	a/ia/ua
	[ɑ]	[u]韵尾和[ŋ]韵尾前	au/aŋ/iaŋ
	[ɛ]	齐齿呼[n]韵尾前	ian
	[æ]	撮口呼[n]韵尾前	yan
	[ɐ]	儿化韵[-r]之前	ar/iar/uar

五 普通话的辅音音位和声调音位

1. 普通话的辅音音位

音位对立也可以表现在元音和辅音之间，如"改"[kai]和"敢"[kan]的对立，就是通过最小音差[i]和[n]显示的。但是，由于元音和辅音是性质很不相同的语音单位，所以在音位分析中一般都把它们分别归纳为两套音位系统。这样做对于描写元音和辅音各自的类聚关系及其组合关系都是比较切合实际的。

在语言中，辅音一般都要与元音结合在一起才能构成言语中的一个音节——听感上最自然的单位、最小的语音结构单位。尤其在普通话里，辅音是不能自成音节的，所以普通话辅音音位的归纳必须在辅音和元音

---

① 参见魏红华、王韫佳《略论北京话韵母üɑn的音值》，第七届中国语音学学术会议暨语音学前沿问题国际论坛会议论文，2006年，北京。

结合在一起的表义音节中进行对比，做出音位鉴别。例如，利用[pɑʊ²¹⁴]（保）这样一个音义结合的单位，用不同的辅音去替换音节开始的辅音，如果每替换一次，由于语音形式的改变，意义也随之发生变化，那么这些辅音都是具有区别意义作用的音位。下面就是用[__ɑʊ²¹⁴]这样一个语音环境进行替换对比后得到的十七个辅音音位：

/p/（保）　/p'/（跑）　/m/（卯）；
/t/（岛）　/t'/（讨）　/n/（脑）　/l/（老）；
/k/（稿）　/k'/（考）　/x/（好）；
/tʂ/（找）　/tʂ'/（吵）　/ʂ/（少）　/ʐ/（扰）；
/ts/（早）　/ts'/（草）　/s/（扫）.

在[__ɑʊ²¹⁴]这一语境里，通过替换对比可以知道，这十七个辅音都是与语义系统直接挂钩的有区别作用的语音单位，都是独立的音位。

利用某个语境通过替换对比识别音位，要注意做到替换对比的穷尽性，因为可以容纳全部辅音的语境几乎是找不到的，必须通过各种语音组合形式才能掌握全面的对立互补状况。对普通话来说就是要注意，鉴别辅音音位还要从音节开首和音节结尾这两个位置上去对比替换。这样就可以找到一个只能出现在韵尾位置上的/ŋ/，它在音节末尾与[-n]形成对立，如"斌"和"兵"、"分"和"风"、"陈"和"程"、"音"和"英"。这些字音都是以韵尾[ŋ]与[n]的不同构成对立，区别意义的。

同时，在这样的对比替换中也一定会发现普通话里[tɕ tɕ' ɕ]这一组舌面塞擦音，任何时候都不会同舌根音[k k' x]、舌尖前塞擦音[ts ts' s]以及舌尖后塞擦音[tʂ tʂ' ʂ ʐ]这三组辅音一起出现在相同的语境里，也就是说，舌面音[tɕ tɕ' ɕ]分别跟这三组辅音都存在着互补分布关系。这种多重互补分布关系，可以用它们跟开、齐、合、撮这四大类韵母的不同配合关系，概括地显示出来，见表9-8：

第九章
普通话音位系统的分析和讨论

表 9-8 普通话辅音的多重互补分布

	开	齐	合	撮
tɕ tɕʻ ɕ		+		+
k kʻ x	+		+	
ts tsʻ s	+		+	
tʂ tʂʻ ʂ ʐ	+		+	

根据归纳音位的原则,既然[tɕ]组这一套舌面音同其他三组辅音都不能出现在相同的语音环境内构成对立关系,那么舌面音在普通话语音系统内就无须独立成为音位,可以作为音位变体,跟其他三组辅音中的任何一组归并为一组音位。例如,[tɕ]组的三个辅音作为音位变体分别同[k]组三个相应的辅音归并为一套音位,以/k kʻ x/作为音位标音的符号。以[tɕ]和[k]的归并为例(见表 9-9):

表 9-9 [tɕ]和[k]的音位归并

音位归并与音位变体	出现条件	标音举例
/k/ {[tɕ] [k]}	齐齿呼、撮口呼韵母前	"坚"[tɕien]/kian/
	开口呼、合口呼韵母前	"关"[kuan]/kuan/

也就是说,音位/k/在[i][y]前,代表音位变体[tɕ],在开口呼、合口呼韵母前,则代表音位变体[k]。根据这两个出现条件(读音规则),同一个音位符号就体现为不同的语音实体。

据上例类推,[tɕ]组舌面音也可与[ts]组舌尖音或[tʂ]组舌尖后音归并为一组音位。以[ɕ]和[s]归并为/s/为例,/s/在[i][y]前读[ɕ],在开合二呼前读[s],见表 9-10:

表 9-10 [ɕ]和[s]的音位归并

音位归并与音位变体	出现条件	标音举例
/s/ {[ɕ] [s]}	齐齿呼、撮口呼韵母前	"宣"[ɕyæn]/syan/
	开口呼、合口呼韵母前	"酸"[suan]/suan/

从音位归纳的对立互补原则说,普通话辅音系统中的舌面音,为求

· 239 ·

音位总数的简明经济，理应与舌根音、舌尖前音、舌尖后音中的一组归并为一组音位。这样的归并在拼音方案的设计中会显示出很高的实用价值，因为这样就不必为这一套舌面音单独配置三个字母了。所以西方学者设计的汉语拼音方案，都把[tɕ]组舌面前音与其他三组音中的一组归并在一起。但《汉语拼音方案》（1958）为照顾国内正式通行了几十年的国语注音符号的拼音传统，仍然把舌面音[tɕ tɕʻ ɕ]作为三个独立的辅音音位处理，这也是符合音位分析原则的。这样，在前面音位分析中得到的十九个辅音音位的基础上再加上三个，一共就有了二十二个辅音音位，其中二十一个都是可以出现在音节开首充当声母的，只有一个舌根辅音/ŋ/，只能出现在音节末尾充当韵尾。

2. 零声母是不是辅音音位

汉语普通话的绝大部分音节在音位结构中都以辅音作为音节的起始成分，但有一小部分音节（在四百多个基本音节中只有三十五个）不是以辅音起头的，如"园艺""亿万""延安""恩爱"等。没有辅音的音节在韵母前面声母的位置上留下了一个空位，它以无标记成分与辅音声母构成对立，如[pian]（鞭）—[ian]（烟）、[kuan]（官）—[uan]（弯），等等。用无标记成分和有标记成分的区别构成对立是人类语言中普遍采用的手段，"无"本身就是一种信息，所以语言学中产生了"零、零形式"的概念，如语法学中就有"零形态""零形冠词"，音系中就有"零音位""零形连接"，等等。汉语里的"零声母"概念也是由此而来的。有了零声母这个概念，以高元音[i][u][y]起头的音节，以及以非高元音[a][o][ə]起头的各类音节，都可以概括成一类，叫作零声母音节。

在前面的章节中已经阐明过，从纯粹的语音学观点来看，普通话里由零声母音节构成的字音，其实际读音往往不是以纯元音起头的，而是在元音起始时会带有轻微的摩擦成分，尤其在阳平字中更为明显。这类摩擦成分在严式记音中可以用与元音属于同一发音部位的通音（半元音）来表示，如"移"[ji]、"无"[wu]、"鱼"[ɥy]。在非高元音起头的零声母音节中，在元音起始前，甚至会出现微弱的属于辅音的语音成分，如喉塞音[ʔ]（"癌"[ʔai]），或舌根浊擦音[ɣ]（"昂"[ɣɑŋ]），或舌根鼻音[ŋ]（"饿"[ŋɤ]），等等。在前面的高元音音位分析中，已经把[j]（舌面

第九章
普通话音位系统的分析和讨论

一硬腭通音)、[w]（双唇通音）和[ɥ]（圆唇舌面硬腭通音）分别归入相应的高元音音位/i/、/u/、/y/，作为该音位的音位变体。但是，也有一种意见认为，零声母音节起始元音前作为通音的摩擦成分和辅音成分，在音位分析中应该切分出来作为音位变体，归并为一个辅音音位，也就是零声母音位。这种音位分析涉及普通话辅音音位的总数以及对零声母概念的理解，所以有必要做一些讨论。

  从音位分析方法和音位归纳的原则上说，这样处理零声母音节起始位置上的摩擦成分和辅音成分，并不是不可以的。因为这些成分从音节结构的角度看正好处在声母的位置上，从分布上看又是互补的，而音位切分的单位又允许大于或小于一个音素，所以把分别出现于高元音前的[j w ɥ]和只出现在开口呼、非高元音前的各类辅音成分[ʔ ɣ ŋ]等，归并为一个零音位/∅/，似乎是顺理成章的。但是，这涉及对"零""零形式"概念的理解。零的概念借用自数学，在语言学各领域中，凡使用"零"这一概念都是指不含任何语音材料，但在一些分析中被认为是代表某种单位的"空"（null）成分。诸如"零形态、零语子、零形冠词、零形复指"等概念，都是在某种分析中为保持系统或结构上的均衡性或对称性而设定的抽象单位，它在语流中没有任何有形的实现。音系学的分析也借用零形式的概念，如将某些实际上没有内在语音成分的音渡看作一个音位——音渡音位；在节律音系中，为了建立结构上的平行关系，也在单音节词中设定，第二个音节称为零音节。零声母也是如此，为韵母前的空位设定一个零声母，可以使汉语的音节结构取得统一的模式，也就是汉语的音节都是由声母和韵母两部分组成的，一声一韵，前声后韵，声韵相拼就组成一个音节。所以零声母这个概念在音节结构分析中是很有用处的。但我们必须保持语言学中"零"或"零形式"的含义，那就是缺少任何东西，它是一种无标记成分，不要把表示摩擦成分的通音之类的语音实体作为零声母的音位变体。另外，也不必把零声母作为一个辅音音位看待。零声母是根据音节结构分析的需要而设定的单位，音位是根据对立互补原则，从语音系统中划分出来的有区别作用的语音单位，而零声母音节起始位置上的那些语音成分在汉语中都是没有区别作用的，所以不应该把虚拟的零音位和其他辅音音位并列在一起。

  根据上面的分析，零声母音节中韵母起始时附带的语音成分，还是以分别归入相应的元音音位为好。如[j]("移"[ji])作为/i/音位内部的一个条件变体,[w]("无"[wu])和[ɥ]("鱼"[ɥy])分别归入/u/音位和/y/音位,作为出现在零声母音节中的条件变体。至于出现在开口呼零声母音节中的喉塞音成分[ʔ]或浊擦音成分[ɣ]、舌根音成分[ŋ],也可以作为音位变体,分别归入相应的中元音音位或低元音音位,例如,/a/音位中,有一个出现在零声母音节中的变体[ʔa]("阿姨"[ʔa ʔji]);/e/音位中,有一个出现在开口呼零声母中的[ʔə]("恩爱"[ʔən ʔaɪ]/en ai/)。音位学发展到了区别特征阶段之后,已经沟通了元音和辅音的界限,把带有辅音成分的元音,如[ʔa][ɣɣ]等,分别作为音位变体归入了相应的元音音位,这并不违反音位归纳的原则。更何况这类辅音成分从发音生理上说本来就是该元音的附带成分,是由于发音时为积蓄气流、咽壁肌肉紧张和适应音素之间协同发音的需要而产生的;[j][w][ɥ]这类摩擦通音也是因为相应的元音舌位高、声道窄而产生的。所以,应该把这些辅音成分、摩擦成分分别作为与元音相应的伴随成分处理,无须抽象出来归在一起,作为一个单独的辅音音位处理。但是在为普通话或汉语方言分别开列声母表和韵母表的时候,通常都会把零声母列在其中,因为在阐明语言系统中的声韵配合规律时,它是不可或缺的概念,这跟它是不是一个辅音音位不是一回事。

3. 辅音音位的主要变体

辅音音位和元音音位一样,也各有自己的音位变体。但由于辅音一般都是发音很不响亮、不能自成音节的声音,所以辅音的语音变体往往不容易察觉,要仔细分析辨别。比如,"该"(gai)和"乖"(guai),两字声母的唇形在发音时是不同的;"拿"(na)和"挠"(nao),两字声母的发音部位也是有差别的。忽视这些差异,会影响语音合成中的言语自然度。但由于辅音音位数量远远高于元音音位,逐个描写会陷于烦琐、重复,所以这里只选择有共性和特殊性的音位变体略加阐述。

普通话中处于音节开首的辅音,其音位变体大部分都是受后接元音协同发音的制约而产生的。其中有较强系统性的共同音变有两种。

第九章
普通话音位系统的分析和讨论

（1）舌位变体

最明显的是舌位腭化变体，试比较下面成对的例子：

班[pan]——鞭[pʲiɛn]　　单[tan]——滇[tʲiɛn]

男[nan]——女[nʲy]　　辣[lA]——绿[lʲy]

受前、高元音[i]和[y]的逆同化作用影响，与跟开口呼韵母相拼比较，上述例子的辅音[p][t][n][l]显然出现了舌面向硬腭前部靠拢，舌头接触面积增大的腭化现象。这种舌位腭化的变体是出现在[i][y]之前的辅音共有的，可以用音系学的公式概括表述如下：

[＋辅音]→[＋腭化]/＿＿[i, y]

舌位变体也可以只表现在舌位前后的差别，差别的大小也是受后接元音制约的。试比较下面成对例子中声母的发音部位：

给[kei]——搞[kɑʊ]　　班[pan]——帮[pɑŋ]

辣[lA]——路[lu]　　拿[nA]——奴[ɳu]

辅音受后接元音影响而发生的舌位前后的变化，有的不太明显，只需要用附加符号表示即可，有时这种差异比较明显，甚至大到已经可以用另一个音标来表示了，如上面例子中的舌尖齿龈边音[l]与前高后元音[u]相拼时，已经变为与[ʂ][ɻ]同部位的舌尖前腭卷舌边音[ɭ]；[n]也由于协同发音变为[ɳ]了。

（2）圆唇变体

普通话里所有的辅音，除唇齿音[f]之外，在圆唇元音之前都有圆唇化的辅音变体。试比较下面成对的例子：

丹[tan]——端[tʷuan]　　该[kai]——乖[kʷuai]

尖[tɕiɛn]——捐[tɕʷyæn]　　沾[tʂan]——专[tʂʷuan]

辅音发音时长一般都只有八九毫秒，所以跟元音结合在一个音节中时，舌位和唇形一定会受后接元音的影响，上述例子中与合口呼和撮口呼相拼的辅音声母显然发生了因逆同化而产生的预先音变，在发音一开始双唇就拢圆了，而声腔形状的改变又必然会影响语音的音色，产生语音变体。所以，在语音教学或语音合成中，这一类语音细节也是不能忽略的。

普通话辅音的音位变体大都是受后接元音逆同化作用产生的，辅音中的舌尖鼻音[n]，因为与开齐合撮四类韵母都可以相拼，而且又是唯一既可以出现在音节开首充当声母，又可以出现在音节结尾充当韵尾的辅音，所以/n/的音位变体最多。

/n/的音位变体：

  [n] 舌尖齿龈音，作声母，如"拿"[nᴀ]/na/

  [n̚] 不除阻舌尖齿龈音（唯闭音），作韵尾，如"边"[pʲiɛn]/pian/

  [ɳ] 舌尖前腭音，如"闹"[ɳɑʊ]/nau/

  [ȵ] 舌面前腭音（即腭化的[nʲ]），如"泥"[ȵi]/ni/

  [nʷ] 圆唇舌尖齿龈音，如"娟"[tɕʷyæn]/tɕyan/

辅音音位中还有两个在前面讨论儿化韵时已经提到过的特殊的变体，它们是从儿化韵母中分析出来的语音成分，本身不是一个单独的发音单位。这两个音位变体分属于/r/音位和/ŋ/音位。

/r/的音位变体：

  [ʐ] 出现在音节开首，作声母，如"软"[ʐuan]/ruan/

  [-r] 出现在音节末尾，作卷舌韵尾，如"班儿"[par]/par/

/ŋ/的音位变体：

  [ŋ] 不除阻鼻音韵尾，如"筐"[kʷʰuaŋ]/k'uaŋ/

  [~] 出现在[-r]韵尾前，表示前一个元音的鼻化成分，如"缸儿"[kɑ̃r]/kaŋr/

舌根鼻辅音位/ŋ/的另一个特殊之处是，它在辅音音位中是唯一不能充当声母，只能作韵尾的成员。从音位归纳的对立互补原则来说，除了[n]以外，[ŋ]可以作为一个随位变体归并在其他辅音音位中，尤其是其中的/m/音位，从互补分布和语音近似两方面说都符合音位归并原则。如果[m][ŋ]归并为一个音位，以/m/作为音位符号，设定读音规则：/m/音位在音节开首位置读双唇鼻音[m]，在音节结尾位置读舌根鼻音[ŋ]，就音位系统的归纳和音位变体的表达来说是完全站得住脚的。但是在普通话的音位分析中却没有人做这样的归并，因为这涉及处理一种语言音位系统更深层的原因。语音序列中语音之间的相互影响处于不同的层次结构，而且汉语各方言也各有自己的同化规律。就音节结构说，音节开首

第九章
普通话音位系统的分析和讨论

的音与音节末尾的音并不处于同一个结构层面，普通话的协同发音以逆同化为主，声母往往随后接的介音而发生变化，而作为核心元音的韵腹往往随后接韵尾而发生变化。语音的历史演变说明，处在音节结构不同位置的语音可以各有自己的发展道路。在普通话里，作为韵尾的[m]和[n]在历史音变中发生了音位归并的现象，而在声母的位置上仍然是两个各自独立的音位。[ŋ]在韵尾的位置上始终保持了独立的音位地位，但在声母的位置上却消失了。声母位置上的辅音和处于韵母结构中的辅音韵尾各有自己的发展变化，汉语各方言莫不如此。所以，从普通话和方言的对应关系以及语音系统的内在关系来考虑，作为韵尾的[ŋ]和作为声母的[m]，虽然在分布是互补的，在语音上也是近似的，但在音位上仍以各自独立为宜。[ŋ][m]的音位归并问题，如果局限在对立互补原则中去讨论，就会成为一个难以解释的问题，但是从语音系统内在关系着眼则可以找到很好的解答。

上面所说的辅音音位变体都是音节内部的语境变体，这一类变体是语流中受邻接语音影响而产生的必然变体，因为结合在一个音节中的音素是发音机制的肌肉、神经在一次紧张中同时发出来的，所以这一类因协同发音而产生的语音变化是强制性的。但是，语流中还有一类辅音音位变体是非强制性的自由音变，这一类语音变体是受音节外部的语音影响而产生的，往往发生在字字相连、两个音节接合的中间，受说话的语速和个人的言语习惯影响较大，所以由自由音变而产生的辅音音位变体不是某个音位的必然变体。这里只举两类比较常见的语音变体。

（1）清辅音浊化

在前面"语流音变"和"轻重音"这两个章节中都提到了声母浊音化的音变现象。这种发生在轻声音节中的音变现象，其实是有规律的，并且有一定的系统性，也就是说，凡不送气清塞音和塞擦音在轻读的条件下，都可以有这种音变，例如：

/p/ → [b]　　哑·巴　　[iA·bA]
/t/ → [d]　　我·的　　[uo·də]
/k/ → [g]　　五·个　　[u·gə]
/tɕ/ → [dʑ]　　姐·姐　　[tɕiɛ·dʑiɛ

/tʂ/ → [dʐ̬]　　　站·着　[tʂan·dʐ̬ə]
/ts/ → [dz̬]　　　日·子　[zɿ·dz̬]

　　清辅音浊化的现象一般不出现在送气辅音中，因为北京话里的送气音都是强辅音，而不送气辅音都是弱辅音。按发音时气流的强弱、肌肉紧张的程度来说，强辅音都与浊辅音十分接近，只是声带不颤动，所以国内外语音学家无不在严式的音素记音中把它们描写为浊音清化的辅音，分别用[b̥][d̥][ɡ̊][dʑ̊][dʐ̥][dz̥]来标记。在轻声音节中，由于时长短，同时又夹在前后都是元音的语境中，所以虽然处于音节起始位置，也往往受同化作用的影响，由清辅音变成了浊辅音。在辅音音位变体中，这一类是比较突出的语音变体，值得一提。

（2）音位交叠现象

　　在辅音音位系统中，/n/音位是唯一一个既可以充当声母又可以充当韵尾的辅音，因而在接合很紧中间几乎没有停顿的音节连读中，处于前一音节末尾位置上的/n/，它的发音部位往往又会受逆同化的影响而发生预先音变，由舌尖鼻音[n]变为双唇鼻音[m]或舌根鼻音[ŋ]。例如：

/n/ → [m]　　难免　[nam miɛn]
　　　　　　　关门　[kuam mən]
　　　　　　　电报　[tiɛm pɑu]
　　　　　　　分配　[fəm pʻeɪ]
/n/ → [ŋ]　　辛苦　[ɕiəŋ kʻu]
　　　　　　　很好　[xəŋ hɑʊ]
　　　　　　　赶快　[kaŋ kʻuaɪ]
　　　　　　　心肝　[ɕiəŋ kan]

　　由于[m]和[ŋ]各自都是独立的音位，所以这一类由于音节连读而产生的音变现象，涉及了音位之间的交叉叠合。但由于受上下文和言语环境的控制，所以不会引起意义表达的混乱。而且它是一种受语速和个人发音习惯影响的自由音变，因此，上述例子里的[m]和[ŋ]只是/n/音位在音节连读中的变体，不应与/n/音位的其他音位变体同等看待。

第九章
普通话音位系统的分析和讨论

4. 普通话的调位系统

早期音位学是在印欧语言的基础上创建发展起来的，西方语言学家最初把音位这一术语限定于指称元音和辅音，后来才扩大到由音强、音高、音长构成的韵律特征范围内，因为这些要素在语言里也可以起区别意义的作用。不过与元辅音相比，其作用毕竟是次要的，音位负担很轻，所以一律称为次音位。但是对汉语这样的有声调语言来说，这显然是不恰当的，因为汉语中声调的区别功能不仅与元辅音相同，而且它的音位负担更重。因为在普通话里元音音位和辅音音位加在一起，有将近三十个，而可以区别意义、构成音位对立的调类却只有四个。另外，汉语又是一种以单音节语素为基本单位的语言，基本音节只有四百多个，每个音节都必须依靠不同的声调才能构成一个字，无调不成字，所以声调出现的频率、声调的音位负荷量远比元辅音音位要高得多。因而声调不仅是音位系统的组成部分，而且还是与元音音位和辅音音位同等重要的音位。早在 20 世纪 20 年代之初，音位学就比照着"音位"（phoneme）这一术语为之创立了"调位"（toneme）这一名称，后来还形成了专门研究声调语音特性、结构类型和音系功能的"调位学"（tonemics）、"调系学"（tonology）。

本书在第五章"声调"中已经指出，中国古代语言学家早在公元 5 世纪末就发现了汉语中声调这一语音属性，并把当时字音中的声调分析归纳为"平、上、去、入"四个调类，奠定了汉语声调的分类基础。其后在汉语音韵学中，声调历来都是与声母、韵母分开作为一个相对独立的部分来加以研究的。当代音系学也改变了最初把重音、音高等超音质成分看成是附属在音质音段之内的语音特征的观点，认为语音是由若干不同平面组合而成的集合体，由元音和辅音组成的线性序列只是其中的一个平面。除此之外，还有重音平面、声调平面、语调平面等。这些平面既是互相联系的，又各有自己的独立性，所以应该看作跟元辅音一样独立自主的语音单位，只不过元辅音是一种线性的音段，重音、声调、语调等是一种非线性的音段。由此发展出一门被统称为"非线性音系学"的新学科。

从经典音位学的角度看，最早在古汉语里确定的四个调类，就是四个调位。现代汉语各方言的调类都与古汉语的调类系统直接有关，普通话（北京话）也是如此，在汉语声调的发展演变中形成了阴平、阳平、上声和去声四个调类，也就是四个调位。每个调类各有自己特定的调值，以此构成"四声别义"的对立区别功能。前面已经说过，普通话阴平调值的主要特征是高平，调值是[55]；阳平调值的主要特征是中升，调值是[35]；上声调值是一个略带曲折的降升调，但调核部分是一个低平调，所以也可以说上声调值的主要特点是一个低调（相对于阴平的高调）；去声调值的主要特征是一个高降调，调值是[51]。所以，在国语（即普通话）发音学中，把普通话四声的调型特点描写为：一平，二升，三曲，四降。

  普通话四个调位的基本调值都是根据单说一个音节（字）时的音高变化来确定的，它是一个字的字调，即单字调的调值。而话语中字字相连，各个音节的音高变化当然会互相发生一些影响。例如，两个阴平相连，前字的调值听起来就会变成比后字略低的平调[44]；两个阳平相连，前字的升调听起来似乎是比后字升得略低的[34]调；两个去声相连，前字听起来似乎也不如后字的去声降得那么低，由一个全降的[51]调变成了[53]调。这种字字相连发生的音高变化确实是存在的，但不应该与元音音位和辅音音位在一定语音条件下必然产生的条件变体等同看待。因为五度制所描写的调值只是一种相对的音高变化，声调的听说反映又是一种范畴感知，只要不涉及调型的改变，这一类相对的高低度的变化一般是不容易察觉的，更何况这种调值变化也不涉及发音规范。但是，上声在二字连读中的调值变化却要作为调位变体看待，因为它涉及调型的改变和调位的交叉，而且是一种强制性的涉及发音规范的变调。所以，上声在二字连读中的变化，跟其他三个声调因协同发音而产生的连读变调不同，它是一种音系学上的变调，汉语方言中的连上变调也为这种观点提供了佐证。

  表9-11所列的普通话调位系统只包括在音节层面具有对立功能的单字调以及二字音节连读中的上声调位变体，调位符号以双斜线夹数码表示。

第九章
普通话音位系统的分析和讨论

表 9-11　普通话的调位和调位变体

调位	调位变体		例词	音位标音
阴平 /1/	高平调[55]		书包	[ṣu⁵⁵ pɑʊ⁵⁵] / ṣu¹ pau¹ /
阳平 /2/	中升调[35]		学习	[ɕye³⁵ ɕi³⁵] / ɕye² ɕi² /
上声 /3/	[214]	停顿之前	黄海	[xuɑŋ³⁵ xaɪ²¹⁴] / xuaŋ³ xai³ /
	[35]	上声之前	海水	[xaɪ³⁵ ṣueɪ²¹⁴] / xai³ ṣuei³ /
	[21]	非上声之前	海军	[xaɪ²¹ tɕyən⁵⁵] / xai³ tɕyən¹ /
			海防	[xaɪ²¹ fɑŋ³⁵] / xai³ faŋ² /
			海燕	[xaɪ²¹ iɛn⁵¹] / xai³ ian⁴ /
去声 /4/	高降调[51]		电报	[tiɛn⁵¹ pɑʊ⁵¹] / tian⁴ pau⁴ /

在上声的三个调位变体中，有一个是[35]，而阳平调位的调值也是[35]，这样就出现了调位交叉现象，因为在不同的调位里出现了相同的调位变体。而就音位系统的分析和归纳说，在方法论上学者都主张，如果能够避免在不同的音位有共同的音，那么就一定要避免。所以也有人把二字连读中上声变调的调值标作[24]（称为"直上"），并认为实际调值就是有差别的，如"挤死（了）"是[24+214]，而"急死（了）"是[35+214]。在自然语言中，这种差别有可能是存在的，因为上声就其本调说原本是个低调，所以上上相连中的变调，起点比阳平本调[35]要低一点。但是在普通话的调位系统内不存在依靠高低不同的升调或降调来互相区别的调型，所以对依靠平升曲降来区别四声的北京人来说，是很难辨别这两种升调的。听辨实验证实，在几十对诸如"毫米—好米""食管—使馆""鱼水—雨水""骑马—起码""粉厂—坟场""涂改—土改""油好—友好""油井—有井"这样的词语听辨测试中，大部分受测试的人在听觉上是无法识别的，也就是说，在音位上是不能辨别由上声连读产生的升调和阳平这一升调的，这一类成对的词语就跟"鸡场"和"机场"一样是同音词。所以，传统语音学把二字词中上上相连的变调规律表述为"上声+上声→阳平+上声"，这还是符合言语实际的。音位系统中个别的交叉叠合无妨大局，无须刻意回避。

上声的连读变调当然不限于两个音节，也可以是三个音节以上乃至多到七八个音节，如"（我）也想买五把好雨伞"，八个音节都是上声。

这类语句的上声变调，涉及语速、停顿、焦点重音以及语义关系和语法结构等许多交织在一起的复杂因素，而且有些音节的变调还是一种自由音变，可以变，也可以不变，所以在单纯的音位平面就难以概括出统一的变调规则来了。

讨论普通话的调位系统还会涉及轻声问题，因为也有一种意见认为，轻声也是一个独立的调类，是和阴、阳、上、去并列的第五种声调。这样，普通话的调位系统自然也就应该包括轻声。

轻声是普通话语音系统中不可或缺的组成部分，因为它有区别词义和语法关系的功能，同时又是部分词语语音结构中固定的读音现象。所以在语音教学特别是对外汉语的语音教学中，把轻声独立出来，结合轻声词，作为单独的调类来学习，这在教学上确实有很大的方便之处，可以取得更好的教学效果。但如果在理论上把轻声与四声放在同一个层面上，作为独立的第五个调类看待，那就未必妥当。首先，轻声并无固定的调值，它的音高特征取决于前字的字调，而且由于时长的缩短、音强的减弱，音高幅度几乎压缩到零，曲拱特征不容易被区别感知，所以通常把轻声的调值概括为在上声之后为短高平，在非上声之后均为一个短促的去声，各自的起点音高略有不同，决定于前字的调高。而四声则不同，它们的调值、音高特征是不可论证、不可预测的。其次，词语中绝大部分轻声字都有它的本调，阴、阳、上、去无论哪一个调类的字都有读轻声的可能，也就是说，轻声与四声显然存在着派生关系。而普通话的四个调类之间并不存在派生关系，都是独立的、原生性的。因之，把轻声和四声并列在同一层面上，确定为一个独立的调类，在学理上是难以做出科学论证的。当然，也有极少数字总是轻声，如只能做构词后缀的"们"，助词"的、了"，语气词"吗、呢"等，但这只能说明轻声是词汇—语法层面的语音现象，不能据此就认定轻声跟四声一样也是一个独立的调类。

在轻重音和语调这一章里已经阐明，组成一段语流的各个音节声音的响亮程度总是不完全相等的。有的音节听起来比其他音节响亮，就是重音（音节）；有的音节听起来没有那么重，就是弱重音。普通话的轻声，在早期国语发音学里，就认为它是一种弱重音，叫作轻音。一个字在词语或句子里轻读以后，字音的各个组成部分都会发生一些变化，而最容易感觉到的是失去了原有的调型,所以,就单纯地把它当作一种变调现象看待,轻音这一名称后来也改成了轻声。近几十来年,实验语音学的发展使我们对普通话里的轻重音有了更加充分的认识,虽然意见还不完全一致,但还是取得了很大程度的共识,那就是对汉语这样一种有声调的语言来说,轻重音主要不是通过加强或减弱音强的力度来表示,而是通过音高的变化、音长的调节来表示的。普通话的重音音节一般都表现为音长比较长,调域比较宽,调型比较完整。而轻声则表现为时长大大缩短,调域大大变窄,失去了原有的调型,听觉上似乎只有一个依稀仿佛的高低度,而且音高与时长呈正相关,音高点越低,时长越短。由此看来,在音位分析中轻声还是应该与重音归在一起,不要作为一个独立的调类和四声并列在一起归入调位系统。

六 两种音位体系的不同归纳法

20世纪初,继西方语音学传入中国后,当时方兴未艾的音位学研究也逐渐被介绍到了中国的语音学界。早在30年代,中国语言学家赵元任就在音位理论的研究中对国际语音学界做了出色的回馈。但是,比较有系统地介绍、普及音位理论并把它用于普通话音位研究却是在50年代初。其后,对普通话音位的分析和归纳形成了两种不同的意见:一种意见是分别按元音、辅音系统归纳,得出元音音位、辅音音位和声调音位;另一种意见是按声韵调体系归纳,得出声位(声母音位)、韵位(韵母音位)和调位(声调音位)。这两种不同体系的归纳方案,主要分歧表现在对韵母的音位分析上。按元辅音体系归纳通常会得出五六个元音音位,再加上两个辅音音位/n/和/ŋ/,就可以描述普通话全部韵母的语音结构;而按声韵体系归纳,则需要用十八个韵位来展现普通话的全部韵母。这十八个韵位是:

$$/a \quad o \quad \gamma \quad \varepsilon \quad ɿ \quad ʅ \quad (ʮ) \quad i \quad u \quad y/$$

$$/ai \quad ei \quad au \quad \gamma^u \quad \partial^r/$$

$$/a^n \quad \partial^n \quad a^ŋ \quad \partial^ŋ \quad u^ŋ/$$

这两种结果很不相同的音位答案,其分歧的实质其实不在于元辅音体系和声韵调体系的不同，而是一个音位切分单位大小的问题。第八章第五节"音位归纳的多种可能性"中已经阐明：从语流中切分音位，音位分析的最小单位与语音分析的最小单位并不总是重合的，有时候音位分析可以采用"不足分析法"，把音位单位确定得大于语音学中一个最小的音质单位（即音素），甚至可以是元辅音的结合体；而有时候音位分析也可以采用"过度分析法"，把小于一个音质单位的语音成分确定为一个音位或音位变体。元辅音音位体系中的五六个元音音位和声韵调体系中的十八个韵位，反映的就是这么一个问题。在韵位分析中，动态的复合元音[ai][ei]、鼻辅音韵母[an][ən]都是作为一个音位单位看待的，而在元辅音音位分析中则被分解为更小的单位。

音位分析允许采用不同的方法切分音位单位，同时又没有规定什么时候应该把两个甚至更多的连续的最小音段看成是一个单一的音位，什么时候应该把它看成是两个甚至更多的音位的组合。所以韵位分析中把普通话的复合韵母、鼻韵尾韵母作为一个音位单位看待，这也并不违反音位分析与归纳的原则，甚至还有它自己的优点。因为从表面上看，声韵调体系中韵位的总数大大地超过了元辅音体系中元音音位的总数，但是它却避免了对众多音位变体出现条件的描写。例如，高元音音位中舌面元音[i]和舌尖元音[ɿ][ʅ]的音位分合，中元音音位中[e][ɤ][ə]的音位归并，低元音音位中前[a]和后[ɑ]的区别。其中音位和音位变体的关系以及变体出现条件的说明，在韵位分析法中都可以蕴含在韵位的标音中，而不必一一加以说明。所以，韵位的总数虽然多了，但音位体系却反而简化了。

在音位分析中，音位总数和音位变体的数目，确实总是反相关的。音位总数少，被归纳在每个音位里的变体一定多，音位的读音规则（即出现条件）也一定随之增多；音位总数多，每个音位包含的音位变体相对地就会减少，音位的读音规则也随之简化，音位系统在总体上也就简明了。所以，声韵调体系中把复合韵母和鼻韵尾韵母整体作为一个音位单位看确实有它简明、实用的优点。语音的物理—心理实验也证明，这些由两个最小的音段组成的韵母在汉语里确实是作为一个整体的感知单位被接受的，它无疑非常适用于语音教学，而且符合汉语音节结构的特点。

第九章
普通话音位系统的分析和讨论

但是,声韵调体系中的音位归纳和元辅音体系中的音位归纳并不存在孰优孰劣的问题,二者各自适用于音位分析的不同目的。比如,要为汉语设计一个采用拉丁字母的音素制拼音方案,那就必须对普通话语音做音素化的音位分析,这样就能用五六个字母拼写语音系统中的几十个韵母。如果采用韵位分析法,就会在字母与语音的配置上发生难以克服的困难,因为二十六个拉丁字母中只有五个元音字母,韵位分析法中把复合韵母和鼻音韵母作为一个语音单位看待,这在制定音素化的拉丁字母拼音系统中都是无法处理的。只有进一步分析为更小的语音单位——元音和辅音,才能适应拉丁字母与语音的配置关系,才能制定拉丁化的汉语拼音方案。

按元辅音体系归纳音位和按声韵调体系归纳音位源自不同的文化背景。西方语言学家从他们拼音文字的习惯出发,对语音的研究历来以音素作为最小的语音单位。从语音学中脱胎和发展起来的早期音位学也是从元音和辅音出发来研究音位和音位归纳的。但是,中国传统的音韵研究与西方完全不同,向来是从字音出发来研究语音的,而作为一个书写单位的汉字,在语音上等于一个音节,同时它又是一个最小的音义结合体——语素,字的形、音、义互相结合,三位一体。汉语音韵研究就是从字音,也就是从音节入手的。音节(字音)的组成也不是直接分析为元音和辅音的,而是首先把声调离析出来,然后把音节分析为声母和韵母两部分,韵母再分为韵头和韵基,韵基再分为韵腹和韵尾。汉语音韵学一直就是在这样的声韵调体系中通过成千上万个汉字来研究字音各个组成单位(声调、声母、韵头、韵腹、韵尾)的变化、发展及其内在的关系和相互影响的。这看起来似乎与19世纪后期才发展起来的音位学毫不相干,实际上却包含着现代音位分析的原理。因为音位无非就是从话语里分析归纳出来的一类语音的代表(用字母音标表示),音韵学研究的正是调类、声类、韵类的划分和演变,本身就是一种历史音系学。而字音(音节)又是与话语直接关联的,包含了出现在语流中的各种音位变体。例如,被归入"言前"韵里的字"安、烟、弯、冤"就包含了/a/音位中[a][ɛ][æ]这些音位变体;被归入"遥条"韵的"熬、腰"等字和被归入"江阳"韵的"昂、央、汪"等字就包含了/a/音位的音位变体[ɑ]。同时,根据四呼分类排列的韵母表,又等于把普通话的元音音位和各类音位变体出现的位置、条件以及音位之间的组合关系都在一张平面图表上显示了出来。所以根据传统的声韵调体系来归纳普通话的声位、韵位、调位是符合现代音位分析原理的。上面介绍的出现在 20 世纪 80 年代初期的韵位系统，实际上已蕴含在民国初年根据传统音韵学创制的注音符号（中国第一个法定的采用民族形式字母的拼音方案）中，见表 9-12：

表 9-12　韵位与国语注音字母韵母表的对比

韵位分析法中的十八个韵位							注音字母的基本韵母					
/a	o	ɤ	ɛ	ɿ(ʅ)	i	u	y/	ㄚ	ㄛ	ㄜ	ㄝ	ㄭ	ㄧ ㄨ ㄩ
/aⁱ		eⁱ		aᵘ	ɤʳ	əʳ/		ㄞ		ㄟ		ㄠ	ㄦ
/aⁿ	əⁿ		aᵑ		əᵑ	uᵑ/		ㄢ		ㄣ		ㄤ	ㄥ （ㄨㄥ）

为推广民族共同语——国语而创制国语注音字母（后改称国语注音符号）时，西方的语音学才刚刚开始传入中国，音位学更是不为人知。但是，后来现代语言学家一致认为，国语注音字母的制定，从音位学的角度来审视，是极为高明的。这显然不能用巧合来解释。

可见，根据声韵调体系和元辅音体系来分析音位、归纳音位是相辅相成、相得益彰的。已经把这两种体系结合在一起的是《汉语拼音方案》，《方案》根据元辅音体系确定了字母与语音的配置关系，同时列出了根据四呼排列的韵母表，其实，《方案》中字母（音位）与不同读音（音位变体）之间的关系都已经包含在其中。下一章"《汉语拼音方案》与普通话音位的关系"将进一步用现代音系学的公式化表达方式把字母（音位）和语音（音位变体）的关系简单明了地展现出来。

练习

1. 试举例说明严式记音与宽式记音的不同以及各自的用处。

2. 如果把普通话[i] [ɿ] [ʅ]三个元音分别归纳为两个音位/i/和/ i̠ /，对辅音舌面音[tɕ][tɕ'] [ɕ]多重互补的音位归纳有什么影响？还存在几种可能的解决办法？

第九章
普通话音位系统的分析和讨论

3. 以普通话中元音的音位归纳为例,说明音位的归纳为何是多答案性的。

4. 元辅音分析法和声韵调分析法有什么不同?各自都有哪些优点?

5. 以普通话为例,说说音位学中的语音单位(音位或音位变体)可以大于一个音素,也可以小于一个音素。

第十章 《汉语拼音方案》与普通话音位的关系

一 字母和语音

《汉语拼音方案》是根据普通话（北京话）的语音系统制定的。它不仅用于汉字注音、拼写普通话，而且在中文信息处理、言语工程和语言心理研究等领域中也都是用以了解和研究普通话语音不可或缺的重要工具。

《汉语拼音方案》拼写普通话采用的是国际通行的拉丁（罗马）字母，通过汉语拼音字母学习和了解普通话语音必须建立两个基本观念：其一，《方案》中字母与语音的关系是错综复杂的。字母代表语音，但不等于语音，不能把二者混为一谈。字母与语音之间并不完全是一对一的关系，尤其是元音字母，往往是一对多的关系。其二，字音（音节）的拼写形式是根据实际语音拟定的，但是也不能由此简单地认为，根据拼写形式就可以把普通话里所有的字音都一一准确地拼读出来。有时候出于书写方便、阅读醒目方面的考虑，拼写形式的设定也不是与实际读音完全对应的，如果简单地直接根据字母去硬拼，有时候就无法得到切合自然语言的实际读音；有的拼写形式还会省略个别字母，也不能由此就把字母的省略当成实际语音的完全阙如。

为什么字母和语音、拼写形式和实际读音之间会形成这样一种关系呢？其实，有了前两章讲解的音位学基本知识，这一问题很容易解释清

第十章
《汉语拼音方案》与普通话音位的关系

楚。首先，表音文字中的拼音字母固然是一种直接拼读词语读音的音素文字，但是实际上文字系统中的音素字母一般表示的不是语音学中所说的从音质角度划分的发音单位——元音和辅音，而是从音位学社会功能的角度划分出来的有区别意义作用的语音单位——音位。每个字母的读音只表示该音位中所包含的某一个音位变体的读音，并不表示语流中出现的全部音位变体。《汉语拼音方案》中的字母也是如此，而且拉丁字母数量有限，只有二十六个，所以不能要求字母像语音学中专用的国际音标（有二百多个字母音标和大量附加符号）那样，一个音标只代表一个固定的音值。凡是使用拉丁字母的国家都会采用字母变读的办法，让字母在词语拼写中代表不同的读音。所以，在使用《汉语拼音方案》时要注意，一个字母也许会表示几个不同的读音。其次，造成字母和语音不能对等的另一个原因是，《汉语拼音方案》在拟定字音拼写形式时，还要考虑书写简便，节省字母用量；阅读醒目，不易混淆；音节起讫分明，不造成歧解等各种因素。所以，在不违背实际读音和音位分析的基础上，需要对字音的拼写形式（主要是韵母）做一些调节。

由于以上两个原因，在使用《汉语拼音方案》时要注意，字母相同，语音未必相同，如 bei（北）和 gen（根），两个 e 的读音显然不同。有时，字母不同，语音却可以相同，如 ou（欧）和 en（恩），其中 o 和 e 表示的是同一个音质上略有差异的央元音[ə]，但倘若按照实际语音，把 ou 韵母的拼写形式写成 eu，那么 en 和 eu 在阅读中就比较容易相混。在拼写形式中也可以有字无音，如 wuyi（武艺），其中 y 和 w 只起分隔音节的作用；也可以无字有音，如 ying（影），i 和韵尾 ng 之间明显有一个被弱化了的韵腹元音，但在拼写形式中却没有用字母表示出来。

《汉语拼音方案》中所包含的声韵调系统是完全符合普通话音位归纳原则的，但是作为一种采用拉丁字母书写的具有文字性质的拼写系统，它又有许多其他因素必须加以考虑，而这些因素是单纯地为一种语言归纳音位系统时完全可以不管的。比如说，为音位配置字母时，要考虑该拉丁字母在国际上的读音习惯（国际通用音域）；要注意韵母和字母拼写形式之间在阅读上的区别度；必须拟定音节连读法，防止在表达上产生歧义；甚至要考虑在传统文化中形成的拼写习惯等等。这些问题早在制定中国第一个法定的拉丁化拼音方案——"国语罗马字"的时候就得到了充分的研究。当时,中国语言学的开拓者和奠基者赵元任先生就在《国语罗马字的研究》中提出了制定拉丁化汉语拼音的二十五条原则,其中有不少意见对后来的汉语拉丁化拼音设计都有重大影响,成为制定汉语拼音方案的基本原则。例如:

(1) 字母的用法不全从西文的习惯,"也不能全顾到中国人学外国语言,或外国人学中国语言的便当与否。要看是否适应自己的语言,自己用起来合宜不合宜"。

(2) 要求实用上的便利,不求理论上的系统规则、学理上的准确与否。例如,用西文里表示浊辅音的字母 b、d、g 来表示汉语的清辅音,这样"改借过来有无穷的便利"。

(3) "文字尚形"。字形(指字音拼写形式)要醒目,不易相混,要"尽字母全用",借此"增加字形'面孔'的种类","于分辨上无妨碍处,字形要求短"。

这些意见在后来制定的"国语罗马字"(1928)和"拉丁化新文字"(1931)等许多拼音方案中都得到了贯彻,在"千案聚粹,历史集成"的《汉语拼音方案》(1958)中尤其如此。其中最值得一提的是第(3)条"文字尚形"原则,赵元任先生在这里阐明了一个极为重要的语言心理事实:"无论何种文字,在实行的时候都是见面认字的","西人看书认字的时候,一点也不拼音,一个字有一个字的'面孔',看见了同时就想到意思,读出声音来,和中国人认识汉字一样的,并不是先读出声音,然后想到意思的"。西方人看拼音文字和中国人认汉字,用的都是"视觉读法",其言语心理的事实是一样的,"都是见面认字","看字认面孔"的。所以,"罗马字的好处不是在拼音的准确,是在(只)用极少数的字母(却)可以拼出种种面孔的词形"。

由此可见,《方案》只要在字母与语音的配置上不背离普通话的音位系统,它在字音的拼写设计中要遵循的最主要的原则就是文字学上的"尚形原则",也就是通常所说的阅读醒目,使用方便。在拼音方案制定过程中,之所以把韵母"熬"的拼写形式由 au 改为 ao,韵母"雍"的拼写形式由 üng 或 iung 改定为 iong,等等,都是由于这方面的原因,与音位归纳并无关系。这里的字母 o,在普通话语音系统里代表的仍然是元音[u]。总之,字母和语音不能混为一谈,为了便于辨认和书写,在字音音

第十章
《汉语拼音方案》与普通话音位的关系

节的拼写设计中有时就会在不违背语音事实的基础上，对字母的使用做一些调节。我们不能由此跟音位分析完全混淆在一起，用音位归纳中音位变体的互补关系、语音近似原则去加以衡量和评论。总之，我们在通过《汉语拼音方案》了解普通话的语音时，务必明确：首先，前者只是后者的书面拼写形式，不要把主体和客体混同起来；其次，拼写设计不能违反音位归纳的原则，不能背离语音事实，但这两者之间也不能简单地等同起来。它另有自己"文字尚形"的原则。因此，《汉语拼音方案》（书面拼写系统）与普通话语音（语音本体）是有区别的，分属于不同性质的语音层面。

下面围绕字母和语音的对应关系，从字母和字音拼写形式设计的角度分别对《汉语拼音方案》的字母表、声母表和韵母表进行系统、扼要的阐述。

二 汉语拼音字母和普通话音位的对应关系

《汉语拼音方案》采用了世界上通行范围最广的二十六个拉丁字母。它被汉语采用后就称为汉语拼音字母，就好像它被英语、德语、法语采用后就要分别称为英文字母、德文字母、法文字母一样。

汉语拼音字母的组成包括字母表中的二十六个基本字母和六个增补字母：其中有四个是双字母——zh、ch、sh、ng，两个是加符字母——ê和ü。汉语拼音字母中有六个用于表示元音音位，字母和音位的对应关系如下：

a—/a/　　o—/o/　　e—/e/
i—/i/　　u—/u/　　ü—/y/

由于国际音标也是在拉丁字母的基础上设计制作的，所以元音音位中只有一个/y/音位，音标和字母是不同的。

汉语拼音字母中用于表示辅音音位的字母最多，一共有二十二个（双字母算一个字母单位），辅音字母和辅音音位的对应关系如下：

b—/p/	p—/pʻ/	m—/m/	f—/f/
d—/t/	t—/tʻ/	n—/n/	l—/l/
g—/k/	k—/kʻ/	ng—/ŋ/	h—/x/
j—/tɕ/	q—/tɕʻ/	x—/ɕ/	
zh—/tʂ/	ch—/tʂʻ/	sh—/ʂ/	r—/r/
z—/ts/	c—/tsʻ/	s—/s/	

在辅音音位中，字母与语音的配置关系有几点需要做一些说明。《方案》用拉丁字母系统和国际音标中都表示浊辅音的 b、d、g 表示汉语中的不送气清塞音[p][t][k]，就拉丁字母使用的国际习惯和学理来说，是不准确的，因为属于印欧语系的大多数西方语言都利用清浊这一对发音特征构成音位对立，在拉丁字母系统中，辅音字母的清浊配对也因此十分严格整齐。因此，凡是外国人为汉语设计的拼音方案，都不用 b、d、g 而用 p、t、k 表示清塞音，并在这三个字母上加送气符号表示普通话辅音系统中送气和不送气的音位对立。但是从字母设计的角度看，这个加在字母右上方的送气符号（倒撇）容易脱漏，而且既不美观又影响字母连写，其缺点是显而易见的。所以，在绵延半个多世纪的汉语拼音运动中，凡中国人自己设计的汉语拼音，无不"因地制宜"，随自己语言的特点，采用 b、d、g 和 p、t、k 配对的办法来表示汉语中无清浊对立而有送气和不送气对立的这一语音特征。"这样改借过来"，不仅在拉丁字母的使用上"有无穷的便利"，而且在音理上也符合汉语自身的特点，因为在前面的章节中已经说明，在汉语（北京话）里，凡送气清塞音都是一种强辅音，而不送气清塞音则都是一种弱辅音，发音时除声带不颤动以外，在肌肉紧张程度和气流强弱方面都接近于浊辅音，在语流音变中也因此往往会变成浊音，所以在语音学的严式记音中，精确的标音应该使用浊音清化的音标[b̥][d̥][g̊]。许多说印欧语言的西方学者囿于拉丁字母的传统用法，对《方案》字母和语音配置上的这一做法，往往提出颇不以为然的意见。至今欧美的外国留学生在初学汉语时，受自己母语中使用拉丁字母的影响，往往会把 beijing（北京）中的字母 b 读成真正的浊塞音，而不是清塞音。这是因为他们不了解汉语拼音中对 b、d、g 这三个字母的用法是完全切合汉语特点的，是中国人使用拉丁字母开创性的变通。

第十章
《汉语拼音方案》与普通话音位的关系

字母表中，汉语拼音方案用字母 r 兼表可以充当声母浊擦音的[ʐ]（即通音[ɻ]）和儿韵母、儿化韵中的卷舌成分[-r]，如 ruan（软）、er（耳）、huar（花儿）等。这似乎也有点不合拉丁字母传统的使用习惯，但这种安排其实也是有理有据的：一是用字母 r 表示与 sh 配对的声母，这在汉语拼音运动涌现的多种拼音方案以及后来在美国通行较广的耶鲁式汉语拼音中都有先例；二是字母 r 在声母、儿韵母和儿化韵中都是表示一个舌尖上翘有点卷舌的发音特征，而在音位学上又处于互补分布的关系中（音节开首和音节末尾），所以用同一字母 r 表示，符合字母与语音配合的经济原则。至于在音位音标的选择中之所以不用[ʐ]，那是因为在国际音标的音位标音中，[ʐ]不便于用在音节末尾表示元音的卷舌成分，而选用 r 却没有这个问题，而且在语言的性质上更切合它是一个通音的实际音值。

根据《方案》对字母和语音的配置安排，我们可以用六个元音字母 a、o、e、i、u、ü 和二十二个辅音字母，以及隔音字母和隔音符号，完满地拼写普通话。所谓"完满"，指的是这一拼写系统可以表达普通话里的各类音节和所有的字音，并可以拼写所有由词组成的话语。

字母表中字母的排列顺序完全按照拉丁文原有的次序，元音和辅音参差间隔混合排序，这样朗读起来比较好听，字母表的应用价值也比较高。因为这是国际通用的排列顺序，便于图书索引、编码等方面的应用。字母表中的每个字母都有自己的名称，所谓名称，就是包含该字母所代表的汉语音值在内的名称音（在字母表内用注音符号加以标注）。按国际通例，元音字母以本音（音值）为名称；一符数音者，则以其主要读音为名称音，如字母中的 i 和 e。辅音字母则按照该字母所代表的音值（即本音）加上元音一起拼读构成名称音。因为辅音字母所代表的是噪音，发音都不太响亮，必须加上一个元音，拼合在一起，发音才会响亮，才便于称说、朗读。如字母 b 读ㄅㄝ[pe]，h 读ㄏㄚ[xa]，j 读ㄐㄧㄝ[tɕiɛ]，等等。汉语拼音字母名称音的命名既要体现汉语的音值，又要遵从拉丁字母的国际读音习惯。此外，也要考虑它在字母系统内的区别性。比如，n 之所以不读 ên，就是因为有不少汉语方言 n、l 不分。一个读 nê，一个读 êl，便于互相区别。

为了不打乱拉丁字母国际通用的排列顺序，汉语拼音字母中的增补字母，即双字母 zh、ch、sh、ng 和加符字母 ê、ü，都不列入字母表。它们的名称音分别体现在声母表和韵母表中。

三　声母表中字母与语音的配置关系

语音学中最小的发音单位——元音和辅音是从西方音素制的拼音文字的角度划分出来的，而中国传统的汉语音韵学根据中国文字的特点，历来从方块汉字的字音（音节）入手分析语音。汉语的无调音节只有四百多个，以带调音节计算，常用的也只有一千两百多个。普通话千言万语，从语音上说，它的组合单位和结构系统都包含在内了。所以，为普通话设计一种拼写语音的拼音方案总要列出一个西方拼音文字系统中没有的声母表和韵母表。只要掌握了这几十个组成音节的基本结构单位，再配上四个声调，就能全面掌握普通话的语音系统，就可以读出并拼写出任何一个汉字的字音了。

汉语的音节结构应该逐层二分，首先可以分为声母和韵母两部分。声母都是由辅音充当的，但是二十二个辅音音位中有一个舌根鼻辅音 ng 不能出现在音节的开首与韵母相拼，所以不能算声母。因此，《汉语拼音方案》的声母表总共列出了二十一个辅音声母：

表 10-1　《汉语拼音方案》声母表

b	p	m	f		d	t	n	l
ㄅ玻	ㄆ坡	ㄇ摸	ㄈ佛		ㄉ得	ㄊ特	ㄋ讷	ㄌ勒
g	k	h			j	q	x	
ㄍ哥	ㄎ科	ㄏ喝			ㄐ基	ㄑ欺	ㄒ希	
zh	ch	sh	r		z	c	s	
ㄓ知	ㄔ蚩	ㄕ诗	ㄖ日		ㄗ资	ㄘ雌	ㄙ思	

声母表包括不列入字母表但可以作声母用的三个增补字母 zh、ch、sh。此外，声母的排列顺序也不同于字母的元辅音混合排列法，它采用语音学中的发音部位排列法，先列单辅音，从唇开始，自前至后，后列复辅音（塞擦音），自后往前返回：唇音 b、p、m、f，舌尖音 d、t、n、l，舌根音（舌面后音）g、k、h；舌面音 j、q、x，舌尖后音 zh、ch、sh、r，舌尖前音 z、c、s。

第十章
《汉语拼音方案》与普通话音位的关系

声母表中拉丁字声母下面用国语注音符号表示声母的本音（音值），如ㄅ表示 b 是一个双唇不送气清塞音[p]，ㄊ表示 t 是一个舌尖齿龈送气清塞音，ㄏ表示 h 是一个舌根清擦音，等等。之所以要这样做，因为在《汉语拼音方案》公布前（1958 年 2 月），采用民族形式字母的国语注音符号（1918 年）是中国第一个法定的拼音方案，作为汉字的注音工具，在全国已通行了将近四十年，用它来跟拉丁字母表对照，对当时迅速推广《汉语拼音方案》是有利的。与国语注音符号并列的汉字则是该罗马字声母的呼读音，如"玻、坡、摸、佛"就是 b、p、m、f 的呼读音，也就是名称音。声母表内各个声母的呼读音，都是由声母的本音加上元音 o（ㄛ）或 e（ㄜ）构成的。因为声母都是辅音，不加上一个元音构成呼读音，声母本身的音值很不容易听清楚。

辅音字母在字母表里要有一个名称音，在声母表里要有一个呼读音，这都是为了便于称说、朗读。那么，为什么相同字母的名称音和呼读音不统一呢？例如，b 的字母表名称是 bê（ㄅㄝ），而 b 的声母表呼读音是 bo（ㄅ），它的本音（音值）却都是双唇不送气清塞音[p]。为什么呢？那是因为字母表和声母表内的字母排列顺序各有不同的依据。字母表里的字母顺序是按照国际习惯，以拉丁字母的传统顺序排列的，而声母表里的辅音字母是按照语音学里的发音部位、发音方法排列的。此外，字母名称音和声母呼读音各自添加元音的位置和加什么元音也不相同，所以尽管是同一个辅音字母，它的名称音和呼读音听起来也很不一样了。比如，z、c、s 在声母表里的呼读音是"资、雌、思"，在字母表里的名称音却读 zê、cê、ês，m 和 r 的字母名称音分别是 êm 和 a'er，声母呼读音却是 mo（摸）和 ri（日），听起来相差很大。尽管名称音和呼读音同样适用于汉字拼音——因为所含的音值是一致的，但同一个字母有两种读法，毕竟是件麻烦事。可如果从其中选择一种，用字母名称音去读声母表，或反过来用声母呼读音去读字母表，都会觉得不顺口，因为字母顺序不同，添加的元音也不同。而改用英文字母的读法（名称音），则名称音和汉语音值又不一致，在学理上也说不通。这一问题至今意见不一致，目前只能维持现状，保留各自的读法，各司其职：名称音专用于字母表，便于保持拉丁字母的国际通用顺序；呼读音则是字母充当声母后的读法，这符合国内已通行了几十年的社会传统。

就字母与语音的配置关系说,《汉语拼音方案》声母表的全部字母都是专用字母,一音一符,不采用一个字母在不同条件下代表另一种读音的变读法。对比过去历史上曾出现过的许多汉语拼音资料,这可以说是《汉语拼音方案》在拼音设计上的一个特点。而《方案》之所以能做到这一点,关键是它为三个舌面音声母[tɕ][tɕ'][ɕ]各自配置了专用字母。在第九章第五节"普通话辅音音位和声调音位"中,我们已经阐明,这一套舌面音声母,就语音分布关系说,它跟舌根音 g、k、h,舌尖前音 z、c、s,舌尖后音 zh、ch、sh 这三套声母都是互补的,不会在相同的语音环境里构成对立关系。所以在拼音设计中不必为之单独配置专用字母,可以让这一套舌面音声母与跟它构成互补关系的声母合用相同的字母,采用变读法,根据语境的不同,也就是字母组合关系的不同,让同一个字母兼表两种读音。这符合字母使用的经济原则,可以在字母表中腾出三个字母来另作他用。历史上,汉语拼音运动中许多汉语拉丁化拼音方案都是这么处理的。例如,在国际上,邮电系统中通行很久的"威妥玛"拼音方案(1867)和中国第一套法定的国语罗马字拼音方案(国语注音符号第二式)都是把舌面音和舌尖后音在音位上归并在一起的,让代表"知、吃、诗"的辅音字母 j、ch、sh(国罗)在元音字母 i 之前变读为舌面音"基、欺、希"。在国内(1949 年以前)社会群众中推行最广的"北方拉丁化新文字"(简称"北拉")的拼音设计中,则让读舌根音的字母 g、k、h(哥、科、喝)在元音字母 i 之前变读为"基、欺、希"(gi、ki、xi)。《汉语拼音方案》在设计过程中,也提出过不为舌面音声母设计专用字母而采用变读法的方案。但是,经过全国性的广泛讨论,最后还是决定采用现行的全部声母都有专用字母的方案。因为从拼写设计的"尚形原则"来看,这可以尽字母全用,借此增加"字形面孔",即拼写形式的不同,有利于阅读;另外,这也符合中国自己的社会文化传统并有利于民族共同语——普通话的推广。因为在近代汉语音韵学和通行了几十年的国语注音符号的拼音设计中,舌面音声母都是作为三个独立的声母单位看待的。

就拉丁字母使用的国际通行音域说,字母 j 的基本读音是浊塞擦音[dʒ](如英文)或浊擦音[ʒ](如法文、葡文、罗马尼亚文)。字母 q 的基本读音则是[k]或[k'](如英文、法文、德文、西班牙文等),字母 x 只

第十章
《汉语拼音方案》与普通话音位的关系

有在葡文中表示舌叶音[ʃ]，通常都表示复辅音[ks]。因此，《汉语拼音方案》用字母 j 表示汉语中的[tɕ]，用 q 表示送气的[tɕ']都属于拉丁字母基本读音的引申运用，用字母 x 表示舌面清擦音[ɕ]，则是与字母原音值无关的借用。字母读音的这种引申用法和借用，在现代采用拉丁字母的各国文字中都有例可援。

四 韵母表中元音字母的读音规则

《汉语拼音方案》的韵母表内一共有三十五个韵母，由六个元音字母 a、o、e、i、u、ü（代表六个元音音位），两个辅音字母 n 和 ng（代表两个辅音韵尾）一起组成。另有四个韵母：既不跟任何声母相拼也不跟其他元音组合的卷舌韵母 er；只跟舌尖前音相拼的韵母[ɿ]和只跟舌尖后音相拼的韵母[ʅ]，这两个韵母要单独表示时，《方案》采用字母 i 前加短横道的-i 表示；要与舌面元音[i]区别时，可以用上加两点的字母 ï。另外还有一个一般只能出现在复合韵母中但又在叹词中可以单独使用的 ê（欸）。这四个韵母由于在音韵系统中地位较为特殊，为了保持韵母表的整齐系统，不收在韵母表内，而列在韵母表下面的"说明"中。所以《方案》内普通话的全部韵母应该是三十九个（不包括由基本韵母派生的儿化韵）。

《汉语拼音方案》的韵母表主要是按传统的汉语音韵学韵母"四呼"的分类原则排列的，它体现了韵母之间的组合关系及其类聚（韵类）关系，便于学习和掌握。表内三十五个韵母的组成和排列见表 10-2：

表 10-2 《汉语拼音方案》韵母表

	i 丨 衣	u ㄨ 乌	ü ㄩ 迂
a ㄚ 啊	ia 丨ㄚ 呀	ua ㄨㄚ 蛙	
o ㄛ 喔		uo ㄨㄛ 窝	
e ㄜ 鹅	ie 丨ㄝ 耶		üe ㄩㄝ 约

(续表)

ai ㄞ 哀		uai ㄨㄞ 歪 ei	
ei ㄟ 欸		uei ㄨㄟ 威	
ao ㄠ 熬	iao ㄧㄠ 腰		
ou ㄡ 欧	iou ㄧㄡ 忧		
an ㄢ 安	ian ㄧㄢ 烟	uan ㄨㄢ 弯	üan ㄩㄢ 冤
en ㄣ 恩	in ㄧㄣ 因	uen ㄨㄣ 温	ün ㄩㄣ 晕
ang ㄤ 昂	iang ㄧㄤ 央	uang ㄨㄤ 汪	
eng ㄥ 亨的韵母	ing ㄧㄥ 英	ueng ㄨㄥ 翁	
ong （ㄨㄥ）轰的韵母	iong ㄩㄥ 雍		

《方案》根据四呼分类法，按韵头的不同，总体上把韵母排成开、齐、合、撮四大竖行，但也参照韵母拼写形式的不同做了个别调整，方便一般群众的学习和使用。所以，在音韵系统中应分别列入合口呼的 ong [uŋ]和撮口呼的 iong[yŋ]，按韵头字母被分别列入了开口呼和齐齿呼。韵母表第一竖行的开口呼韵母是整个韵母表（韵母系统）的基干，可以称之为"韵基"（或基本韵母），第一横行 i、u、ü 三个单元音分别与作为基本韵母的韵基相拼，就分别构成齐齿呼韵母、合口呼韵母和撮口呼韵母，构成了普通话的韵母系统。普通话的全部韵母都要纳入这一四呼的音韵框架。

韵母表竖行的四呼分类体现了普通话韵母的声韵配合关系，凡列在同一竖行、属于同一呼的韵母，它们与声母的配合关系一定相同。例如，属于齐齿呼的 i 韵母不能跟舌根音声母 g、k、h 相拼，那么其他的齐齿呼韵母也都不能跟舌根音声母相拼；属于合口呼的 u 韵母不能跟舌面音声母 j、q、x 相拼，那么其他合口呼韵母也都不能跟舌面音声母相拼。

第十章
《汉语拼音方案》与普通话音位的关系

韵母表同时又大体上显示了普通话韵母之间的韵类关系，从韵母表的第二横行开始，凡属于同一横行的韵母，一般就属于同一韵类。例如，a、ia、ua 这三个韵母，韵头不同，但韵基（韵腹、韵尾）相同，同属一个韵部，叫作"发花"韵（韵目）。属于同一个韵类的字，在韵文诗歌、戏曲唱词中就可以互相合辙押韵。普通话全部韵母的分韵系统主要有两种：一种是明清以来就在北方地区流行的"十三辙"，分韵较宽，把北京话的韵母分为十三类，通俗文艺创作大都依此押韵；另一种叫"十八韵"，分韵较细，把北京音系归纳为十八个韵部。但是这两种分韵系统差别不大，除了两个韵辙——十三辙中的"一七"辙和"中东"辙，十八韵分得更细一点，其他韵部全都相同，只是韵类的叫名（韵目）不同。

《方案》韵母表从第一横行开始，i、u、ü 三个单韵母，十八韵中分别叫作"齐"韵、"模"韵、"鱼"韵，这三个韵母跟第一竖行作为韵基的开口呼韵母一样，也是韵母系统中的基本韵母，而且更重要，是韵母四呼分类的支点。第一横行和第一竖行顶端的空格，就音韵系统说，应该是属于开口呼的卷舌韵母 er 和舌尖元音韵母 [ɿ] 和 [ʅ] 的位置。但是《方案》因为在音位分析中采用把 [i][ɿ][ʅ] 归纳为一个音位的方案，并且用拉丁字母 i 分别表示在不同语境中这三个不同的元音，所以就无法让字母 i 再出现在这个空格中了。同时，卷舌韵母 er 虽然属于开口呼韵母，但是它在语音系统中特立独行，跟任何其他声韵都没有拼合关系，所以置于这个空格内也未必合宜。于是《方案》为求韵母表的整齐系统，宁可把这一坐标位置付诸空缺，而把卷舌韵母、舌尖元音韵母放在韵母表下面的"说明"中。

韵母表的第二横行，包括 a、ia、ua 三个韵母，借用十三辙的韵目名称，叫作"发花"韵。

第三横行的两个韵母 o、uo 和第四横行的三个韵母 e、ie、üe，《方案》根据韵腹元音字母相同的原则分列两行。但在十三辙里，o、uo、e 同属"坡梭"韵，ie、üe 另属"叠雪"（"乜斜"）韵。而十八韵则把这五个韵母分为三个韵，o、uo 属"波"韵，e 单立一韵，属"哥"韵，ie、üe 另加一个 ê（欸）则属"皆"韵。由此也可看出，十八韵的分韵比十三辙要细。

从韵母表的第五横行开始至第十一横行，各行韵母依次分属"怀来、灰堆、遥条、油求、言前、人辰、江阳"各韵，十三辙和十八韵分韵并无不同。

最值得注意的是《方案》韵母表的第十二和第十三两个横行里的五个韵母。在十三辙和国语注音符号里都是四呼相配的一套韵母（注音符号为ㄥ、ㄧㄥ、ㄨㄥ、ㄩㄥ），十三辙里叫"中东"韵。但1928年的国语罗马字拼音方案依据ㄨㄥ韵在自成音节（如"翁"）和前拼声母（如"轰"）时的读音差别，把ㄨㄥ分为两个韵母 ong[uŋ]和 ueng[uəŋ]。据此，1941年公布的《中华新韵》中的十八韵，也就把原来四呼相配的一套韵母分为两个韵：eng[əŋ]、ing[iəŋ]、ung[uəŋ]属"庚"韵，ong[uŋ]和撮口呼的 iong[yŋ]则另属"东"韵。《汉语拼音方案》中"翁""轰""拥"三个韵母的拼写形式都是从国语罗马字拼音方案中吸收过来的，韵母表又是根据韵腹元音字母相同的原则横行排列的，所以 ong 和 iong 就被排列在同一横行，分属开口呼和齐齿呼韵母了。这种分类跟汉语音韵学的四呼分类当然是不相合的，但《汉语拼音方案》是一种字母拼写系统，不是专用于记录语音的国际音标。它有便于阅读书写等"文字尚形"的原则要考虑，所以在"中东"韵和四呼分类上做了一些调整，这是有利于《汉语拼音方案》的推广和使用的。

《汉语拼音方案》的设计在字母形式的选择（拉丁化）和字母定音问题（即字母与汉语音值的配置）解决以后，接下来就是一个拼写方法问题。就汉语说，主要是一个音节拼写法的问题，因为在汉语里，音节既是汉字的一个读音单位，又是一个最小的语义单位。而音节拼写法中的核心又可以简单归结为一个韵母的拼写形式设计问题。因为汉语的音节中，声母部分的辅音，从纯粹语音学的角度说，其中的塞擦音固然是复辅音，但是从音位学的角度说仍然是单音位，而不是复合音位，因为这些塞擦音总是结合在一起作为一个语音单位使用的。所以，普通话的声母，从音位组合上说都是单纯的。在设定了字母和语音的配置关系以后，每个声母各有一个专用字母就不存在拼写形式设计问题了。韵母则不然，它的组成是复杂的，可以是两个或三个元音字母的组合，也可以是一个或两个元音字母与辅音字母（限于鼻辅音字母）的组合，字母连写成串就构成韵母的拼写形式。这就要从全局上考虑各韵母的拼写形式，比如书写是否简便，阅读是否醒目，彼此之间是否容易区别，是否适应社会

第十章
《汉语拼音方案》与普通话音位的关系

上通行已久的拼音传统,等等。音节拼写法、韵母拼写形式的设计涉及《汉语拼音方案》在整体使用上的方方面面,所以必须经过缜密研究,权衡利弊,然后才能做出抉择。

在元音字母与普通话元音音位的语音配置确定以后,韵母拼写形式的设定还需要根据文字学的"尚形原则"(参看本章第一节),使韵母的拼写形式阅读醒目,不易相混,同时也要考虑韵母的拼写形式配合传统的汉语音韵学中的韵母四呼分类框架。而在没有中国文化传统背景的西方人设计的汉语拼音中,这方面的问题往往是不予考虑的。例如,他们几乎都把"烟"韵的拼写形式设定为 ien,从语音上说这完全符合自然语言的实际读音,因为"烟"韵中的主要元音(韵腹)与"椰"韵(ie)确实是相同的。但是,中国人自己设计的汉语拼音却都采用了 ian 这一拼写形式,因为 ian 韵是与"安"韵相配的齐齿呼韵母,an(安)、ian(烟)、uan(弯)、üan(冤)正好在拼写形式上体现了它们是四呼相配的一套韵母,同属"言前"韵。如果采用 ien 的拼写形式,就跟其他三个韵母的拼写形式不匹配了。

韵母拼写形式设计中的"尚形原则"也是西方人设计汉语拼音时不太注意的方面。比如,在"欧"韵、"忧"韵和"恩"韵的拼音设计中,他们往往都采用字母 e 来标写这三个韵母中的主要元音(韵腹),把它们的拼写形式分别设定为 eu(欧)、ieu(忧)和 en(恩)。就实际语音说,这也是切合实际的,这三个韵母的主要元音确实都是音色上略有差异的央元音[ə]。但是,从"尚形原则""见面认字"和阅读认知基础的角度来评论,就值得重新考虑了。因为在这样的拼写系统中,eu(欧)、en(恩)、ieu(忧)、ien(烟),还有 ung(翁)和 iung(拥)等韵母的拼写形式彼此区别度不高,阅读不醒目,在手写中尤其容易互相混淆。因此,在汉语拼音运动中,中国人自己设计的汉语拼音几乎都把"欧"韵、"优"韵和"烟"韵的拼写形式分别改为 ou(欧)、iou(忧)和 ian(烟),同时 ung(翁)和 iung(拥)也往往被改为 ong 和 iong。几十年来,这已经成为汉语拼音设计的社会传统。

《汉语拼音方案》根据"尚形原则"和四呼分类框架来设定韵母的拼写形式,这并不意味着它不管或脱离了普通话的音位分析。事实上,任何音素制的字母文字系统都是在音位分析的基础上制定的,否则它很难做到只用少量字母就能直接拼写语言中全部词语的读音。汉语拼音当然也是如此，《方案》韵母拼写形式的设计显然是建立在以下音位分析基础上的（参看第九章）：

　　　　三个高元音音位：/i/、/u/、/y/
　　　　两个中元音音位：/o/、/e/
　　　　一个低元音音位：/a/

其中值得注意的是，普通话里/o/和/e/这两个元音音位，它们各自所包含的语音变体在分布上都是互补的，所以在字母和语音的配置上完全可以灵活调配，更何况韵母拼写形式的设定是以韵母作为整体单位（即韵位）的，只要韵母之间不发生对立关系，韵母拼写形式中元音字母的使用就是自由的。例如，韵母"熬"的拼写形式写成 ao 或 au，"轰"的韵母拼写形式写成 ung 或 ong，"拥"的拼写形式写成 üng 或 iung 或 iong 都跟音位归纳无关，完全决定于拼写设计中的"尚形原则"。

　　前面说过，拼音文字（字母文字）中的字母读音，一般都只是代表音位中的某个常用读音，并不包括它在语流中出现的所有读音，再加上作为一种书写符号，在拼写设计中又有阅读醒目、书写方便等因素要考虑，因此拼音形式和实际读音往往不能完全紧密吻合，这在拼音字母系统中是常有的现象，是国际通例。所以如果把字音的拼写形式跟字音的实际读音简单地等同起来，按一个个字母的读音（名称音）去硬拼，有时候就会得不到贴近自然语言的实际读音。但是，韵母表中元音字母与各种不同读音的联系都有条理可循。解读字母读音变化的"钥匙"就藏在字母组合中：一个字母的读音变化一定是跟不同的字母组合关系联系在一起的；同一个字母的不同读音不可能出现在相同的字母组合（语境）中。下面就据此把元音字母在韵母拼写形式中的读音变化，用音系学的表达方式，概括成读音规则，以便一目了然地学习和掌握。

　　在韵母表的六个元音字母中，字母 i 兼表舌面元音和舌尖元音，它的读音规则很简单：在声母 z、c、s 和 zh、ch、sh、r 之后分别读舌尖元音[ɿ][ʅ]，在其他声韵组合中都读舌面元音[i]。字母 u 在语音上只有一种读音：后高圆唇元音[u]（乌），加符字母 ü 也只有一种读音：前高圆唇元音[y]（迂）。至于在音节连写时，u 有时要改写为 w 或前加 w 写成

第十章
《汉语拼音方案》与普通话音位的关系

wu、ü在音节连写中往往要省略字母上的两点，或要前加y，写成yu（鱼）等，都是拼写规则的问题，无须为此另立读音规则。所以，需要制定读音规则，以帮助大家掌握一个字母代表多种读音的元音字母，其实只有a、o、e三个，下面依次解读。

（1）字母a的读音规则

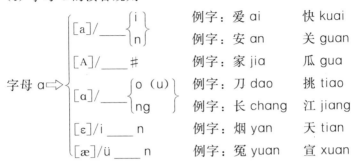

上述表达式中的符号箭头⇨表示"读"，斜线/表示"在……语境中"，斜线后面的横线____表示字母a所处的位置，花括号{ }表示字母a后接的语音成分，括号内任何一项均可。♯号表示终止，无后接成分。

据此，上面的表达式应解读为：

① 字母a在i韵尾或n韵尾前读前低不圆唇元音[a]；
② 在零韵尾前读央低不圆唇元音[A]；
③ 在u韵尾（字母o）和舌根辅音韵尾ng之前，读后低不圆唇元音[ɑ]；
④ 在i韵头和n韵尾中间读前半低不圆唇元音[ɛ]；
⑤ 在ü韵头之后和n韵尾之前读前半低和低之间的不圆唇元音[æ]。

（2）字母o的读音规则

$$字母 o \Rightarrow \begin{cases} [o]/u\_\_\_\_\# \\ [uo]/B\_\_\_\_\# \\ [ə]/\_\_\_\_u \\ [u]/\_\_\_\_ng \end{cases}$$
例字：我 wo　　国 guo
例字：波 bo　　摸 mo
例字：欧 ou　　钩 gou
例字：空 kong　拥 yong

解读：

① 字母o在u韵头之后读圆唇元音[o]；
② 在唇音声母（表中以大写字母B表示）之后读[uo]；
③ 在u韵尾之前读央元音[ə]；

④ 在 ng 韵尾之前读[u]。

字母 o 的第二条读音规则需要做一些解释。如果完全根据韵母拼写形式去解读语音，则唇音声母后的韵母只是一个单韵母[o]，但是从实际语音和普通话的音韵系统说，唇音声母跟其他非唇音声母（d、t、n、l、g、k、h 和 z、c、s，zh、ch、sh、r）一样，相拼的都是一个复韵母 uo，只不过其中的 u 韵头在唇音声母（b、p、m、f）和圆唇元音 o 之间，受协同发音的影响，弱化为一个过渡音了，所以在音节拼写形式的设计中，为书写简便而予以省略了。早期在制定和公布国语注音字母时，就曾明确地做出解释：ㄅㄛ（波）、ㄆㄛ（泼）、ㄇㄛ（摸）、ㄈㄛ（佛）中的ㄛ[o]是ㄨㄛ[uo]的省写。所以在字母读音的制定中，应该还自然语言中实际读音的本来面目（参看第二章第三节"普通话的单元音"）。这对汉语教学和普通话学习都是有益的。

（3）字母 e 的读音规则

$$
字母\ e \Rightarrow \begin{cases} [e]/\underline{\quad}i & \\ [\varepsilon]/\begin{Bmatrix}i\\ü\end{Bmatrix}-\# & \\ [\partial]/\underline{\quad}\begin{Bmatrix}r\\n\\ng\end{Bmatrix} & \\ [\gamma]/\begin{Bmatrix}\varnothing\\D\end{Bmatrix}-\# & \end{cases}
$$

例字：北 bei　伟 wei
例字：街 jie　椰 ye
例字：雪 xue　月 yue
例字：而 er　耳 er
例字：根 gen　恩 en
例字：灯 deng　耕 geng
例字：鹅 e　饿 e
例字：德 de　哲 zhe

解读：

① 字母 e 在 i 韵尾前读半高不圆唇元音[e]；

② 在 i 韵头和 ü 韵头之后读比[e]略低的前半低不圆唇元音[ɛ]；

③ 在卷舌韵尾-r、前鼻音韵尾-n、后鼻音韵尾-ng 之前读央元音[ə]；

④ 在零声母音节（以 ∅ 表示）中，以及非唇音声母（在表中以大写字母 D 表示）之后零韵尾之前，读后半高不圆唇元音[ɤ]。

在韵母的严式标音中，"中东"韵（geng，耕）和"人辰"韵（gen，根）的主要元音略有不同，这里为了简约、通俗起见，统一采用央元音[ə]标写（参看第九章）。

韵母在韵母表中的拼写形式称为基本形式，在《汉语拼音方案》的实际使用中，韵母在与辅音声母相拼时，除 iou（优）、uei（威）、uen（温）三个韵母另有省写中间元音字母的写法以外，其他韵母的拼写形式都保持不变。但当韵母自成音节，不跟辅音声母相拼时，《方案》音节拼写法规定：凡以元音字母 a、o、e 起头的开口呼韵母，在音节连写中不处于首位时，必须前加隔音符号（'）；由 i、u、ü 起头的齐齿呼、合口呼、撮口呼各类韵母，韵头字母也要分别改写为 y、w、yu。这是为了使没有辅音声母的音节（零声母音节）在音节连写、音节连读中起讫分明，分隔清楚。根据普通话的音位组合规律，几个元音字母连接在一起，要连起来读，成为一个音节，不可以分开读成几个音节（元音连读法）；两个辅音字母连在一起则分开读（如 tianguo，天国）（辅音分读法）；一个辅音字母夹在两个元音字母中间则要跟后面的元音字母连读，如 danao"大脑"。可见，如果不设定隔音符号（'）和隔音字母 y、w，那么诸如"吴阿姨"和"外"、"胡阿姨"和"坏"、"地安门"和"电门"、"档案"和"单干"、"单袄"和"大脑"、"西安"和"线"、"饥饿"和"借"等等词语，它们不带调的拼写形式彼此都会一样，无法确定应该拼读成哪一个词。可见，如果不设定拼写法，《汉语拼音方案》就只能给单个汉字注音，无法适用于连写的多音节语词和拼写普通话。

五 《汉语拼音方案》与普通话韵母宽式标音和严式标音的对照

在第二章和第九章中，我们对普通话的韵母做了细致的严式记音（音值标音），并根据语音的分布关系进行音位分析，然后归纳为宽式记音的音位标音。在这一章里又介绍了《汉语拼音方案》韵母拼写形式中字母和音位及其语音变体的关系。下面把普通话的拼音字母、严式标音和宽式标音列成对照表（表 10-3），以便应用（严式标音中的附加符号一概省略，请参看正文）。

表 10-3 汉语拼音字母与普通话韵母宽式和严式标音对照表

四呼	韵尾 韵母	开尾韵母 -∅					元音尾韵母 -i		-u		鼻音尾韵母 -n		-ŋ	
	例字	资 之	啊	噢 鹅	欸	二	哀	欸	熬	欧	安	恩	昂	鞥
开	拼音字母	-i	a	o e	ê	er	ai	ei	ao	ou	an	en	ang	eng
	宽式标音	[ɿ] [ʅ]	[a]	[o] [ɤ]	[ɛ]	[ɚ]	[ai]	[ei]	[au]	[ou]	[an]	[ən]	[aŋ]	[əŋ]
	严式标音		[A]	[O] [ɤ]	[E]	[ɚ]	[aI]	[eI]	[ɑu]	[əu]	[an]	[ən]	[ɑŋ]	[ʌŋ]
	注音符号	市	ㄚ	ㄛ ㄜ	ㄝ	ㄦ	ㄞ	ㄟ	ㄠ	ㄡ	ㄢ	ㄣ	ㄤ	ㄥ
	例字	一	呀		耶				腰	优	烟	音	央	英
齐	拼音字母	i	ia		ie				iao	iou	ian	in	iang	ing
	宽式标音	[i]	[ia]		[ie]				[iau]	[iou]	[ian]	[in]	[iaŋ]	[iŋ]
	严式标音	[i]	[iA]		[iE]				[iɑu]	[iəu]	[iɛn]	[iˑn]	[iɑŋ]	[iˑŋ]
	注音符号	ㄧ	ㄧㄚ		ㄧㄝ				ㄧㄠ	ㄧㄡ	ㄧㄢ	ㄧㄣ	ㄧㄤ	ㄧㄥ
	例字	乌	蛙	窝			歪	威			弯	温	汪	翁
合	拼音字母	u	ua	uo			uai	uei			uan	uen	uang	ueng ong
	宽式标音	[u]	[ua]	[uo]			[uai]	[uei]			[uan]	[uen]	[uaŋ]	[ueŋ] [uŋ]
	严式标音	[u]	[uA]	[uo]			[uaI]	[ueI]			[uan]	[uən]	[uɑŋ]	[uʌŋ] [ʊŋ]
	注音符号	ㄨ	ㄨㄚ	ㄨㄛ			ㄨㄞ	ㄨㄟ			ㄨㄢ	ㄨㄣ	ㄨㄤ	ㄨㄥ
	例字	淤			约						冤	晕		拥
撮	拼音字母	ü			üe						üan	ün		iong
	宽式标音	[y]			[yɛ]						[yan]	[yn]		[yŋ]/[iuŋ]
	严式标音	[y]			[yE]						[yᵆn]	[yˑn]		[yʊŋ]/[iuŋ]
	注音符号	ㄩ			ㄩㄝ						ㄩㄢ	ㄩㄣ		ㄩㄥ

第十章
《汉语拼音方案》与普通话音位的关系

练习

1. 《汉语拼音方案》中字母与语音之间是不是"一音一符"的关系？

2. 为什么说字音的拼写形式与实际读音并不总是紧密吻合的？

3. 基本韵母 iou、uei、uen 前拼声母时，写成 iu、ui、un 的语音根据是什么？其中的韵腹元音在实际读音中发生了什么变化？

4. 试以音系学公式化的表达方式说明汉语拼音字母 i 的读音规则。

5. 为什么说了解和研究普通话语音，不能停留在字母拼写形式的层面上，必须透过字母深入到语言的严式记音中去，并弄清它与宽式记音之间的音位归纳关系？

主要参考文献

1. 鲍怀翘,1984,普通话单元音分类的生理解释,《中国语文》第 2 期,117~127 页。
2. 曹剑芬,1987,论清浊与带音不带音的关系,《中国语文》第 2 期,101~109 页。
3. 曹剑芬,2002,汉语声调与语调的关系,《中国语文》第 3 期,195~202 页。
4. 曹剑芬、杨顺安,1984,北京话复合元音的实验研究,《中国语文》第 6 期,426~433 页。
5. 曹 文,2010,《汉语焦点重音的韵律实现》,北京:北京语言大学出版社。
6. 曹 文,2010,汉语平调的声调感知研究,《中国语文》第 6 期,536~543 页。
7. 初 敏、王韫佳、包明真,2004,普通话节律组织中的局部句法约束和长度约束,《语言学论丛》第 30 辑,北京:商务印书馆,129~146 页。
8. [美]霍凯特,1986,《现代语言学教程》(上)(第二、十一、十二、十五章),索振羽、叶蜚声译,北京:北京大学出版社。
9. 贾 媛、熊子瑜、李爱军,2008,普通话焦点重音对语句音高的作用,《中国语音学报》第 1 期,118~124 页。
10. 厉为民,1981,试论轻声和重音,《中国语文》第 1 期,35~40 页。
11. 林茂灿,2004,汉语语调与声调,《语言文字应用》第 3 期,57~67 页。
12. 林茂灿,2006,疑问和陈述语气与边界调,《中国语文》第 4 期,364~376 页。
13. 林茂灿,2012,《汉语语调实验研究》,北京:中国社会科学出版社。
14. 林茂灿、颜景助,1980,北京话轻声的声学性质,《方言》第 3 期,166~178 页。
15. 林茂灿、颜景助、孙国华,1984,北京话两字组正常重音的初步实验,《方言》第 1 期,57~73 页。
16. 林 焘,1962,现代汉语轻音和句法结构的关系,《中国语文》第 7 期,301~311 页;又载于《林焘语言学论文集》,北京:商务印书馆,2001 年,23~48 页。
17. 林 焘,1983,探讨北京话轻音性质的初步实验,《语言学论丛》第 10 辑,北京:商务印书馆,16~37 页;又载于《林焘语言学论文集》,120~141 页。

18. 林　焘，1984，声调感知问题，《中国语言学报》第 2 期；又载于《林焘语言学论文集》，142～155 页。

19. 林　焘，1995，日母音值考，《燕京学报》新 1 期，403～419 页；又载于《林焘语言学论文集》，317～319 页。

20. 陆致极，1987，试论普通话音位的区别特征，《语文研究》第 4 期，10～20 页。

21. 路继伦、王嘉龄，2005，关于轻声的界定，《当代语言学》7 卷 2 期，107～112 页。

22. 罗常培、王　均，1981，《普通语音学纲要》，附录（四）"音位的'区别特征'和'生成音系学'"，北京：商务印书馆。

23. [美]颇西沃，1964，不同的音位归纳法的取舍问题，金有景译，《语言学资料》（内部刊物）第 1 期（总第 19 号），《中国语文》编辑部编，25～27 页。

24. [英]琼斯，D．，1980，"音位"的历史和涵义，游汝杰译，《国外语言学》第 2 期，23～38 页。

25. 沈　炯，1985，北京话声调的音域和语调，载于林焘、王理嘉等《北京语音实验录》，北京：北京大学出版社，73～130 页。

26. 沈　炯，1992，汉语语调模型刍议，《语文研究》第 4 期，16～24 页。

27. 沈　炯，1994，汉语语调构造和语调类型，《方言》第 3 期，221～228 页。

28. 沈　炯、Hoek, J. H．，1994，汉语语势重音的音理（简要报告），《语文研究》第 3 期，10～15 页。

29. 石　锋，1990，论五度值记调法，载于石锋《语音学探微》，北京：北京大学出版社，27～52 页。

30. 石　锋，2008，《语音格局——语音学与音系学的交汇点》，北京：商务印书馆。

31. 石　锋，2009，《实验音系学探索》，北京：北京大学出版社。

32. 石　锋、王　萍，2006，北京话单字音声调的统计分析，《中国语文》第 1 期，33～40 页。

33. 史存直，1957，北京话音位问题商榷，《中国语文》2 月号，9～12 页。

34. 宋元嘉，1965，评哈武门和霍凯特对北京语音的分析，《中国语文》第 3 期，169～178 页。

35. 王　蓓、吕士楠、杨玉芳，2002，汉语语句中重读音节音高变化模式研究，《声学学报》第 3 期，234～240 页。

36. 王福堂，2007，普通话语音标准中声韵调音值的几个问题，《语言学论丛》第 35 辑，北京：商务印书馆，18～27 页。

37. 王辅世，1963，北京话韵母的几个问题，《中国语文》第 2 期，115～124 页。

38. 王洪君，1995，普通话韵母的分类，《语文建设》第 1 期，3～5 页。

39. 王洪君，2000，汉语的韵律词与韵律短语，《中国语文》第 6 期，525～536 页。

40. 王洪君，2002，普通话中节律边界与节律模式、语法、语用的关联，《语言学论丛》第 26 辑，北京：商务印书馆，279～300 页。

41. 王洪君，2004，试论汉语的节奏类型——松紧型，《语言科学》第 3 期，21～28 页。

42. 王洪君，2008，《汉语非线性音系学》（增订版），北京：北京大学出版社。

43. 王理嘉，1988，普通话音位研究中的几个问题，《语文研究》第 3 期，3～8 页。

44. 王理嘉，1991，《音系学基础》，北京：语文出版社。

45. 王理嘉，2003，《汉语拼音运动与汉民族标准语》，北京：语文出版社。

46. 王理嘉，2005，《汉语拼音方案》与世界汉语语音教学，《世界汉语教学》第 2 期，5～11 页。

47. 王　力，1979，现代汉语语音分析中的几个问题，《中国语文》第 4 期，281～286 页。

48. 王　力，1983，再论日母的音值，兼论普通话声母表，《中国语文》第 1 期，20～23 页。

49. 王韫佳，2004，音高和时长在普通话轻声知觉中的作用，《声学学报》29 卷 5 期，453～461 页。

50. 王韫佳，2008，试论普通话疑问语气的声学关联物，《语言学论丛》第 37 辑，北京：商务印书馆，183～205 页。

51. 王韫佳、初　敏，2008，关于普通话词重音的若干问题，《中国语音学报》第 1 辑，北京：商务印书馆，141～147 页。

52. 王韫佳、初　敏、贺　琳，2003，汉语语句重音的分类和分布的初步实验研究，《心理学报》35 卷 6 期，734～742 页。

53. 王志洁、冯胜利，2006，声调对比法与北京话双音组的重音类型，《语言科学》5 卷 1 期，3～22 页。

54. 吴宗济，1982，普通话语句中的声调变化，《中国语文》第 6 期，439～449 页。

55. 吴宗济、林茂灿（主编），1989，《实验语音学概要》，北京：高等教育出版社。

56. 徐世荣，1957，北京语音音位简述，《语文学习》8 月号，22～24 页。

57. 薛凤生，1986，《北京音系解析》，北京：北京语言学院出版社。

58. [美]雅柯布逊、[瑞典]方特、[美]哈勒，1981，语音分析初探——区别性特征及其相互关系，王力译，《国外语言学》第 3 期 1～11 页、第 4 期 1～22 页。

59. 颜景助、林茂灿，1988，北京话三字组重音的声学表现，《方言》第 3 期，227～237 页。

60. 游汝杰、钱乃荣、高钲夏，1980，论普通话的音位系统，《中国语文》第 5 期，328～334 页。

61. 袁家骅等，1989，《汉语方言概要》（第二版），北京：文字改革出版社。

62. 赵元任，1922，国语罗马字的研究，载于《赵元任语言学论文集》，北京：商务印书馆，2002 年，37～89 页。

63. 赵元任，1928，《现代吴语的研究》，北京：清华学校研究院；又，北京：科学出版社，1956 年。

64. 赵元任，1930，一套标调的字母，载于吴宗济等编《赵元任语言学论文集》，北京：商务印书馆，2002 年，713～717 页。

65. 赵元任，1932，英语语调（附美语变体）与汉语对应语调初探，载于吴宗济等编《赵元任语言学论文集》，北京：商务印书馆，2002 年，718～733 页。

66. 赵元任，1933，汉语的字调跟语调，载于吴宗济等编《赵元任语言学论文集》，北京：商务印书馆，2002 年，734～749 页。

67. 赵元任，1934，音位标音法的多能性，载于吴宗济等编《赵元任语言学论文集》，叶蜚声译，750～795 页。

68. 赵元任，1979，《汉语口语语法》，吕叔湘译，北京：商务印书馆；《中国话的文法》，丁邦新译，载于《赵元任全集》第一卷，北京：商务印书馆，2002 年。

69. 赵元任，1980，《语言问题》，北京：商务印书馆。

70. 周有光，1979，《汉字改革概论》，北京：文字改革出版社。

71. 周有光，1995，《汉语拼音方案基础知识》，北京：语文出版社。

72. 朱晓农，2010，《语音学》，北京：商务印书馆。

73. Abramson, A. S., 1979. The noncategorical perception of tone categories in Thai. In Lindblom, B. & Öhman, S. (Eds.), *Frontiers of Speech Communication Research*, 127～134, London: Academic Press.

74. Bolinger, D., 1972. Accent is predictable (if you're a mind-reader). *Language*, 48 (3), 633～644.

75. Bolinger, D. L., 1958. A theory of pitch accent in English. *Word*, 14 (2～3), 109～149.

76. Cao, J. & Maddieson, I., 1992. An Exploration of Phonation Types in Wu Dialects of Chinese. *Journal of Phonetics*, 20, 70～92.

77. Cinque, G., 1993. A null theory of phrase & compound stress. *Linguistic Inquiry*, 24 (2), 239～297.

78. Clark, J. & Yallop, C., 2000. *An Introduction to Phonetics and Phonology*（语音

学与音系学入门）. 2nd edition. Oxford：Blackwell Publishers Ltd. 北京：外语教学与研究出版社.

79. Couper-Kuhlen, E., 1986. *An Introduction to English Prosody*. London：Edward Arnold.

80. Cruttenden, A., 2002. *Intonation*（语调）. 2nd edition. Cambridge：Cambridge University Press. 北京：北京大学出版社.

81. Francis, A. L. & Ciocca, V., 2003. Stimulus presentation order and the perception of lexical tones in Cantonese. *Journal of Acoustical Society of America*, 114 (3), 1611~1621.

82. Fry, D. B., 1955. Duration and intensity as physical correlates of linguistic stress. *Journal of the Acoustical Society of America*, 27 (4), 765~768.

83. Fry, D. B., 1958. Experiments in the perception of stress. *Language and Speech*, 1 (2), 126~152.

84. Gandour, J. T., 1978. The perception of tone. In Fromkin, V. A. (Eds.), *Tone：A Linguistic Survey*, 41~76, New York：Academic Press.

85. Ladd, D. R., 1996. *Intonational Phonology*. 1st edition. Cambridge：Cambridge University Press.

86. Ladefoged, P., 2009. *A course in phonetics*. 5th edition. Boston, MA：Thomson Wadsworth. 北京：外语教学与研究出版社.

87. Lehiste, I., 1970. *Suprasegmentals*. Cambridge, MA：The MIT Press.

88. Selkirk, E., 1984. *Phonology and Syntax：The Relation between Sound and Structure*. Cambridge, MA：The MIT Press.

89. Trask, R. L., 2000. 语音学与音系学词典（*A Dictionary of Phonetics and Phonology*）, 北京：语文出版社.

90. Wang, W. S-Y., 1976. Language change. *Annals of N. Y. Academy of Science*, 280, 61~72.

91. Xu, Y., 1999, Effects of tone and focus on the formation and alignment of F0 contours. *Journal of Phonetics*, 27, 55~105.

北京大学出版社语言学教材方阵

博雅21世纪汉语言专业规划教材：专业基础教材系列

现代汉语（上）　黄伯荣、李炜主编

现代汉语（下）　黄伯荣、李炜主编

现代汉语学习参考　黄伯荣、李炜主编

语言学纲要（修订版）　叶蜚声、徐通锵著，王洪君、李娟修订

语言学纲要（修订版）学习指导书　王洪君等编著

古代汉语　邵永海主编（即出）

古代汉语阅读文选　邵永海主编（即出）

古代汉语常识　邵永海主编（即出）

博雅21世纪汉语言专业规划教材：专业方向基础教材系列

语音学教程（增订版）　林焘、王理嘉著，王韫佳、王理嘉增订

词汇学教程　周荐著

当代语法学教程　熊仲儒著（即出）

修辞学教程（修订版）　陈汝东著（即出）

汉语方言学基础教程　李小凡、项梦冰编著

新编语义学概要（修订版）　伍谦光编著

语用学教程（修订版）　索振羽编著（即出）

新编社会语言学概论　祝畹瑾主编

计算语言学教程　詹卫东编著（即出）

音韵学教程（第四版）　唐作藩著

音韵学教程学习指导书　唐作藩、邱克威编著

训诂学教程（第三版）　许威汉著

校勘学教程　管锡华著

文字学教程　喻遂生著（即出）

文化语言学教程　戴昭铭著（即出）

实验语音学基础教程　孔江平编著（即出）

博雅 21 世纪汉语言专业规划教材:专题研究教材系列

现代汉语语法研究教程(第四版)　陆俭明著

汉语语法专题研究(增订版)　邵敬敏等著

现代汉语词汇(增订版)　符淮青著(即出)

新编语用学概论　何自然、冉永平编著

现代实用汉语修辞(修订版)　李庆荣编著

汉语语音史教程　唐作藩著

近代汉语研究概要　蒋绍愚著

实验语音学概要(增订版)　鲍怀翘主编(即出)

外国语言学简史　李娟编著(即出)